SOZIALRECHT

3. Auflage

Die Studieninstitute
für kommunale Verwaltung in NRW

Die Studieninstitute
für kommunale Verwaltung in NRW

Annett Stöckle | Anja Montforts

SOZIALRECHT

3. Auflage

Maximilian Verlag
Hamburg

Bibliografische Information der Deutschen Nationalbibliothek
Die Deutsche Nationalbibliothek verzeichnet diese Publikation in der Deutschen Nationalbibliografie; detaillierte bibliografische Daten sind im Internet über https://portal.dnb.de abrufbar.

Redaktionsstand: 01.01.2021

ISBN 978-3-7869-1251-4

Produktion: Inge Mellenthin und Marisa Tippe
Umschlaggestaltung: Marisa Tippe
Druck und Weiterverarbeitung: Medienhaus Plump GmbH

Printed in Germany

Inhalt

VORWORT ... 11

ERSTER TEIL
ALLGEMEINES ZUM SGB II UND SGB XII ... 13

1 ALLGEMEINE GRUNDLAGEN ... 13
1.1 Verfassungsrechtliche Grundlagen ... 13
1.1.1 Das Sozialstaatsprinzip (Art. 20 GG) ... 13
1.1.2 Verfassungsrechtliche Garantie (Art. 79 GG) ... 13
1.1.3 Aufgabe der Sozialgesetzbücher ... 13
1.2 Das System der sozialen Sicherung ... 14
1.2.1 Träger der sozialen Sicherung ... 14
1.2.2 Leistungsarten im System der sozialen Sicherung ... 14
Die drei Säulen der öffentlichen sozialen Sicherung ... 15
1.3 Bedeutung und Aufbau des Sozialgesetzbuchs ... 16
1.3.1 Zielsetzung und Entwicklung des SGB ... 16
1.3.2 Überblick über die SGB I–XII ... 16
1.3.3 Besondere Teile des SGB im Überblick ... 17
1.3.4 Anwendung des SGB I und SGB X im Bereich der sozialen Sicherung ... 17
1.3.5 Allgemeine Grundsätze des Leistungsrechts ... 19
1.3.6 Mitwirkungspflichten (§§ 60–67 SGB I) ... 20

2 SYSTEMATIK UND GRUNDSÄTZE DES SGB II UND DES SGB XII ... 22
2.1 SGB II ... 22
2.1.1 Rechtsgrundlagen, Aufgabe und Inhalt der Grundsicherung für Arbeitsuchende ... 22
2.1.1.1 Rechtsgrundlagen ... 22
2.1.1.2 Aufgabe und Ziel der Grundsicherung für Arbeitsuchende (§ 1 SGB II) ... 23
2.1.1.3 Leistungen der Grundsicherung für Arbeitsuchende (§ 4 SGB II) ... 23
2.1.1.4 Grundsätze der Leistungsgewährung ... 24
2.2 SGB XII ... 25
2.2.1 Rechtsgrundlagen, Aufgabe und Inhalt der Sozialhilfe ... 26
2.2.1.1 Rechtsgrundlagen ... 26
2.2.1.2 Aufgabe und Ziel der Sozialhilfe (§ 1 SGB XII) ... 26
2.2.1.3 Leistungen der Sozialhilfe (§ 8 SGB XII) ... 27
2.2.1.4 Grundsätze der Leistungsgewährung ... 27
2.3 Vorrangige Leistungen im Überblick ... 29
2.3.1 Leistungen der Rentenversicherung nach SGB VI ... 29
2.3.2 Leistungen der Krankenversicherung nach SGB V ... 31
2.3.3 Leistungen der Pflegeversicherung nach SGB XI ... 32
2.3.4 Wohngeld ... 32
2.3.5 Kindergeld und Kinderzuschlag ... 33
2.3.6 Unterhaltsvorschussleistungen ... 34
2.3.7 Elterngeld ... 34
2.3.8 Arbeitslosengeld nach SGB III ... 35
2.3.9 BAföG/BAB/AbG ... 36
2.3.10 Kurzarbeitergeld ... 37
2.4 Leistungsträger ... 37
2.4.1 SGB II ... 37
2.4.1.1 Träger der Grundsicherung für Arbeitsuchende (§ 6 SGB II) ... 37
2.4.1.2 Besonderheit zugelassener kommunaler Träger (§ 6a SGB II) ... 37
2.4.2 SGB XII ... 38
2.4.2.1 Örtliche und überörtliche Träger der Sozialhilfe (§ 3 SGB XII) ... 38
2.4.2.2 Überblick über die Zuständigkeiten ... 39

ZWEITER TEIL
GRUNDSICHERUNG FÜR ARBEITSUCHENDE NACH DEM SGB II 40

3 ABGRENZUNG DER LEISTUNGSBERECHTIGTEN PERSONEN NACH SGB II UND SGB XII 40
3.1 Überblick und Entstehung der drei Existenzsichernden Leistungen 40
3.2 Leistungen nach mem SGB II – Leistungsberechtigte (§ 7 SGB II) 42
3.2.1 Arbeitslosengeld II 42
3.2.2 Sozialgeld 44
3.3 Leistungen der Grundsicherung im Alter und bei Erwerbsminderung (4. Kapitel SGB XII) – Leistungsberechtigte 45
3.4 Hilfe zum Lebensunterhalt nach dem 3. Kapitel SGB XII – Leistungsberechtigte 45
3.5 Abgrenzung der Bereiche – Prüfschema 46
3.5.1 Merksätze zur Abgrenzung der Leistungen 46
3.5.2 Übungsfälle zur Abgrenzung der Bereiche 48

4 LEISTUNGEN ZUR SICHERUNG DES LEBENSUNTERHALTS IM SGB II 50
4.1 Antrag/Bedarfszeitraum/Berechnung der Leistung bzw. Abgrenzung der Leistungsbereiche 50
4.1.1 Antragserfordernis (37 Abs. 1 SGB II) 50
4.1.2 Leistungsbeginn/Berücksichtigung von Schulden (§ 37 Abs. 2 SGB II) 50
4.1.3 Berechnung der Leistung/Bedarfszeitraum (§ 41 SGB II) 50
4.1.4 Zuständigkeit (§§ 6, 6a, 6d SGB II, § 36 SGB II) 51
4.1.5 Abgrenzung der Leistungsbereiche im SGB II – Markt und Integration und Leistungsabteilung 52
4.2 Anspruchsberechtigter Personenkreis (§ 7 Abs. 1 Satz 1 SGB II) 52
4.2.1 Altersbeschränkung (§ 7a SGB II) 52
4.2.2 Erwerbsfähigkeit (§ 8 SGB II) 53
4.2.3 Hilfebedürftigkeit (§ 9 SGB II) 54
4.2.4 Gewöhnlicher Aufenthalt (§ 30 Abs. 3 SGB I) 54
4.2.5 Ausschlusstatbestände (§ 7 Abs. 1, 4–6 SGB II) 54
4.2.5.1 Ausländerinnen und Ausländer (§ 7 Abs. 1 Satz 2 SGB II) 54
4.2.5.2 Stationärer Aufenthalt (§ 7 Abs. 4 SGB II) 59
4.2.5.3 Altersrente (§ 7 Abs. 4 SGB II) 59
4.2.5.4 Ortsabwesenheit (§ 7 Abs. 4a SGB II) 60
4.2.5.5 Auszubildende (§ 7 Abs. 5 SGB II) 60
4.2.6 Anspruchsberechtigter Personenkreis Sozialgeld 63
4.2.7 Abgrenzungen zu Leistungen SGB XII/Prüfschema 63
4.2.8 Übungsfälle 64
4.3 Bedarfsgemeinschaft (§ 7 Abs. 3 SGB II) 65
4.3.1 Definition Bedarfsgemeinschaft – Personenkreis 65
4.3.2 Abgrenzung zur Haushaltsgemeinschaft 67
4.3.3 Mischfälle/Mischbedarfsgemeinschaften 67
4.3.4 Vertretung der Bedarfsgemeinschaft (§ 38 SGB II) 67
4.3.5 Übungsfälle zur Bildung einer Bedarfsgemeinschaft 67
4.4 Leistungsspektrum, Bedarfe 68
4.4.1 Bedarfsdeckungsprinzip – Existenzminimum 68
4.4.2 Überblick Bedarfsspektrum 69
4.4.3 Regelbedarf (§ 20 SGB II) 70
4.4.4 Mehrbedarfe (§ 21 SGB II) 73
4.4.4.1 Mehrbedarf für werdende Mütter (§ 21 Abs. 2 SGB II) 73
4.4.4.2 Mehrbedarf für Alleinerziehende (§ 21 Abs. 3 SGB II) 73
4.4.4.3 Mehrbedarf für behinderte Menschen (§ 21 Abs. 4 SGB II) 74
4.4.4.4 Mehrbedarf für kostenaufwendige Ernährung (§ 21 Abs. 5 SGB II) 74
4.4.4.5 Mehrbedarf für besondere Bedarfe (§ 22 Abs. 6 SGB II) 75
4.4.4.6 Mehrbedarf für Anschaffung von Schulbüchern 75

4.4.4.7 Mehrbedarf für dezentrale Warmwasseraufbereitung (§ 22 Abs. 7 SGB II) ... 76
4.4.4.8 Begrenzung des Mehrbedarfs (§ 22 Abs. 8 SGB II) ... 76
4.4.5 Übungsfälle Regelbedarf und Mehrbedarfe ... 77
4.4.6 Kosten für Unterkunft und Heizung (§ 22 SGB II) ... 77
4.4.6.1 Bestandteile der Unterkunftskosten ... 77
4.4.6.2 Angemessene Wohnraumgröße ... 79
4.4.6.3 Angemessene Kosten, schlüssiges Konzept ... 80
4.4.6.4 Anerkennung unangemessener Kosten (§ 22 Abs. 1 Satz 3 SGB II) ... 82
4.4.6.5 Neuanmietung einer Wohnung im Leistungsbezug (§ 22 Abs. 4 SGB II) ... 83
4.4.6.6 Besonderheiten bei Personen unter 25 Jahren (§ 22 Abs. 5 SGB II) ... 84
4.4.6.7 Umzugskosten, Wohnungsbeschaffungskosten und Mietkaution (§ 22 Abs. 6 SGB II) ... 84
4.4.6.8 Betriebs- und Heizkostenabrechnung (§ 22 Abs. 3 SGB II) ... 84
4.4.6.9 Mietschulden (§ 22 Abs. 8 SGB II) ... 85
4.4.7 Abweichende Erbringung von Leistungen ... 85
4.4.7.1 Unabweisbare Bedarfe – Darlehen (§ 24 Abs. 1 SGB II) ... 86
4.4.7.2 Sachleistungszahlung (§ 24 Abs. 2 SGB II) ... 86
4.4.7.3 Darlehensweise Gewährung von Leistungen (§ 24 Abs. 4 und 5 SGB II) ... 86
4.4.8 Einmalige Bedarfe (§ 24 Abs. 3 SGB II) ... 87
4.4.8.1 Erstausstattung für die Wohnung (§ 24 Abs. 3 Nr. 1 SGB II) ... 87
4.4.8.2 Erstausstattung für Bekleidung und bei Geburt (§ 24 Abs. 3 Nr. 2 SGB II) ... 87
4.4.8.3 Anschaffung und Reparatur von orthopädischen Schuhen und therapeutischen Geräten (§ 24 Abs. 3 Nr. 3 SGB II) ... 88
4.4.9 Sonderbedarfe ... 88
4.4.9.1 Zuschuss zu den Versicherungsbeiträgen (§ 26 SGB II) ... 88
4.4.9.2 Leistungen für Auszubildende (§ 27 SGB II) ... 88
4.4.10 Leistungen für Bildung und Teilhabe (§ 28 SGB II) ... 89
4.4.10.1 Schulausflüge und mehrtägige Klassenfahrten (§ 28 Abs. 2 SGB II) ... 89
4.4.10.2 Persönlicher Schulbedarf (§ 28 Abs. 3 SGB II) ... 90
4.4.10.3 Schülerbeförderung (28 Abs. 4 SGB II) ... 90
4.4.10.4 Lernförderung (§ 28 Abs. 5 SGB II) ... 90
4.4.10.5 Gemeinschaftliche Mittagsverpflegung (§ 28 Abs. 6 SGB II) ... 91
4.4.10.6 Teilhabe am sozialen und kulturellen Leben (§ 28 Abs. 7 SGB II) ... 91
4.4.10.7 Antragserfordernis (§ 37 Abs. 1 SGB II) und Form der Leistungserbringung (§ 29 SGB II) ... 91
4.4.11 Übungsfall vollumfängliche Bedarfsermittlung ... 92
4.5 Einsatzverpflichtete Personen, Hilfebedürftigkeit (§ 9 SGB II) ... 93
4.5.1 Bedarfsgemeinschaften (§ 9 Abs. 1 SGB II) ... 93
4.5.2 Haushaltsgemeinschaften (§ 9 SGB II) ... 94
4.6 Bedarfszeit, Abgrenzung Einkommen und Vermögen ... 94
4.6.1 Antragsdatum – Antragsrückwirkung (§ 37 SGB II) ... 94
4.6.2 Definition Einkommen (§ 11 SGB II) ... 94
4.6.3 Definition Vermögen (§ 12 SGB II) ... 95
4.6.4 Zuflusstheorie ... 95
4.7 Ermittlung des einzusetzenden Einkommens ... 96
4.7.1 Unterscheidung der Einkommensarten ... 96
4.7.1.1 Unterscheidung nach der Zuflussart ... 96
4.7.1.2 Erwerbseinkommen ... 97
4.7.1.3 Einkommen aus selbstständiger Tätigkeit ... 97
4.7.1.4 Sonstige Einnahmen ... 97
4.7.2 Nicht zu berücksichtigende Einnahmen ... 97
4.7.3 Absetzbeträge (§ 11b Abs. 1 und 2 SGB II) ... 98
4.7.3.1 Erwerbstätigenfreibetrag (§ 11 Abs. 3 SGB II) ... 102
4.7.4 Bedarfsanteilsmethode ... 103
4.7.5 Übungsfälle zum Einkommen ... 104

4.8 Ermittlung des einzusetzenden Vermögens (§ 12 SGB II) 105
4.8.1 Nicht zu berücksichtigendes Vermögen (§ 12 Abs. 3 SGB II) 106
4.8.2 Absetzbeträge (§ 12 Abs. 2 SGB II) 108
4.8.3 Prüfraster 109
4.8.4 Übungsfall zum Vermögen 110
4.9 Aktive Leistungen/Einsatz der Arbeitskraft/Sanktionen (§ 2 Abs. 3 SGB II) 111
4.9.1 Selbsthilfeverpflichtung 111
4.9.2 Zumutbare Arbeit (§ 10 SGB II) 111
4.9.3 Eingliederungsvereinbarung (§ 15 SGB II) 112
4.9.3.1 Anreize/Unterstützungsmöglichkeiten 112
4.9.4 Sanktionen 112
4.9.4.1 Sanktionen wegen Pflichtverletzungen (§ 31 SGB II) 113
4.9.4.2 Besonderheiten bei Personen unter 25 Jahren (§ 31a Abs. 2 SGB II) 116
4.9.4.3 Ergänzende Sachleistungen (§ 31 Abs. 3 SGB II) 117
4.9.4.4 Zählwirkung 117
4.9.5 Meldeversäumnisse (§ 32 SGB II) 118
4.10 Ganzheitliche Fallbetrachtung/-lösung 119
4.10.1 Prüfschema 119
4.10.2 Klausurbeispiel 120
4.11 Lösungen zu den Übungsfällen 124

DRITTER TEIL
SOZIALHILFE NACH DEM SGB XII 139

5 ABGRENZUNG DER LEISTUNGSBERECHTIGTEN PERSONEN NACH SGB II UND SGB XII 139
5.1 Leistungen zum Lebensunterhalt nach SGB II und SGB XII 139
5.1.1 Übersicht der Leistungen zum Lebensunterhalt 139
5.1.2 Rangfolge der Leistungen zum Lebensunterhalt/Leistungsausschlüsse 139
5.2 Persönliche Voraussetzungen für einen Anspruch auf Grundsicherung im Alter und bei Erwerbsminderung (§§ 19 Abs. 2, 41 SGB XII) 141
5.2.1 Leistungsberechtigung wegen Alters (§§ 19 Abs. 2, 41 Abs. 1 und 2 SGB XII) 141
5.2.2 Leistungsberechtigung wegen dauerhaft voller Erwerbsminderung (§§ 19 Abs. 2, 41 Abs. 1 und 3 SGB XII) 142
5.2.3 Leistungsberechtigung von Menschen mit Behinderungen (§§ 19 Abs. 3, 41 Abs. 1 und 3a SGB XII) 143
5.2.4 Leistungsausschluss (§ 41 Abs. 4 SGB XII) 143
5.3 Persönliche Voraussetzungen für einen Anspruch auf Arbeitslosengeld II (§§ 19 Abs. 1 Satz 1, 7 Abs. 1 SGB II) 143
5.3.1 Alter 144
5.3.2 Erwerbsfähigkeit 144
5.3.3 Hilfebedürftigkeit 144
5.3.4 Gewöhnlicher Aufenthalt in der Bundesrepublik Deutschland 145
5.3.5 Leistungsausschlüsse 145
5.4 Persönliche Voraussetzungen für einen Anspruch auf Sozialgeld (§§ 19 Abs. 1 Satz 2, 7 Abs. 2 und 3 SGB II) 145
5.4.1 Bedarfsgemeinschaft (§ 7 Abs. 3 SGB II) 145
5.4.1.1 Erwerbsfähige Leistungsberechtigte (§ 7 Abs. 3 Nr. 1 SGB II) 146
5.4.1.2 Partnerin oder Partner der erwerbsfähigen Leistungsberechtigten (§ 7 Abs. 3 Nr. 3 SGB II) 146
5.4.1.3 Kinder (§ 7 Abs. 3 Nr. 4 SGB II) 147
5.4.1.4 Eltern, Elternteile und deren Partner (§ 7 Abs. 3 Nr. 2 SGB II) 148
5.4.1.5 Keine „Drei-Generationen-Bedarfsgemeinschaft“ 148

5.5 Persönliche Voraussetzungen für einen Anspruch auf Hilfe zum Lebensunterhalt (§§ 19 Abs. 1, 27 Abs. 1 SGB XII) 149
5.6 Zusammenfassung 149
5.7 Prüfschema zur Abgrenzung der Leistungen zum Lebensunterhalt 150
Prüfschema „Leistungen zum Lebensunterhalt nach SGB II oder SGB XII?“ 150
5.8 Übungsfälle 151

6 LEISTUNGEN ZUR SICHERUNG DES LEBENSUNTERHALTS NACH DEM SGB XII 153

6.1 Leistungsspektrum, Bedarfe 153
6.1.1 Notwendiger Lebensunterhalt (§ 27a Abs. 1 SGB XII) 153
6.1.2 Regelbedarf (§ 27a Abs. 2–4 SGB XII) 154
6.1.2.1 Regelbedarfsstufen und Regelsätze (Anlage zu § 28a SGB XII) 155
6.1.2.2 Ermittlung, Festsetzung und Fortschreibung der Regelbedarfe, Regelbedarfsstufen und Regelsätze (§§ 28–29 SGB XII) 157
6.1.3 Mehrbedarf (§ 30 SGB XII) 157
6.1.3.1 Mehrbedarf im Alter und bei voller Erwerbsminderung (§ 30 Abs. 1 SGB XII) 158
6.1.3.2 Mehrbedarf für werdende Mütter (§ 30 Abs. 2 SGB XII) 159
6.1.3.3 Mehrbedarf für Alleinerziehende (§ 30 Abs. 3 SGB XII) 159
6.1.3.4 Mehrbedarf für behinderte Menschen (§ 30 Abs. 4 SGB XII) 160
6.1.3.5 Mehrbedarf wegen kostenaufwendiger Ernährung (§ 30 Abs. 5 SGB XII) 160
6.1.3.6 Zusammentreffen verschiedener Mehrbedarfe (§ 30 Abs. 6 AGB XII) 161
6.1.3.7 Mehrbedarf bei dezentraler Warmwassererzeugung (§ 30 Abs. 7 SGB XII) 161
6.1.3.8 Mehrbedarf bei gemeinschaftlicher Mittagsverpflegung (§ 30 Abs. 8 SGB XII) 161
6.1.3.9 Zusammenfassung 161
6.1.4 Übungsfälle 162
6.1.5 Bedarfe für Unterkunft und Heizung (§ 35 SGB XII) 162
6.1.5.1 Bestandteile der Unterkunftskosten 162
6.1.5.2 Angemessenheit der Kosten für Unterkunft (§ 35 Abs. 2 SGB XII) 163
6.1.5.3 Neuanmietung während des Leistungsbezugs (§ 35 Abs. 2 Satz 3 SGB XII) 167
6.1.5.4 Wohnungsbeschaffungskosten, Mietkaution, Umzugskosten (§ 35 Abs. 2 Satz 5 SGB XII) 168
6.1.5.5 Zahlung der Miete an den Vermieter (§ 35 Abs. 1 SGB XII) 168
6.1.5.6 Bedarfe für Heizung (§ 35 Abs. 4 SGB XII) 169
6.1.5.7 Leistungsberechtigte, die in einer sonstigen Unterkunft wohnen (§ 35 Abs. 5 SGB XII) 170
6.1.5.8 Nachzahlung und Erstattung von Neben- und Heizkosten 170
6.1.6 Einmalige Bedarfe (§ 31 SGB XII) 171
6.1.6.1 Erstausstattung für die Wohnung (§ 31 Abs. 1 Nr. 1 SGB XII) 171
6.1.6.2 Erstausstattungen für Bekleidung sowie bei Schwangerschaft und Geburt (§ 31 Abs. 1 Nr. 2 SGB XII) 172
6.1.6.3 Orthopädische Schuhe, therapeutische Geräte und Ausrüstungen (§ 31 Abs. 1 Nr. 3 SGB XII) 172
6.1.6.4 Anerkennung einmaliger Bedarfe, wenn keine laufenden Leistungen erbracht werden (§ 31 Abs. 2 SGB XII) 173
6.1.7 Sonderbedarfe (§§ 32, 33 SGB XII) 173
6.1.8 Bedarfe für Bildung und Teilhabe (§ 34 SGB XII) 174
6.1.8.1 Schulausflüge und mehrtägige Klassenfahrten (§ 34 Abs. 2 SGB XII) 174
6.1.8.2 Persönlicher Schulbedarf (§ 34 Abs. 3 SGB XII) 174
6.1.8.3 Schülerbeförderung (§ 34 Abs. 4 SGB XII) 175
6.1.8.4 Lernförderung (§ 34 Abs. 5 SGB XII) 175
6.1.8.5 Gemeinschaftliche Mittagsverpflegung (§ 34 Abs. 6 SGB XII) 175

6.1.8.6 Teilhabe am sozialen und kulturellen Leben in der Gemeinschaft (§ 34 Abs. 7 SGB XII) 175
6.1.8.7 Erbringung der Leistungen für Bildung und Teilhabe (§ 34a SGB XII) 176
6.1.9 Übungsfall 176
6.1.10 Hilfe zum Lebensunterhalt als Darlehen (§§ 37–38 SGB XII) 177
6.1.11 Bedarfe der Grundsicherung im Alter und bei Erwerbsminderung (§§ 42–42b SGB XII) 178
6.1.12 Besonderheiten bei der Gewährung von Grundsicherung im Alter und bei Erwerbsminderung (§§ 43–44a SGB XII) 179
6.2 Einsatzverpflichtete Personen 179
6.2.1 Hilfe zum Lebensunterhalt (§§ 19 Abs. 1, 27 Abs. 2 SGB XII) 180
6.2.2 Grundsicherung im Alter und bei Erwerbsminderung (§§ 19 Abs. 2, 43 SGB XII) 181
6.2.3 Besonderheiten bei Unterhaltsansprüchen 181
6.3 Einkommen und Vermögen (11. Kapitel SGB XII) 182
6.3.1 Abgrenzung von Einkommen und Vermögen, Zuflusstheorie 182
6.3.2 Einkommen (§§ 82–84 SGB XII) 183
6.3.2.1 Einkommensbegriff (§ 82 Abs. 1 SGB XII) 183
6.3.2.2 Vom Einkommen abzusetzende Beträge (§ 82 Abs. 2 und 3 SGB XII) 184
6.3.2.3 Einkommen aus zusätzlicher Altersvorsorge (§ 82 Abs. 4 und 5 SGB XII) 187
6.3.2.4 Einmalige Einnahmen (§ 82 Abs. 7 SGB XII) 187
6.3.2.5 Freibetrag für Personen mit Grundrentenzeiten oder entsprechenden Zeiten aus anderweitigen Alterssicherungssystemen 188
6.3.2.6 Zweckbestimmte Leistungen, Zuwendungen (§§ 82, 83 SGB XII) 188
6.3.3 Vermögen (§§ 90, 91 SGB XII) 188
6.3.3.1 Vermögensbegriff (§ 90 Abs. 1 SGB XII) 188
6.3.3.2 Ausnahmen vom Vermögenseinsatz (§ 90 Abs. 2 SGB XII) 189
6.3.3.3 Härteregelung (§ 90 Abs. 3 SGB XII) 190
6.3.3.4 Sozialhilfe als Darlehen (§ 91 SGB XII) 191
6.4 Prüfschema und Klausurbeispiele 191
6.4.1 Prüfschema zum Lösen eines Sachverhalts „Leistungen zum Lebensunterhalt" nach dem SGB XII 191
6.4.2 Klausurbeispiele 193
6.5 Lösungen zu den Übungsfällen 194

7 LEISTUNGEN NACH DEM 5. BIS 9. KAPITEL SGB XII 211
7.1 Hilfen zur Gesundheit (5. Kapitel SGB XII) 211
7.2 Eingliederungshilfe für behinderte Menschen (6. Kapitel SGB XII) 211
7.3 Hilfe zur Pflege (7. Kapitel SGB XII) 211
7.3.1 Häusliche Pflege (§§ 63–64f SGB XII) 212
7.3.2 Teilstationäre Pflege (§ 64g SGB XII) 214
7.3.3 Kurzzeitpflege (§ 64h SGB XII) 214
7.3.4 Stationäre Pflege (§ 65 SGB XII) 214
7.3.5 Entlastungsbetrag (§§ 64i, 66 SGB XII) 214
7.4 Hilfe zur Überwindung besonderer sozialer Schwierigkeiten (8.Kapitel SGB XII) 215
7.5 Hilfe in anderen Lebenslagen (9. Kapitel SGB XII) 215
7.6 Besonderheiten beim Einkommenseinsatz bei Leistungen nach dem 5. bis 9. Kapitel SGB XII (§§ 85–89 SGB XII) 216

VORWORT

Sie bereiten sich auf die Verwaltungsfachangestellten- oder die Erste Verwaltungsprüfung bzw. auf einen vergleichbaren Abschluss im Beamtenbereich vor?

Dann ist diese Lehrbuchreihe genau richtig für Sie!

Sie vermittelt Ihnen das nach den aktuellen Lehr- und Stoffverteilungsplänen in Nordrhein-Westfalen vorausgesetzte Wissen in kompakter und verständlicher Form, von Praktiker*innen für angehende Praktiker*innen. Alle Autoren kennen die Lehrinhalte und die Prüfungsanforderungen der jeweiligen Fächer bestens, da sie als hauptamtliche oder nebendienstliche Dozierende tätig sind.

Aber auch zur Vorbereitung auf das Auswahlverfahren oder zur Auffrischung bzw. Grundlagenvermittlung für den Zweiten Verwaltungslehrgang ist diese Reihe hervorragend geeignet.

Sollten Sie Anregungen oder Wünsche haben, scheuen Sie sich nicht, diese mitzuteilen (Maximilian Verlag GmbH & Co. KG, Postfach 104504, 20031 Hamburg).

Die Arbeitsgemeinschaft der Studienleiter*innen NRW wünscht Ihnen gutes Gelingen für Ihr berufliches Weiterkommen. Wir sind überzeugt, Ihnen mit dieser Lehrbuchreihe das nötige Wissen für Ihre beruflichen Prüfungen, aber auch für die Praxis zu vermitteln.

Köln, im Januar 2021

Patricia Florack
Rheinisches Studieninstitut in Köln

Leiterin der Arbeitsgemeinschaft
der Studieninstitute in Nordrhein-Westfalen

ERSTER TEIL
ALLGEMEINES ZUM SGB II UND SGB XII

1 Allgemeine Grundlagen

Bevor wir uns inhaltlich mit den Leistungen nach dem SGB II (Grundsicherung für Arbeitsuchende) und dem SGB XII (Sozialhilfe) beschäftigen, erfolgt ein kurzer Überblick über die verfassungsrechtlichen – also die im Grundgesetz verankerten – Grundlagen des Sozialrechts, über das System der sozialen Sicherung in Deutschland sowie über Bedeutung und Aufbau des „Sozialgesetzbuchs". 1

1.1 VERFASSUNGSRECHTLICHE GRUNDLAGEN

1.1.1 Das Sozialstaatsprinzip (Art. 20 GG)

Nach Art. 20 Abs. 1 Grundgesetz (GG) ist die Bundesrepublik Deutschland ein demokratischer und sozialer Bundesstaat, und nach Art. 28 Abs. 1 GG muss die demokratische Ordnung in den Ländern den Grundsätzen des republikanischen, demokratischen und sozialen Rechtsstaates i. S. d. Grundgesetzes entsprechen. Was genau unter dem Sozialstaatsprinzip zu verstehen ist, ergibt sich nicht direkt aus dem GG, sondern wurde u. a. durch die Rechtsprechung des Bundesverfassungsgerichts wie folgt konkretisiert: Der Staat hat die Pflicht, für einen Ausgleich der sozialen Gegensätze und damit für eine gerechte Sozialordnung zu sorgen.[1] 2

1.1.2 Verfassungsrechtliche Garantie (Art. 79 GG)

In Art. 79 Abs. 3 GG ist geregelt, in welchen Fällen eine Änderung des GG unzulässig ist. Dies wäre u. a. dann der Fall, wenn die in den Art. 1 und 20 niedergelegten Grundsätze durch eine Änderung berührt würden. Das Sozialstaatsprinzip ist in Art. 20 GG niedergelegt und darf somit nicht abgeschafft werden; es gehört zum sog. **unveränderbaren Kernbereich des GG.** 3

1.1.3 Aufgabe der Sozialgesetzbücher

In § 1 SGB I wird das Sozialstaatsprinzip ebenfalls konkretisiert. Nach Abs. 1 soll das Recht des Sozialgesetzbuchs dazu beitragen, 4

- ein menschenwürdiges Dasein zu sichern,
- gleiche Voraussetzungen für die freie Entfaltung der Persönlichkeit, insbesondere auch für junge Menschen, zu schaffen,
- die Familie zu schützen und zu fördern,

[1] BVerfG, Urteil vom 18.7.1967, 2 BvF 3/62; 2 BvF 4/62; 2 BvF 5/62; 2 BvF 6/62; 2 BvF 7/62; 2 BvF 8/62; 2 BvR 139/62; 2 BvR 140/62; 2 BvR 334/62; 2 BvR 335/62

- den Erwerb des Lebensunterhalts durch eine frei gewählte Tätigkeit zu ermöglichen und
- besondere Belastungen des Lebens, auch durch Hilfe zur Selbsthilfe, abzuwenden oder auszugleichen.

5 Zur Sicherung eines menschenwürdigen Daseins gehört es auch, dass der Staat ein Existenzminimum sicherstellt, wenn jemand nicht über ausreichende Mittel verfügt, um seinen Lebensunterhalt zu bestreiten. Dies erfolgt u. a. durch die Gewährung von Leistungen nach den Sozialgesetzbüchern II und XII.

1.2 DAS SYSTEM DER SOZIALEN SICHERUNG

6 Das System der sozialen Sicherung in Deutschland ist dadurch gekennzeichnet, dass die Aufgabe, soziale Gerechtigkeit und soziale Sicherheit herzustellen, durch verschiedene Leistungsträger wahrgenommen wird. Weiterhin gibt es unterschiedliche Leistungsarten, die dazu dienen, diese Aufgabe zu erfüllen.

1.2.1 Träger der sozialen Sicherung

7 Man unterscheidet die Träger der sozialen Sicherung nach öffentlichen und privaten Trägern.

8 **Öffentliche Träger** sind:
- Bund
- Länder
- Gemeinden und Gemeindeverbände (= Kreise)
- Sozialversicherungsträger, die ihre Aufgaben im Wege der Selbstverwaltung wahrnehmen, z. B. die Träger der Kranken- und Rentenversicherung und Berufsgenossenschaften

9 Die Zahl der **privaten Träger** in Deutschland ist sehr hoch, weshalb hier keine vollständige Aufzählung erfolgen kann. Zu den privaten Trägern gehören u. a.:
- Arbeitgeber- und Arbeitnehmerverbände
- Kirchen und Religionsgemeinschaften
- Verbände der freien Wohlfahrtspflege, z. B. Caritas, AWO
- Hilfsorganisationen

10 Insbesondere die Kirchen, Religionsgemeinschaften und Verbände der freien Wohlfahrtspflege nehmen viele Aufgaben wahr, die sonst der Staat übernehmen müsste. So sind sie z. B. häufig Träger von Krankenhäusern, Kindergärten, Altenheimen, Jugendeinrichtungen usw.

1.2.2 Leistungsarten im System der sozialen Sicherung

11 Unterscheiden kann man Leistungen der öffentlichen sozialen Sicherung, also „Sozialleistungen“, und private Möglichkeiten der sozialen Sicherung.

Die **öffentliche soziale Sicherung** baut nach dem sog. „klassischen System" auf drei Säulen 12
auf, und zwar der **Sozialversicherung**, der **Versorgung** und der **Fürsorge**. In dem nachfolgenden Schaubild sind die unterschiedlichen Voraussetzungen für die verschiedenen Leistungsarten sowie Beispiele für Leistungen dargestellt.

DIE DREI SÄULEN DER ÖFFENTLICHEN SOZIALEN SICHERUNG 13

Sozialversicherung	**Versorgung**	**Fürsorge**
Anspruch aus Zugehörigkeit zur Solidargemeinschaft	Anspruch aus persönlicher Aufopferung für den Staat	Beseitigung einer akuten Notlage
vorherige Beitragszahlung		keine Vorleistungen durch Empfänger
		dient dem sozialen Ausgleich
Beispiele: • Krankenversicherung • Rentenversicherung • Pflegeversicherung • Unfallversicherung • Arbeitslosenversicherung	Beispiele: • Kriegsopferversorgung • Soldatenversorgung • Opferentschädigung • Impfschadenentschädigung	Beispiele: • Sozialhilfe • Grundsicherung für Arbeitsuchende • Jugendhilfe • BAföG • Kindergeld • Wohngeld • Elterngeld

Die Fürsorgeleistungen in Form der Sozialhilfe gibt es bereits seit 1962. Sie zeichnen sich 14
dadurch aus, dass sie bedarfsdeckend erbracht werden, d.h., es gibt grundsätzlich keine Pauschalleistungen, die für alle Bezieher gleich hoch sind, sondern es wird immer der individuelle Bedarf gedeckt. Bis zum 31.12.2004 fanden sich die entsprechenden Regelungen im Bundessozialhilfegesetz (BSHG).

Im Rahmen der Arbeitslosenversicherung gab es bis 2004 neben den weiterhin bestehen- 15
den Leistungen in Form von Arbeitslosengeld die Leistungen der Arbeitslosenhilfe. Beide Leistungen waren abhängig von vorherigen Beitragszahlungen, und die Höhe der Leistungen richtete sich danach, in welcher Höhe vorher Beiträge gezahlt wurden. Außerdem war die Dauer der Leistungsgewährung zeitlich befristet. Die Arbeitslosenhilfe war geringer als das Arbeitslosengeld und reichte häufig nicht aus, um den Lebensunterhalt der Empfänger und ihrer Familien zu decken, sodass zusätzlich Sozialhilfeleistungen erbracht wurden.

Mit der Einführung der Sozialgesetzbücher II und XII zum 01.01.2005 wollte der Gesetz- 16
geber erreichen, dass die o.g. Fälle, in denen zusätzlich zur Arbeitslosenhilfe noch Sozial-

hilfe gezahlt wird, nicht mehr vorkommen. Die Arbeitslosenhilfe wurde abgeschafft. Nun gibt es bedarfsdeckende Leistungen zur Sicherung des Lebensunterhalts nach dem SGB II und dem SGB XII. Grob gesagt erhalten Personen, die erwerbsfähig sind oder mit erwerbsfähigen Personen zusammenleben, Leistungen nach dem SGB II und nicht erwerbsfähige Personen Leistungen nach dem SGB XII.

17 Die **private soziale Sicherung** umfasst z. B. die eigene Vorsorge durch Vermögensbildung und den Abschluss privater (Zusatz-)Versicherungen gegen Krankheit, Pflegebedürftigkeit, Berufsunfähigkeit o. Ä., die Vorsorge durch Arbeitgeber in Form von betrieblicher Altersvorsorge sowie freiwillige Leistungen durch Verwandte, Freunde, Kirchen usw.

1.3 BEDEUTUNG UND AUFBAU DES SOZIALGESETZBUCHS

1.3.1 Zielsetzung und Entwicklung des SGB

18 Die Bundesrepublik Deutschland hat sich zum Sozialstaatsprinzip bekannt und dies verfassungsrechtlich verankert und verfassungsrechtlich vor Änderungen geschützt. Eine konkrete Ausformulierung des Prinzips ist in der Verfassung nicht zu finden. Mit dem Verzicht, dieses Prinzip auszuformulieren und somit als starres Prinzip einzuführen, lässt man Spielraum und Gelegenheit, auf die gesellschaftliche Entwicklung reagieren zu können. Die Gesetzgeber können dieses Prinzip konkret ausformulieren.

19 Für die Umsetzung des Sozialstaatsprinzips wurden viele soziale Gesetze geschaffen, die zur sozialen Absicherung dienen und den sozialen Ausgleich wahren sollen.

20 Mit der Schaffung eines Sozialgesetzbuchs soll die Vielzahl der Einzelgesetze vereinheitlicht werden und die Durchführung des Verwaltungsverfahrens gemeinsamen gesetzlichen Regelungen unterworfen werden. Seit den 70er-Jahren wird daran gearbeitet, die unterschiedlichen Sozialgesetzbücher in einem Sozialgesetzbuch zu vereinheitlichen. Der Bürger soll Rechtsansprüche einfacher erkennen und somit Vertrauen in den sozialen Rechtsstaat erlangen. Der ausführenden und der Recht sprechenden Gewalt soll die Zusammenführung der sozialrechtlichen Einzelgesetze in ein einheitliches Buch die Verwaltungsarbeit erleichtern, eine einheitliche Rechtsanwendung der verschiedenen Institutionen ermöglichen und die Rechtsprechung erleichtern. Durch einheitliche Verwaltung und einheitliche Rechtsprechung soll das Ziel der Rechtssicherheit erreicht werden.

1.3.2 Überblick über die SGB I–XII

21 Das SGB unterteilt sich in mehrere Bücher. Die Vorschriften des SGB I (z. B. über das Sozialgeheimnis oder die Mitwirkung des Leistungsberechtigten) gelten für alle Sozialleistungsbereiche. Auch das SGB X: Sozialverwaltungsverfahren und Sozialdatenschutz enthält Bestimmungen für alle Sozialleistungsbereiche (z. B. über die Akteneinsicht oder die Datenerhebung, -verarbeitung und -nutzung). Die übrigen besonderen Teile des SGB gelten dagegen jeweils nur für bestimme Sozialleistungsbereiche. Sie beinhalten vor allem die Vorschriften über Voraussetzungen, Art und Umfang der einzelnen Sozialleistungen. Die unterschiedlichen Einzelgesetze, die der sozialen Sicherheit dienen sollten, führten nach dem Zweiten Weltkrieg zu einer hohen Unsicherheit in der Bevölkerung. Die Zusammen-

führung zu einem Sozialgesetzbuch erfolgte seit 1976. 2005 wurden die bislang letzten Sozialgesetzbücher II und XII hinzugefügt.

Nachfolgend genannt sind die zwölf Bücher des Sozialgesetzbuchs mit ihrem Datum des Inkrafttretens: 22

Erstes Buch:	Allgemeiner Teil (SGB I)	01.01.1976
Zweites Buch:	Grundsicherung für Arbeitsuchende (SGB II)	01.01.2005
Drittes Buch:	Arbeitsförderung (SGB III)	01.01.1998
Viertes Buch:	Gemeinsame Vorschriften für die Sozialversicherung (SGB IV)	01.07.1977
Fünftes Buch:	Gesetzliche Krankenversicherung (SGB V)	01.01.1989
Sechstes Buch:	Gesetzliche Rentenversicherung (SGB VI)	01.01.1992
Siebtes Buch:	Gesetzliche Unfallversicherung (SGB VII)	01.01.1997
Achtes Buch:	Kinder und Jugendhilfe (SGB VIII)	01.01.1991
Neuntes Buch:	Rehabilitation und Teilhabe von Menschen mit Behinderungen (SGB IX)	01.07.2001
Zehntes Buch:	Sozialverwaltungsverfahren und Sozialdatenschutz (SGB X)	01.01.1981/ 01.07.1983
Elftes Buch:	Soziale Pflegeversicherung (SGB XI)	01.01.1995
Zwölftes Buch:	Sozialhilfe (SGB XII)	01.01.2005

1.3.3 Besondere Teile des SGB im Überblick

Mit der Einführung des Bundessozialhilfegesetzes und der Arbeitslosenhilfe, jetzt SGB II und SGB XII, wurden die vorerst letzten Gesetze in das Sozialgesetzbuch eingeführt. Es gibt jedoch noch mehrere Gesetze, die Bestandteil des Sozialgesetzbuchs sein sollen. Bis zu deren Einpflege in die Systematik des Sozialgesetzbuchs gelten diese durch die Übergangsvorschrift des § 68 SGB I als besondere Teile des SGB. 23

Zu diesen Gesetzen gehören u. a. das Bundesausbildungsförderungsgesetz (BAföG), das Bundeskindergeldgesetz (BKGG), das Wohngeldgesetz (WoGG), das Unterhaltsvorschussgesetz (UVG) sowie das Bundeselterngeldgesetz (BEEG). 24

Nach derzeitigem Stand wird das nächste Sozialgesetzbuch das Buch Nummer XIV. Dieses soll Regelungen im Bereich der Opferentschädigung enthalten. Da die soziale Entschädigung derzeit neu geregelt wird, ist dieses Sozialgesetzbuch noch nicht in Kraft getreten. 25

Ausgelassen wird bei der Nummerierung des Sozialgesetzbuchs die Nummer XIII. Da es sich beim SGB XIV um Regelungen zur Entschädigung von Opfern von Gewalttaten handeln wird, baten Opferverbände, die Zahl XIII auszulassen, da diese Zahl abergläubig mit Unglück in Verbindung gebracht werden kann. 26

1.3.4 Anwendung des SGB I und SGB X im Bereich der sozialen Sicherung

In § 1 SGB I werden mit der Verdeutlichung der Aufgabe des Sozialgesetzbuchs bewusst nochmals die Verbindung und der Bezug zum Grundgesetz und zu den sozialen Grund- 27 rechten hergestellt. Das Sozialstaatsgebot wird deutlich mit Leben gefüllt und konkret umsetzbar gemacht.

28 § 37 Satz 1 SGB I regelt die Anwendung der Vorschriften des SGB I und SGB X für alle Sozialleistungsbereiche des Sozialgesetzbuchs, sofern sich in den einzelnen Büchern keine konkreten Spezialvorschriften finden lassen.

29 Der Vorbehalt der spezialgesetzlichen Regelung gilt nicht für die §§ 1–17 und 31–36 SGB I (§ 37 Satz 2 SGB I).

30 Damit gelten diese Normen für alle Sozialgesetzbücher übergreifend, d.h., auch für die Grundsicherung für Arbeitsuchende und die Sozialhilfe gelten sie unmittelbar und uneingeschränkt:

§§ 11–17 SGB I – Allgemeines über Sozialleistungen und Sozialleistungsträger
§§ 31–36 SGB I – Allgemeine Grundsätze

31 Wie die sozialen Sicherungsleistungen zu erbringen sind, regelt § 11 SGB I.
Aus der Reihenfolge der Benennung dieser Leistungsarten kann eine Rangfolge abgeleitet werden. Gegenstand der sozialen Rechte sind demnach Dienst-, Sach- oder Geldleistungen. Unter Dienstleistung versteht man die Aufklärung der Bevölkerung über Rechte und Pflichten sowie den Anspruch auf Beratung und Auskunft durch die zuständigen Sozialleistungsträger. Daraus ergibt sich ein individueller Beratungsanspruch des Hilfesuchenden bzw. des Antragstellers. Konkrete materielle Hilfen sind dann als Sach- oder Dienstleistungen zu erbringen. Die Unterteilung der Leistungsarten ist ebenfalls in den Sozialgesetzbüchern II (§ 4 Abs. 1 SGB II) und XII (§ 10 Abs. 2 SGB XII) zu finden.

32 Ein allgemeiner Beratungsanspruch des Hilfesuchenden ist in § 14 SGB I verankert. Hierbei besteht insbesondere der Anspruch auf individuelle Beratung hinsichtlich der besonderen Situation der Rat suchenden Person. Dabei unterliegt der Ratsuchende Mitwirkungspflichten, die in den §§ 60–67 SGB I einheitlich für alle Sozialgesetzbücher verankert sind (siehe Kapitel 1.3.6).

33 Die Antragstellung auf eine konkrete Sozialleistung kann durch schriftliche oder mündliche Erklärung erfolgen. § 16 SGB I regelt die Zuständigkeit für die Antragsannahme und den Grundsatz, dass Anträge bei dem zuständigen Leistungsträger zu stellen sind.

34 Damit der Person, die ihren Antrag beim unzuständigen Leistungsträger stellt, kein Nachteil entsteht, werden die unzuständigen Leistungsträger zur unverzüglichen Weiterleitung als auch zur Annahme des Antrags verpflichtet gemäß § 16 Abs. 2 SGB I.

35 Die Leistungen der Grundsicherung für Arbeitsuchende nach dem Zweiten Buch Sozialgesetzbuch (SGB II) sind gemäß § 37 Abs. 1 SGB II antragsabhängig. Leistungen nach dem Zwölften Buch Sozialgesetzbuch (SGB XII) hingegen sind nicht von einem Antrag abhängig. Ausnahmen bilden dabei u.a. die Leistungen der Grundsicherung nach dem 4. Kapitel SGB XII sowie ergänzende Darlehen nach § 37 SGB XII.

36 § 31 SGB I unterwirft das Recht der Sozialleistungen einem umfassenden Gesetzesvorbehalt. Jede Handlung der Sozialleistungsbehörden bedarf demnach einer gesetzlichen

Grundlage. Dies gilt für die Begrenzung von Rechten ebenso wie für die Gewährung von Sozialleistungen bzw. die Begründung von Rechtsansprüchen.

Die bei den Sozialleistungsträgern gemachten Angaben unterliegen dem Sozialdatenschutz gemäß § 35 SGB I i.V.m. den §§ 67 ff. SGB X. Die Einzelangaben über persönliche und sachliche Verhältnisse, die von einem Betroffenen von einem Sozialleistungsträger zur Wahrnehmung der Aufgaben nach dem Sozialgesetzbuch erhoben werden, unterliegen einem umfassenden Sozialgeheimnis. Dies schützt den Betroffenen vor Datenerhebung und -speicherung, aber auch im Umgang mit diesen im Verhältnis zu Dritten. 37

Gemäß der §§ 104 ff. des Bürgerlichen Gesetzbuchs werden Personen erst mit der Vollendung des 18. Lebensjahres voll handlungsfähig. § 36 SGB I befähigt jedoch bereits ab Vollendung des 15. Lebensjahres zur Antragstellung auf Sozialleistungen sowie Verfolgung der Ansprüche und Entgegennahme von Sozialleistungen. 38

Der Sozialleistungsträger ist zur Unterrichtung der gesetzlichen Vertreter über die Antragstellung und die erbrachten Sozialleistungen verpflichtet. Werden von einem minderjährigen Antragsteller Anträge zurückgenommen, auf Sozialleistungen verzichtet oder Anträge auf Darlehen gestellt, bedarf es jedoch der Zustimmung des gesetzlichen Vertreters (§ 36 Abs. 2 SGB I). 39

Für das Verwaltungsverfahren gelten die Vorschriften des Zehnten Buchs Sozialgesetzbuch (SGB X). Mit der Festlegung einheitlicher Verfahrensvorschriften werden diese einheitlich und übersichtlich geregelt. Das Zehnte Buch des Sozialgesetzbuchs wurde dabei in drei Kapitel gegliedert: 40

I. Kapitel	Das Verwaltungsverfahren	§§ 1–66 SGB X
II. Kapitel	Der Schutz der Sozialdaten	§§ 67–85a SGB X
III. Kapitel	Die Zusammenarbeit der Leistungsträger	§§ 86–119 SGB X

Um Einheitlichkeit im gesamten Verwaltungsverfahren zu erzielen, wurden viele Normen des Verwaltungsverfahrensgesetzes wörtlich übernommen. Abweichungen sind in den Bereichen zu finden, die aufgrund der Besonderheiten des Sozialrechts notwendig waren. So werden in den rechtlichen Normen des Zehnten Buchs u.a. Regelungen zur Zuständigkeit getroffen (§ 2 SGB X), Verfahrensgrundsätze benannt (§§ 8–25 SGB X), Regelungen zum Zustandekommen, der Begründung und den besonderen Anforderungen an einen Verwaltungsakt (§§ 31–34 SGB X) sowie Bestimmungen zur Aufhebung von Verwaltungsakten (§§ 44–49 SGB X) getroffen. 41

1.3.5 Allgemeine Grundsätze des Leistungsrechts

Dem Vorbehalt spezieller Regelungen in den anderen Büchern unterliegen die §§ 38–59 SGB I, die im Leistungsrecht als Grundsatz anzuwenden sind, sofern es dazu keine vorrangige Regelung gibt. 42

43 Auf Sozialleistungen besteht gemäß § 38 SGB I ein Anspruch, soweit die Spezialnorm den Leistungsträger nicht ermächtigt, nach Ermessen zu handeln. Ein Rechtsanspruch auf eine Sozialleistung besteht demnach dann, wenn die Voraussetzungen nach der Spezialnorm erfüllt sind und in dieser Norm dem ausführenden Leistungsträger kein Ermessen eingeräumt wurde. Dem Bürger wird damit ein einklagbares Recht auf die Leistung gewährt. Die Verwaltung hingegen wird zur Leistung bei Vorliegen der Voraussetzungen verpflichtet.

44 Abzugrenzen ist der Rechtsanspruch aus § 38 SGB I zur Ermessensleistung nach § 39 SGB I. Wird dem Leistungsträger in einer Rechtsnorm Ermessen eingeräumt, so besteht der Anspruch des Antragstellers in der ordnungsgemäßen und pflichtgemäßen Ermessensausübung durch den Leistungsträger (§ 39 Abs. 1 Satz 2 SGB I). Mit Ermessensregelungen werden der Verwaltung vom Gesetzgeber Gestaltungsspielräume eingeräumt. Das Ermessen ist entsprechend dem Zweck der Norm und unter Einhaltung der gesetzlichen Grenzen auszuüben.

45 Die Behörde muss ihre Entscheidung begründen und dabei erkennen lassen, dass sie Ermessen ausgeübt hat. Insbesondere gilt es zu begründen, wie sie zu dieser Ermessensentscheidung gekommen ist. Wird eine Entscheidung der Behörde gerichtlich überprüft, deren Grundlage eine Ermessensnorm war, konzentriert sich die Prüfung allein darauf, ob der Behörde bei der Ausübung des Ermessens Fehler unterlaufen sind, d. h., wurde Ermessen erkannt und ausgeübt und wurden dabei keine sachfremden Erwägungen einbezogen. Weiterhin wird geprüft, ob die Entscheidung im rechtlich eingeräumten Ermessensrahmen getroffen wurde.

46 Die Leistungen werden mit Entstehen fällig (§ 41 SGB I). Besteht Anspruch auf eine Geldleistung dem Grunde nach, aber zur Feststellung der Höhe ist noch längere Zeit erforderlich, kann der zuständige Leistungsträger Vorschüsse zahlen, deren Höhe im pflichtgemäßen Ermessen des Trägers steht (§ 42 SGB I).

47 Bis zum 31.07.2016 wurde die Vorschussregelung nach § 42 SGB I auch bei der Bewilligung von Grundsicherungsleistungen nach dem SGB II angewendet, da es eine Spezialnorm dazu im SGB II nicht gab. Mit der Einführung des § 41a SGB II am 01.08.2016 im Rahmen des 9. Änderungsgesetzes wurde eine Spezialnorm geschaffen, nach der eine vorläufige Bewilligung (quasi als Vorschuss) erfolgen muss, sodass § 42 SGB I im SGB II keine Anwendung mehr findet.

48 Die Auszahlung von Geldleistungen soll kostenfrei auf ein Konto des Empfängers bei einem Geldinstitut erfolgen (§ 47 SGB I).

49 Weiterhin regeln die §§ 51, 52 sowie 53 ff. SGB I die Aufrechnung, Verrechnung sowie die Übertragbarkeit und Pfändbarkeit von Leistungsansprüchen. Hierzu gibt es allerdings Spezialregelungen im SGB II und SGB XII.

1.3.6 Mitwirkungspflichten (§§ 60–67 SGB I)

50 Der Sozialleistungsträger unterliegt beim Verwaltungsverfahren dem Amtsermittlungsgrundsatz gemäß § 20 SGB X. Er ermittelt den Sachverhalt von Amts wegen und bestimmt dabei, in welcher Art und in welchem Umfang eine Sachverhaltsermittlung notwendig ist.

Der Leistungsberechtigte ist jedoch zur Mitwirkung bei der Aufklärung des Sachverhalts verpflichtet. § 60 SGB I regelt dabei die Verpflichtung zur Angabe von Tatsachen, § 61 SGB I regelt die Pflicht des persönlichen Erscheinens, §§ 62 und 63 regeln die Pflicht zur Teilnahme an ärztlichen Untersuchungen und ggf. zur Durchführung von Heilbehandlungen. Auch die Pflicht zur Teilnahme an berufsfördernden Maßnahmen ist als zentrale Mitwirkungspflicht in § 64 SGB I geregelt. Das SGB II enthält wie andere spezielle Sozialleistungsbücher gesondert geregelte Mitwirkungspflichten, die die allgemeinen aus dem SGB I konkretisieren oder ausweiten. 51

Zur Mitwirkung sind neben dem Antragsteller auch Personen verpflichtet, die Sozialleistungen erhalten, z. B. auch ohne eigene Antragstellung. 52

Die Grenzen der Mitwirkungspflichten liegen im Grundsatz der Verhältnismäßigkeit (§ 65 SGB I). Ist die Mitwirkungsverpflichtung des Betroffenen unwirtschaftlich oder unzumutbar oder kann der Leistungsträger die geforderten Erkenntnisse durch geringeren Aufwand selbst beschaffen, so entfällt die Verpflichtung des Betroffenen. 53

In § 66 SGB I sind die Folgen fehlender Mitwirkung geregelt. Kommt der zur Mitwirkung Verpflichtete seiner Mitwirkung nicht nach und wird dadurch die Aufklärung des Sachverhalts erheblich erschwert, können beantragte Leistungen ganz oder teilweise versagt werden bzw. bereits bewilligte Leistungen ganz oder teilweise entzogen werden. 54

Wird die Mitwirkung nachgeholt, kann der Leistungsträger die Leistung ganz oder teilweise auch nachträglich erbringen (§ 67 SGB I). 55

Bevor Leistungen versagt oder entzogen werden, sollte also immer geprüft werden, ob 56

- Unterlagen ordnungsgemäß angefordert wurden (d. h. genaue Bezeichnung der Unterlagen, schriftliche Anforderung, angemessene Frist und mit der richtigen Rechtsfolgenbelehrung),
- die Anforderung für den Antragsteller zumutbar war,
- eine Beschaffung der Angaben/Unterlagen von Amts wegen nicht möglich war oder ist,
- tatsächlich die Aufklärung des Sachverhalts erheblich erschwert wurde bzw. nicht möglich ist (sind die angeforderten Unterlagen tatsächlich zwingend notwendig, oder kann ich auch ohne die Angaben/Unterlagen entscheiden?).

Liegen die Tatbestände alle vor, ist Ermessen auszuüben, ob Leistungen versagt oder entzogen werden und, wenn ja, ob ganz oder teilweise. Dabei ist insbesondere zu prüfen, ob über einen Teil der Leistungen trotz erschwerter Sachverhaltsaufklärung entschieden werden kann. 57

Eine Versagung bzw. eine teilweise Versagung ist die Rechtsfolge, wenn durch nicht eingereichte Unterlagen oder nicht gemachte Angaben über Leistungen, die beantragt wurden, nicht entschieden werden kann. Werden Leistungen bereits erbracht und im Laufe der Erbringung werden Unterlagen nicht vorgelegt, die die Prüfung der weiteren Anspruchsvoraussetzungen erheblich erschweren, ist die Rechtsfolge der Entzug der Leistungen. 58

Wird die Mitwirkung nach Erlass der Versagung bzw. Entziehung nachgeholt und liegen dann die Leistungsvoraussetzungen zweifelsfrei vor, kann der Leistungsträger die Leistungen, die er versagt oder entzogen hat, ganz oder teilweise erbringen (§ 67 SGB I). Auch bei dieser Entscheidung ist Ermessen auszuüben. 59

2 Systematik und Grundsätze des SGB II und des SGB XII

2.1 SGB II

60 In diesem Abschnitt erfolgt zusammenfassend ein Überblick über die Aufgabe und den Inhalt der Grundsicherung für Arbeitsuchende und die Leistungsgrundsätze bei der Gewährung der Grundsicherung für Arbeitsuchende.

2.1.1 Rechtsgrundlagen, Aufgabe und Inhalt der Grundsicherung für Arbeitsuchende

2.1.1.1 Rechtsgrundlagen

61 Die gesetzlichen Regelungen der Grundsicherung für Arbeitsuchende sind als Bundesgesetz im Sozialgesetzbuch II verankert.

62 Das Sozialgesetzbuch II stellt den wesentlichen Kern des Vierten Gesetzes für moderne Dienstleistungen am Arbeitsmarkt dar (sog. Hartz IV). Bis zur Einführung des SGB II wurden mit der Arbeitslosenhilfe und mit der Sozialhilfe nach dem Bundessozialhilfegesetz zwei staatliche Fürsorgesysteme für erwerbsfähige Personen nebeneinander umgesetzt. Dies war ineffizient, bürokratisch und wenig bürgerfreundlich. Die Zusammenführung zum Sozialgesetzbuch II sollte durch intensive Betreuung und Beratung die Integrationschancen in den Arbeitsmarkt erhöhen und gleichzeitig Eigenverantwortung stärken. Sozialhilfe wird nun nur noch für nicht erwerbsfähige Personen geleistet.

63 Das SGB II wurde nach der Einführung am 01.01.2005 bereits mehrfach geändert. Mit dem 9. Änderungsgesetz zum SGB II, das mit Wirkung vom 06.08.2016 in Kraft getreten ist, wurden mehrere grundlegende Rechtsänderungen vorgenommen.

64 Darüber hinaus bilden die

- Rechtsverordnungen des Bundes (Arbeitslosengeld II/Sozialgeldverordnung – ALG II-V, Unbilligkeitsverordnung – UnbilligkeitsV, Regelsatzverordnung – RSV) und die
- Richtlinien der kommunalen Träger

die rechtlichen Grundlagen für die Erbringung der existenzsichernden Leistung.

65 Die ALG II-V als Verordnung des Bundes zur Durchführung des SGB II konkretisiert dabei die Berechnung von Einkommen sowie die Nichtberücksichtigung von Einkommen und Vermögen bei der Berechnung des Anspruchs.

66 Die Unbilligkeitsverordnung konkretisiert die Härtefallregelung bzw. definiert, wann die Inanspruchnahme einer vorrangigen Altersrente (Rente mit Abzügen) unbillig ist. Die Regelsatzverordnung bestimmt den Aufbau und die Höhe der Regelsätze im SGB XII. Diese gelten in gleicher Höhe für das SGB II.

67 Die Grundsicherung für Arbeitsuchende wird durch zwei Kostenträger finanziert. Der Bund trägt dabei u. a. die Kosten für die Regelleistung und die Mehrbedarfe sowie die Krankenversicherungskosten. Die örtlich zuständigen Kommunen sind für die Finanzierung der Kosten für Unterkunft und der einmaligen Beihilfen zuständig. Für die von ihnen finanzierten Leistungen können die Kommunen Richtlinien zur Durchführung des SGB II hinsichtlich dieser erlassen, z. B. für die Regelung, welche Kosten in ihrer Kommune für die Anmietung eines Wohnraums angemessen sind.

2.1.1.2 Aufgabe und Ziel der Grundsicherung für Arbeitsuchende (§ 1 SGB II)

Die Grundsicherung für Arbeitsuchende soll es dem Leistungsberechtigten ermöglichen, ein Leben zu führen, das der Würde des Menschen entspricht. Sie soll das notwendige Existenzminimum sicherstellen (§ 1 Abs. 1 SGB II). Mit dieser Norm soll Artikel 1 des Grundgesetzes umgesetzt werden. 68

Die Grundsicherung verfolgt das Ziel der Stärkung der Eigenverantwortung der Leistungsberechtigten. Es soll dazu beitragen, dass sie ihren Lebensunterhalt wieder unabhängig von der staatlich finanzieren Grundsicherung aus eigenen Mitteln und Kräften bestreiten können. 69

In § 1 Abs. 2 Satz 4 SGB II definiert der Gesetzgeber Ziele, nach deren Gewährung die Grundsicherungsleistungen ausgerichtet werden sollen. Als Ziele sind definiert (Zielkatalog): 70

- durch Aufnahme einer Erwerbstätigkeit die Dauer der Hilfebedürftigkeit verkürzen oder den Umfang verringern
- Erwerbsfähigkeit erhalten, verbessern oder wiederherstellen
- geschlechtsspezifischen Nachteilen entgegenwirken
- familienspezifische Lebensverhältnisse berücksichtigen
- behindertenspezifische Nachteile überwinden
- Anreize zur Aufnahme/Ausübung einer Erwerbstätigkeit schaffen

2.1.1.3 Leistungen der Grundsicherung für Arbeitsuchende (§ 4 SGB II)

Gemäß § 1 Abs. 3 SGB II werden die Leistungen der Grundsicherung für Arbeitsuchende in drei Formen erbracht. Sie umfasst vorrangig die Beratung, die überwiegend im Bereich der Leistungen zur Eingliederung für Arbeit, dem sog. Arbeitsvermittlungsbereich, erbracht wird. In diesem Bereich werden auch die Leistungen zur Beendigung oder Verringerung der Hilfebedürftigkeit durch Eingliederung in Arbeit, z. B. durch Vermittlungsvorschläge oder finanzielle Unterstützung bei den Bewerbungskosten, erbracht. Der Gesetzgeber legt in der Gliederung der Leistung eine Priorisierung fest. Vorrang sind demnach Beratungsleistungen zu erbringen und Leistungen zur Eingliederung in Arbeit. Erst an dritter Stelle steht die Aufgabe der Sicherung des Lebensunterhalts. Diese Rangfolge unterstreicht die vom Gesetzgeber in § 1 Abs. 2 Satz 4 SGB II verfolgten Ziele. Beleuchtet man die Leistungserbringung der Jobcenter in der Praxis ist deutlich zu erkennen, dass ohne einen gesicherten Lebensunterhalt keine erfolgreiche Integrationsarbeit möglich ist. Das heißt, plagen den Leistungsberechtigten existenzielle Sorgen, führt eine Beratung zur Integration in den Arbeitsmarkt zu wenig Erfolg. 71

Im praktischen Alltag der Jobcenter verzahnen sich alle drei Leistungsformen. Nur wenn alle drei genannten Leistungsformen erfolgreich umgesetzt und erbracht werden, ist die Aussicht der Zielerreichung, ein Leben ohne Grundsicherung zu führen, gegeben. 72

Die Leistungen der Grundsicherung werden erbracht in Form von Dienstleistungen, Geldleistungen und Sachleistungen (§ 4 Abs. 1 SGB II). Der Leistungsträger kann individuell über die Form der Leistungserbringung entscheiden. 73

2.1.1.4 Grundsätze der Leistungsgewährung

2.1.1.4.1 Grundsatz des Forderns und Förderns (§ 2 SGB II)

74 Der Grundsatz des Forderns und Förderns ist das Grundprinzip der Grundsicherung für Arbeitsuchende.

75 Der Grundsatz des Forderns ist in § 2 SGB II verankert. In diesem Grundsatz wird deutlich, dass die Eigenverantwortung der Leistungsberechtigten und die Verpflichtung zur Selbsthilfe zu den Grundprinzipien der Leistungsgewährung gehören. Der Leistungsberechtigte wird gesetzlich dazu verpflichtet, alle Möglichkeiten zur Beendigung oder Verringerung der Hilfebedürftigkeit zu nutzen und auszuschöpfen. Dabei muss der Leistungsberechtigte aktiv an allen Maßnahmen mitwirken, die der Eingliederung in Arbeit dienen. Konkret unterliegt die leistungsberechtigte Person folgenden Verpflichtungen (§ 2 Abs. 1 SGB II):

- Eingliederungsvereinbarung abschließen
- Aufnahme einer zumutbaren Erwerbstätigkeit
- ggf. die Teilnahme an einer zumutbaren Arbeitsgelegenheit, sofern eine Eingliederung in den Arbeitsmarkt in absehbarer Zeit nicht möglich ist

76 Der Grundsatz des Förderns geht aus den §§ 1 und 3 SGB II hervor und wird in den §§ 14 ff. SGB II konkretisiert. Geht es bei dem Grundsatz des Forderns um die Verpflichtung des Leistungsberechtigten, so verpflichtet der Grundsatz des Förderns den Leistungsträger der Grundsicherung. Die Verpflichtung liegt dabei in der umfassenden Unterstützung bei der Eingliederung in Arbeit. Die Verpflichtung des Leistungsträgers liegt insbesondere auf folgenden Schwerpunkten (§ 3 SGB II):

- intensive Unterstützungsmaßnahmen bei Arbeitsuche und bei Arbeitsaufnahme
- Angebot von Maßnahmen, die der Eingliederung in Arbeit dienen
- bei fehlenden Deutschkenntnissen Vermittlung eines Integrations- oder Sprachkurses
- Unterstützung bei beruflichen Umschulungen und Weiterbildungen
- bei fehlendem Berufsabschluss Unterstützung bei der Aufnahme einer Ausbildung

77 Um die Eingliederung in Arbeit zu fördern, gibt es auch die Möglichkeit, finanzielle Anreize zu setzen, z. B. durch Zahlung von Einstiegsgeld nach § 16b oder durch Förderung des Arbeitsverhältnisses gemäß § 16e SGB II (finanzieller Anreiz für Arbeitgeber).

78 Da die Integration in den Arbeitsmarkt sich in verschiedenen Personengruppen als besonders schwer herausgestellt hat, hat der Gesetzgeber zum 01.01.2019 das sog. Teilhabechancengesetz als 10. Änderungsgesetz des SGB II beschlossen. Mit neuen Förderinstrumenten sollen damit die Teilhabechancen am Arbeitsmarkt besonders für Langzeitarbeitslose erhöht werden. Mit der Einführung des § 16i SGB II besteht nun die Möglichkeit, auch über längere Zeit Lohnkostenzuschüsse an Arbeitgeber zu zahlen, wenn diese Langzeitarbeitslose einstellen.

2.1.1.4.2 Grundsatz der Subsidiarität (§§ 2 Abs. 2 und 3 Abs. 3 SGB II)

79 Subsidiarität leitet sich aus dem lat. „subsidium" ab. Es bezeichnet die zurückbleibende Hilfe. Eine kleinere Gemeinschaft hat den Vorrang im Handeln, d. h. hier der Leistungsbe-

rechtigte und ggf. seine Bedarfsgemeinschaft, gegenüber der größeren Gemeinschaft, hier der Steuerzahler bzw. die Gemeinschaft der Steuerzahler.

Das Subsidiaritätsprinzip wird deshalb auch als Nachrangprinzip bezeichnet. Es gilt im 80
SGB II uneingeschränkt, auch wenn es nicht so deutlich wie im SGB XII in einer Rechtsnorm benannt wird. Es findet seine Verankerung insbesondere in den §§ 2 Abs. 2, 3 Abs. 3 sowie den §§ 9, 11, 12 und 12a SGB II.

Die Selbsthilfeverpflichtung besteht vorrangig in der Verwertung der Arbeitskraft, aber 81
auch der Einsatz von vorhandenem Einkommen und Vermögen wird gefordert.

Nach der Regelung des § 9 SGB II besteht Hilfebedürftigkeit nur dann, wenn nicht aus- 82
reichend eigenes Einkommen und Vermögen vorhanden sind oder die erforderliche Hilfe nicht von anderen, insbesondere von Verwandten oder Trägern anderer Sozialleistungen, gewährt werden kann.

Das heißt konkret, Ansprüche aus der Grundsicherung für Arbeitsuchende werden nur 83
dann erbracht, wenn es keine anderen vorrangig verpflichteten Personen oder Stellen gibt, gegen die der Leistungsberechtigte Ansprüche hat.

Grundsicherungsleistungen sind anderen Sozialleistungen gegenüber absolut nachrangig. 84
Der Leistungsberechtigte ist verpflichtet, vorrangige Ansprüche geltend zu machen, z. B. durch die Beantragung anderer Sozialleistungen, und muss diese auch in Anspruch nehmen (siehe § 5 Abs. 1 SGB II i. V. m. § 12a SGB II).

2.1.1.4.3 Grundsatz der Individualität (§ 3 Abs. 1 SGB II)

Im SGB XII findet sich die Konkretisierung des Grundsatzes in § 9 SGB XII wieder. Im SGB II 85
soll die Individualität des Einzelfalls jedoch auch umgesetzt werden. Zwar werden, die Leistungen der Grundsicherung, die monatlich zur Existenzsicherung ausgezahlt werden zum Teil pauschaliert gewährt (z. B. die Regelbedarfe nach § 20 SGB II), aber bei der genaueren Betrachtung muss der Bedarf dennoch individuell ermittelt werden. Individuell betrachtet werden dabei u. a. die Kosten für Unterkunft, welche nach den Bestimmungen des § 22 SGB II in tatsächlicher Höhe, also nicht pauschal, gewährt werden. Auch können durch den Leistungsberechtigten für individuelle Lebensumstände Mehrbedarfe geltend gemacht werden (§ 21 SGB II). Als monatlicher Bedarf können neben der pauschalierten Regelleistung Mehrbedarfe nach den Bestimmungen des § 21 SGB II gezahlt werden, wenn es Lebensumstände gibt, die einen solchen erhöhten Bedarf erforderlich machen. So wird beispielsweise ein Mehrbedarf für werdende Mütter oder auch bei alleinerziehenden Personen anerkannt.

Die Individualität spielt aber vor allem im Bereich der Eingliederung in Arbeit eine große 86
Rolle. So wird mit jedem Leistungsberechtigten eine Eingliederungsvereinbarung abgeschlossen, die als öffentlich-rechtlicher Vertrag im gegenseitigen Einvernehmen zustande kommen soll. Darin soll das individuelle Vermittlungsziel festgelegt werden unter Berücksichtigung der Einschränkungen des Betroffenen, der familiären Situation, der Mobilität sowie der Fähigkeiten und Fertigkeiten und der bereits vorhandenen Abschlüsse.

2.2 SGB XII

In diesem Abschnitt erfolgt ein kurzer Überblick über die Rechtsgrundlagen der Sozialhilfe 87
und die verschiedenen Leistungsarten sowie die Grundsätze, die zu beachten sind, bevor bzw. während Sozialhilfe geleistet wird.

2.2.1 Rechtsgrundlagen, Aufgabe und Inhalt der Sozialhilfe

2.2.1.1 Rechtsgrundlagen

88 Die Regelungen zur Sozialhilfe finden sich überwiegend im SGB XII. Dabei handelt es sich um ein Bundesgesetz, d.h., es gilt für die gesamte Bundesrepublik Deutschland. Darüber hinaus gibt es:

89 • **Rechtsverordnungen des Bundes**, die den Inhalt einzelner Vorschriften konkretisieren; so sagt z.B. § 90 Abs. 2 Nr. 9 SGB XII, dass Vermögen in Form „kleinerer Barbeträge" der Sozialhilfegewährung nicht entgegensteht, und die „Verordnung zur Durchführung des § 90 Abs. 2 Nr. 9 des Zwölften Buches Sozialgesetzbuch" enthält Vorschriften dazu, welche Beträge als „kleinerer Barbetrag" anzusehen sind.

90 • **Ausführungsgesetze der Länder:** An einigen Stellen hat der Gesetzgeber den Ländern die Möglichkeit eingeräumt, Einzelheiten zur Durchführung des Gesetzes selber zu bestimmen. Eine solche Regelung findet sich z.B. in § 97 Abs. 2 SGB XII. In § 97 Abs. 1 SGB XII steht, dass es verschiedene Sozialhilfeträger (Kapitel 2.4) gibt, nämlich örtliche und überörtliche Träger. Nach Abs. 2 werden die Fälle, in denen der überörtliche Träger sachlich (also inhaltlich) zuständig ist, nach Landesrecht bestimmt. In NRW stehen diese Regelungen im „Landesausführungsgesetz zum Sozialgesetzbuch Zwölftes Buch (SGB XII) – Sozialhilfe – für das Land Nordrhein-Westfalen (AG-SGB XII NRW)".

91 • **Satzungen der Sozialhilfeträger:** Satzungen werden im Rahmen des Sozialhilferechts häufig dazu genutzt, Aufgaben an nachgeordnete Behörden zu delegieren. So kann z.B. ein Kreis, der für die Sozialhilfegewährung zuständig ist, diese Aufgabe durch Satzung auf die kreisangehörigen Städte und Gemeinden übertragen. Dies wird häufig aus Gründen der Bürgerfreundlichkeit gemacht, weil die Wege zu den Rathäusern für die Bürger meistens kürzer sind als bis zur nächsten Kreisverwaltung.

92 • **Richtlinien der Sozialhilfeträger:** In Richtlinien gibt der jeweilige Sozialhilfeträger vor, wie in seinem Zuständigkeitsbereich in der Regel in bestimmten Fällen zu verfahren ist. Sie sollen die Entscheidungsfindung vereinfachen und dazu beitragen, dass gleiche Fälle auch von verschiedenen Mitarbeitern mit gleichem Ergebnis bearbeitet werden.

2.2.1.2 Aufgabe und Ziel der Sozialhilfe (§ 1 SGB XII)

93 Nach § 1 Satz 1 SGB XII ist es Aufgabe der Sozialhilfe, den Leistungsberechtigten die Führung eines Lebens zu ermöglichen, das der Würde des Menschen entspricht. Wenn jemand also selber nicht über ausreichende Mittel, insbesondere Geld, verfügt, um menschenwürdig zu leben, kann er ggf. Sozialhilfe erhalten. Zu einem menschenwürdigen Leben gehören z.B. eine Unterkunft (Wohnung, Haus, Zimmer), Lebensmittel und Kleidung.

94 Die Sozialhilfe soll die Leistungsberechtigten gemäß § 1 Satz 2 SGB XII so weit wie möglich befähigen, unabhängig von ihr zu leben. Nach dem Willen des Gesetzgebers soll es sich bei der Sozialhilfe also um eine Hilfe zur Selbsthilfe handeln, die grundsätzlich nur vorübergehend geleistet wird. In der Praxis hat sich aber gezeigt, dass die Leistungen in der Regel für

einen längeren Zeitraum erbracht werden, da die leistungsberechtigten Personen sehr häufig alte und/oder kranke Menschen sind, deren Lebenssituation sich kaum noch verändert.

2.2.1.3 Leistungen der Sozialhilfe (§ 8 SGB XII)

Die Sozialhilfe umfasst verschiedene Leistungen. Diese sind in § 8 SGB XII abschließend aufgezählt: 95

- Hilfe zum Lebensunterhalt
- Grundsicherung im Alter und bei Erwerbsminderung
- Hilfen zur Gesundheit
- Hilfe zur Pflege
- Hilfe zur Überwindung besonderer sozialer Schwierigkeiten
- Hilfe in anderen Lebenslagen

Der Schwerpunkt in diesem Lehrbuch liegt auf der Hilfe zum Lebensunterhalt, die im 3. Kapitel des SGB XII (§§ 27–40) geregelt ist, und der Grundsicherung im Alter und bei Erwerbsminderung, geregelt im 4. Kapitel SGB XII (§§ 41–46b). Beide Leistungen dienen dazu, den laufenden Lebensunterhalt der Leistungsempfänger sicherzustellen. Jedoch müssen die Personen, die Grundsicherung im Alter und bei Erwerbsminderung beziehen können, andere Voraussetzungen erfüllen als diejenigen, die Hilfe zum Lebensunterhalt bekommen können. 96

Die weiteren Leistungen sind im 5. bis 9. Kapitel des SGB XII geregelt (§§ 47–74) und werden auch als **Hilfen in besonderen Lebenslagen bezeichnet**. Ein Überblick über diese Leistungen findet sich in Kapitel 7. 97

2.2.1.4 Grundsätze der Leistungsgewährung

2.2.1.4.1 Grundsatz der Subsidiarität (§ 2 SGB XII)

In § 2 SGB XII ist der Nachrang der Sozialhilfe geregelt, der sog. **„Subsidiaritätsgrundsatz"**. Dieser besagt, dass Sozialhilfe nur dann zu gewähren ist, wenn alle vorrangigen Möglichkeiten, den Bedarf zu decken, ausgeschöpft wurden. 98

Absatz 1 unterscheidet die Möglichkeiten, den Bedarf 99
- durch eigene Kräfte und Mittel, nämlich Arbeitskraft, Einkommen und Vermögen, oder
- durch die Hilfe anderer, insbesondere von Angehörigen oder anderen Sozialleistungsträgern (Kapitel 2.3),

zu decken.

Nach Absatz 2 sind Unterhaltspflichtige und Sozialleistungsträger auch dann weiter zur Leistung verpflichtet, wenn Sozialhilfe gewährt wird (Satz 1); sie dürfen also ihre Leistungen nicht einstellen und damit eine höhere Leistung des Sozialhilfeträgers herbeiführen. Satz 2 besagt, dass Leistungen von anderen Personen oder Stellen, die gesetzlich vorgeschrieben sind, nicht deshalb versagt werden dürfen, weil es im Sozialhilferecht die gleichen Leistungen gibt. So darf z. B. eine Krankenkasse für eine Person, die bei ihr versichert ist, die Zahlung einer ärztlichen Behandlung nicht ablehnen und darauf verweisen, dass es dann Krankenhilfe nach dem SGB XII geben würde. 100

2.2.1.4.2 Grundsatz der Individualität (§ 9 SGB XII)

101 Bei der Gewährung von Sozialhilfe sind nach § 9 SGB XII immer die **Besonderheiten des Einzelfalls** zu berücksichtigen. Es ist also nicht so, dass jede Person, die Sozialhilfe erhält, gleich hohe Leistungen bekommt. Vielmehr sind insbesondere

- die Art des Bedarfs (braucht jemand z. B. Leistungen für den laufenden Lebensunterhalt oder für die Pflege?),
- die örtlichen Verhältnisse (wo und wie lebt die Person, die Leistungen bekommt?) und
- die eigenen Kräfte und Mittel (kann die Person noch arbeiten? welches Einkommen und/oder Vermögen ist vorhanden?)

der leistungsberechtigten Personen zu berücksichtigen.

102 Nach § 9 Abs. 2 SGB XII soll Wünschen der Leistungsberechtigten, die sich auf die Gestaltung der Leistung beziehen, entsprochen werden, wenn dies nicht mit unverhältnismäßigen Mehrkosten für den Sozialhilfeträger verbunden ist (Satz 3).

Beispiel:

103 Ein Leistungsempfänger muss aus gesundheitlichen Gründen umziehen und hat die Wahl zwischen zwei Wohnungen, die etwa gleich teuer sind. Er möchte in die teurere Wohnung ziehen, weil diese in der Nähe seiner Kinder ist, die sich um ihn kümmern, während die andere Wohnung 30 km vom Wohnort der Kinder entfernt ist. In diesem Fall soll der Sozialhilfeträger dem Wunsch, in der Nähe der Kinder zu wohnen, entsprechen und die etwas höheren Kosten berücksichtigen.

2.2.1.4.3 Einsetzen der Sozialhilfe (§ 18 SGB XII)

104 Nach § 18 Abs. 1 SGB XII gilt in der Sozialhilfe der **Kenntnisgrundsatz**. Das heißt, dass die Leistungen der Sozialhilfe – mit Ausnahme der Leistungen der Grundsicherung im Alter und bei Erwerbsminderung – beginnen, sobald dem Sozialhilfeträger bekannt wird, dass die Voraussetzungen für die Leistung vorliegen. Sozialhilfe kann also ab dem Tag gewährt werden, an dem der Sozialhilfeträger erfahren hat, dass jemand einen Bedarf hat. Es reicht aus, dass die Person selber anruft und ihren Bedarf geltend macht oder auch dass z. B. ein Nachbar dem Sozialamt mitteilt, dass eine Person Sozialhilfe benötigt.

105 Ein besonderer Antrag ist nicht vorgeschrieben. In der Regel lässt der Sozialhilfeträger jedoch einen „Antragsvordruck" ausfüllen, mit dem er alle für seine Entscheidung notwendigen Angaben zu den persönlichen und finanziellen Verhältnissen einer Person abfragt.

106 Für die Grundsicherung im Alter und bei voller Erwerbsminderung gibt es die abweichende Regelung, dass die Leistungen nur auf Antrag gewährt werden. Nähere Einzelheiten dazu werden in Kapitel 6.1.12 erläutert.

2.2.1.4.4 Gesamtfall- und Untersuchungsgrundsatz

107 § 18 SGB XII beinhaltet auch den **Gesamtfall- und Untersuchungsgrundsatz**. Dieser steht zwar nicht ausdrücklich in der Vorschrift, ergibt sich aber im Zusammenhang mit den §§ 18 und 20 des Zehnten Buchs Sozialgesetzbuch, die auch für die Sozialhilfe gelten.

Der Grundsatz besagt, dass der Sozialhilfeträger, wenn ihm ein Bedarf bekannt wird, den gesamten Fall prüfen muss. Wenn also eine Person beim Sozialamt anruft und sagt, sie möchte Hilfe zum Lebensunterhalt bekommen, muss der Sozialhilfeträger von sich aus prüfen, ob die Person auch andere Sozialhilfeleistungen, also z. B. Hilfe zur Pflege, benötigt oder ob vielleicht noch weitere Personen aus der Familie, etwa ein Ehepartner, Anspruch auf Sozialhilfeleistungen haben. 108

2.2.1.4.5 Gegenwärtigkeitsprinzip (§ 18 SGB XII)

Ebenfalls aus § 18 SGB XII ergibt sich das **Gegenwärtigkeitsprinzip**. Dass Sozialhilfe nach § 18 SGB XII erst ab dem Zeitpunkt des Bekanntwerdens geleistet werden kann, bedeutet gleichzeitig, dass Leistungen für die Zeit vor dem Bekanntwerden ausgeschlossen sind. Es gibt also keine Sozialhilfe für die Vergangenheit, insbesondere können keine Schulden übernommen werden. Sind aufgrund des Bekanntwerdens im laufenden Monat Leistungen nur für einen Teilmonat zu erbringen, wird immer auf Basis von 30 Tagen gerechnet, auch wenn der Monat tatsächlich mehr oder weniger Tage hat. 109

2.2.1.4.6 Bedarfsdeckungsprinzip

Das **Bedarfsdeckungsprinzip** steht nicht ausdrücklich im SGB XII, sondern ergibt sich aus den zuvor genannten Sozialhilfegrundsätzen, insbesondere aus dem Gesamtfallgrundsatz und dem Gegenwärtigkeitsprinzip. Gemeint ist damit, dass der gesamte Bedarf, den eine Person gegenwärtig (also meistens in einem Kalendermonat) hat, zu decken ist, aber eben nicht mehr (z. B. der Bedarf für das ganze Jahr im Voraus) und auch nicht weniger. Nähere Einzelheiten zum Bedarfsdeckungsprinzip finden sich in Kapitel 6.3. 110

2.3 VORRANGIGE LEISTUNGEN IM ÜBERBLICK

Die Leistungen der Grundsicherung für Arbeitsuchende (SGB II) und auch die Leistungen der Sozialhilfe (SGB XII) sind absolut nachrangig. Der Leistungsberechtigte ist verpflichtet, vorrangige Leistungen anderer Sozialleistungsträger in Anspruch zu nehmen. Sie erhalten hier einen Überblick über die wichtigsten vorrangigen Leistungen. 111

2.3.1 Leistungen der Rentenversicherung nach SGB VI

Rentenversicherungsleistungen werden vom zuständigen Rententräger auf Antrag erbracht. Voraussetzung für jede Rentenart ist die Erfüllung einer sog. Wartezeit, die je nach Art der Rente unterschiedlich lang sein kann. Da es im Rentenrecht viele unterschiedliche Arten von Rente gibt, wird in diesem Buch nur auf die wichtigsten Bezug genommen. 112

Die **Altersrente** ist wohl die bekannteste Rentenform. Um einen Anspruch auf eine ungeminderte Altersrente (Rente ohne Abzüge) zu haben, muss man das gesetzliche Renteneintrittsalter erreicht haben und mindestens fünf Jahre Versicherungszeit (Anwartschaftszeit) nachweisen können. Das Renteneintrittsalter wird derzeit stufenweise vom 65. Lebensjahr auf das 67. Lebensjahr angehoben. 113

Dies hat auch Auswirkungen auf die Anspruchsberechtigung im SGB II, siehe dazu §7a SGB II. 114

115 Die nachfolgende Grafik zeigt Ihnen, wie die Anhebung derzeit stufenweise erfolgt:

Geburtsjahr	Regelaltersgrenze
bis 1946	65 Jahre
1947	65 + 01 Monat
1948	65 + 02 Monate
1949	65 + 03 Monate
1950	65 + 04 Monate
1951	65 + 05 Monate
1952	65 + 06 Monate
1953	65 + 07 Monate
1954	65 + 08 Monate
1955	65 + 09 Monate
1956	65 + 10 Monate
1957	65 + 11 Monate
1958	66 Jahre
1959	66 + 02 Monate
1960	66 + 04 Monate
1961	66 + 06 Monate
1962	66 + 08 Monate
1963	66 + 10 Monate
1964	67 Jahre
1965	67 Jahre

116 Auch eine Rente mit Abschlägen, d.h. ein vorzeitiger Renteneintritt, ist unter Umständen möglich. Der Rentenantragsteller muss aber dann monatlich Abschläge von seinem Rentenanspruch in Kauf nehmen. Die Höhe der Abschläge und der Zeitpunkt des Renteneintritts sind auch dann vom Geburtsjahr abhängig.

117 Bezieher von Grundsicherungsleistungen sind verpflichtet, eine vorzeitige Altersrente in Anspruch zu nehmen. Der früheste Zeitpunkt der Inanspruchnahme ist das ist 63. Lebensjahr. Es besteht keine Verpflichtung, wenn die Inanspruchnahme unbillig wäre. Unbilligkeitsgründe sind in der Unbilligkeitsverordnung festgeschrieben. Diese wurde zum 01.01.2017 um den Tatbestand ergänzt, dass keine Rente mit Abschlägen in Anspruch genommen werden muss, wenn der SGB-II-Leistungsbezieher dann auf Grundsicherungsleistungen nach dem SGB XII angewiesen ist. Dabei ist es nicht relevant, ob die Bedürftigkeit auch mit der Rente ohne Abschläge bestanden hätte oder nicht.

118 Kann ein Versicherter aufgrund eines Arbeitsunfalls, eines Wegeunfalls oder einer Berufskrankheit nicht mehr uneingeschränkt am Erwerbsleben teilnehmen, kann er bereits mit einer Einschränkung von 20 % einen Anspruch auf eine Verletztenrente aus der gesetzlichen

Unfallversicherung geltend machen. Zuständig für die Erbringung dieser Rente sind die Berufsgenossenschaften oder die Unfallkassen.

Erwerbsminderungsrente wird durch die Rentenkassen gezahlt, wenn ein Versicherter nicht mehr vollschichtig erwerbstätig sein kann. Dabei wird durch ein ärztliches Gutachten festgestellt, in welchem Umfang die Erwerbsminderung vorliegt und wie viele Stunden der Betroffene ggf. noch einer Erwerbstätigkeit nachgehen kann. Für die Gewährung der Rente müssen versicherungsrechtliche und medizinische Voraussetzungen vorliegen. Zu den versicherungsrechtlichen Voraussetzungen zählt u. a. eine Anwartschaftszeit von fünf Jahren. Aus medizinischer Sicht ist zu prüfen, ob die Erwerbsfähigkeit ganz oder teilweise durch eine berufliche oder medizinische Rehamaßnahme wiederhergestellt werden kann. Es gilt das Prinzip „Reha vor Rente". Bestehen keine Erfolgsaussichten, ist der Umfang der Erwerbsminderung zu ermitteln. Erwerbsminderung kann ganz, aber auch teilweise vorliegen. In der Regel werden Erwerbsminderungsrenten erst einmal für eine befristete Dauer bewilligt. Nur wenn davon auszugehen ist, dass eine Wiederherstellung der Erwerbsfähigkeit nicht möglich ist, wird die Rente auf Dauer bewilligt. 119

Renten wegen Todes eines Angehörigen sind in der gesetzlichen Rentenversicherung die **Witwer-/Witwenrente** sowie die **Halb- oder Vollwaisenrente**. Die sog. Hinterbliebenenrenten werden bei Tod eines versicherten Ehegatten (Witwenrente) oder eines Elternteils (Halbwaisenrente) oder beider Elternteile (Waisenrente) gezahlt. Der Versicherungsfall tritt mit dem Tod des Versicherten ein. Die Witwenrente/Witwerrente wird nur gezahlt, wenn die Ehe beim Ableben des Versicherten noch bestanden hat, d. h. nicht rechtskräftig geschieden wurde. Die Ehe muss seit mindestens einem Jahr bestanden haben. 120

Waisen bzw. Halbwaisenrente erhalten die Kinder, wenn die Eltern bzw. ein Elternteil versterben. Die Rente wird bis zum 18. Lebensjahr gezahlt. Absolvieren die Kinder eine Ausbildung, kann die Rente bis zum 27. Lebensjahr gezahlt werden. 121

Die Hinterbliebenen haben Anspruch aus der Rente des Versicherten. Dieser muss die Anwartschaftszeit von fünf Jahren erfüllt haben. Die Rente erfüllt dabei eine Unterhaltsersatzfunktion für die Hinterbliebenen. 122

2.3.2 Leistungen der Krankenversicherung nach SGB V

Neben der Kostenübernahme für Behandlungen und Vorsorgeuntersuchungen erbringen die gesetzlichen Krankenkassen auch finanzielle Leistungen an ihre Versicherten. 123

Mitglieder von gesetzlichen Krankenversicherungen haben Anspruch auf **Krankengeld**, wenn sie aufgrund einer Erkrankung arbeitsunfähig sind oder stationär behandelt werden. 124

Bis zu sechs Wochen der Arbeitsunfähigkeit leistet der Arbeitgeber Lohnfortzahlung bei sozialversicherungspflichtiger Tätigkeit zu 100 %. Bei Erkrankung über sechs Wochen hinaus leistet die Krankenkasse Krankengeld als Entgeltersatzleistung in Höhe von 70 % des regelmäßig bezogenen Bruttoarbeitsentgelts. Die maximale Bezugsdauer beträgt 78 Wochen. 125

Arbeitslosengeld II-Empfänger, die nicht erwerbstätig sind oder nur einen Minijob ausüben, haben keinen Anspruch auf Krankengeld. 126

Frauen, die in der gesetzlichen Krankenkasse versichert sind, erhalten während der gesetzlichen Mutterschutzfrist **Mutterschaftsgeld**. 127

128 Der gesetzliche Mutterschutz beträgt sechs Wochen vor der Geburt (vor dem voraussichtlichen Entbindungstermin) sowie acht Wochen nach der Geburt. In dieser Zeit unterliegt die werdende Mutter einem Beschäftigungsverbot. Als Mutterschaftsgeld wird das durchschnittliche Nettoarbeitsentgelt der letzten drei Beschäftigungsmonate gezahlt, maximal jedoch 13,00 € täglich. Übersteigt das durchschnittliche Nettoarbeitsentgelt 13,00 € täglich, so zahlt der Arbeitgeber die Differenz zum tatsächlichen Nettoarbeitsentgelt. Somit entsteht der werdenden Mutter kein finanzieller Verlust in der Zeit des Mutterschutzes.

2.3.3 Leistungen der Pflegeversicherung nach SGB XI

129 Die gesetzliche Pflegeversicherung finanziert verschiedene Leistungen für Pflegebedürftige. Unter anderem erbringt die Pflegekasse Pflegegeld, wenn die benötigte Hilfe bei der Pflege privat beschafft wird. Oftmals werden damit die Aufwendungen der Angehörigen gedeckt, die die Pflege durchführen.

130 Die Auszahlung erfolgt direkt an den Versicherten und kann von diesem frei verwendet werden. Pflegegeld wird unabhängig vom Einkommen gezahlt. Die Höhe richtet sich nach dem festgestellten Pflegegrad. Nähere Einzelheiten finden Sie in Kapitel 7.

2.3.4 Wohngeld

131 Wohngeld soll die ungedeckten Kosten für Unterkunft decken und damit den Bezug von Grundsicherungsleistungen vermeiden. Der Wohnkostenzuschuss kann für Mieter einer Wohnung/eines Zimmers, für Untermieter, aber auch für Eigentümer eines Hauses oder einer Eigentumswohnung (sog. Lastenzuschuss) gezahlt werden. Vom Bezug von Wohngeld sind nach § 7 Abs. 1 und 3 Wohngeldgesetz (WoGG) jedoch Personen ausgeschlossen, die Leistungen zur Grundsicherung für Arbeitsuchende nach dem Zweiten Buch Sozialgesetzbuch erhalten, und Personen, die Hilfe zum Lebensunterhalt und Grundsicherung im Alter und bei Erwerbsminderung nach dem SGB XII erhalten. Das heißt konkret, dass Wohngeld und Leistungen zum Lebensunterhalt nach SGB II oder SGB XII nicht parallel gezahlt werden können. Deshalb ist Wohngeld nur zu beantragen, wenn durch die Wohngeldzahlung der Bedarf vollständig gedeckt wird und ein Leistungsbezug nach SGB II oder SGB XII damit vermieden werden kann.

132 Zuschussfähig ist die Bruttokaltmiete. Dazu gehören die Grundmiete sowie die kalten Betriebskosten wie z. B. Müllbeseitigung, Wasser und Abwasser, Treppenbeleuchtung usw. Bei der Wohngeldberechnung nicht berücksichtigt werden Heizkosten oder Kosten für die Nutzung von Möbeln, Garagen oder Stellplätzen. Berechnet wird das Wohngeld nach Höhe der Bruttokaltmiete und der Anzahl der Haushaltsmitglieder unter Abzug anzurechnenden Jahreseinkommens. Das anzurechnende Jahreseinkommen ist dabei nicht das tatsächlich zufließende Nettoeinkommen. Das Wohngeldgesetz sieht den Abzug diverser Freibeträge je nach Einkommensart pauschal vor.

2.3.5 Kindergeld und Kinderzuschlag

Kindergeld können Eltern für ihre Kinder beantragen, wenn sie ihren Wohnsitz oder ihren gewöhnlichen Aufenthalt in der Bundesrepublik Deutschland haben. Kindergeld wird nach dem Einkommensteuergesetz oder nach dem Bundeskindergeldgesetz gewährt. Als Kinder zählen die leiblichen Kinder oder Pflegekinder, Kinder des Ehegatten oder in den Haushalt aufgenommene Enkel. Bis zum 18. Lebensjahr des Kindes wird Kindergeld unter den genannten Voraussetzungen gezahlt. Darüber hinaus ist eine weitere Kindergeldzahlung möglich, wenn die Kinder 133
- arbeitsuchend oder beschäftigungslos sind,
- sich in Berufsausbildung befinden,
- sich in einer Übergangszeit von vier Monaten befinden, z. B. bis zum Beginn der Berufsausbildung/des Studiums,
- eine Berufsausbildung mangels Ausbildungsplatzes nicht beginnen bzw. fortsetzen können,
- ein freiwilliges soziales oder ökologisches Jahr machen.

Das Kindergeld wird dann bis zum 25. Lebensjahr weitergezahlt. 134
Die Höhe des Kindergeldes bestimmt sich nach der Reihenfolge der Geburt. Nach derzeitigem Rechtsstand werden für das erste und zweite geborene Kind jeweils 219,00 € monatlich gewährt, für das dritte Kind 225,00 € und für jedes weitere Kind 250,00 € gezahlt. Zuständige Leistungsträger für diese Sozialleistung sind die Familienkassen, die meist bei der örtlichen Bundesagentur für Arbeit angesiedelt sind. 135

Der **Kinderzuschlag** (KIZ) wurde zeitgleich mit der Grundsicherung für Arbeitsuchende nach dem SGB II und der Sozialhilfe nach dem SGB XII eingeführt. Zuletzt geändert wurden die gesetzlichen Grundlagen für den Kinderzuschlag im Rahmen des Starke-Familien-Gesetz, das zum 01.07.2019 in Kraft getreten ist. Gefördert werden sollen damit gering verdienende Familien mit Kindern. Mit dieser Leistung soll der Leistungsbezug nach SGB II oder SGB XII vermieden werden. 136
Grundsätzlich schließen sich die zeitgleiche Gewährung von Kinderzuschlag und SGB-II- oder SGB-XII-Leistungen aus. Durch die Änderung der Berechnungsgrundlagen für den Kinderzuschlag seit 01.07.2019 rechnen die Familienkassen nunmehr jedoch mit den Einkommensverhältnissen der letzten sechs Monate vor Antragstellung. Der Bewilligungszeitraum für Kinderzuschlag beträgt grundsätzlich sechs Monate. In diesen sechs Monaten führen Änderungen im Einkommen nicht dazu, dass der Kinderzuschlag neu berechnet wird. Das heißt, nunmehr kann es auch dazu kommen, dass Kinderzuschlag und SGB-II- bzw. SGB-XII-Leistungen zeitgleich gezahlt werden. 137
Zur Verdeutlichung folgendes Beispiel: 138
Eine Familie erhält für ihre zwei kindergeldberechtigten Kinder Kinderzuschlag. Die Bewilligung erfolgte für den Zeitraum 01.08.2019 bis 31.01.2020 aufgrund der Einkommensverhältnisse vom 01.02.2019 bis 31.07.2019. Berechnungsgrundlage ist das in diesem Zeitraum zugeflossene Einkommen, egal ob einmaliges oder laufendes Einkommen. Das zugrunde gelegte Einkommen ist hier das Erwerbseinkommen des Vaters. Der Vater wird jedoch zum 01.10.2019 gekündigt. Die Änderung führt seit der Einführung des Starke-Familien-Gesetzes weder zur Neuberechnung noch zum Wegfall des Kinderzuschlags, da

Berechnungsgrundlage das Einkommen der sechs Monate vor Antragstellung ist und nicht das tatsächliche während des Bewilligungszeitraums

139 Stellt die Familie zur Sicherung des Lebensunterhalts einen Antrag auf SGB-II-Leistungen, wird Kinderzuschlag als vorrangige Leistung als Einkommen für die Zeit bis zum 31.01.2020 berücksichtigt.

140 Kinderzuschlag wird von den örtlichen Familienkassen ausgezahlt. Anspruchsvoraussetzungen sind:

- Kinder unter 25 und unverheiratet
- Kinder, für die auch grundsätzlich Kindergeldanspruch besteht
- vorhandenes Mindesteinkommen 900,00 € bei Ehegatten oder Partnern und von 600,00 € (sog. Mindesteinkommensgrenze) bei Alleinstehenden

141 Der Kinderzuschlag liegt aktuell bei maximal 205,00 € pro Kind.

2.3.6 Unterhaltsvorschussleistungen

142 Anspruch auf Unterhaltsvorschussleistungen (UVG) haben Kinder, die nur bei einem Elternteil leben (alleinerziehend) und die von dem anderen Elternteil nicht oder nicht regelmäßig Unterhalt erhalten. Die Unterhaltsvorschussleistungen sind beim Jugendamt zu beantragen. Man spricht auch von dem sog. Ersatzunterhalt. Kinder im Lebensalter von 0 bis 5 Jahren erhalten derzeit monatlich 159,00 €, für Kinder im Lebensalter zwischen 6 und 11 Jahren beträgt der monatliche Unterhalt 215,00 €.

143 Nach der Rechtslage bis 30.06.2017 wurde UVG maximal bis zum zwölften Lebensjahr des Kindes gezahlt, höchstens jedoch für 72 Monate. Seit 01.07.2017 kann Unterhaltsvorschuss auch länger als 72 Monate ohne zeitliche Begrenzung gezahlt werden. Für Kinder zwischen 12 und 18 Jahren kann nach der Gesetzesänderung auch UVG gezahlt werden, wenn

- das Kind nicht hilfebedürftig im SGB II ist oder aufgrund des UVG-Bezugs nicht mehr ist oder
- bei Alleinerziehenden, die Grundsicherungsleistungen beziehen, mindestens 600,00 € Bruttoeinkommen vorhanden sind.

144 Für Kinder zwischen 12 und 18 Jahren beträgt UVG derzeit 289,00 €.

2.3.7 Elterngeld

145 Mit dem Elterngeld unterstützt der Staat Mütter und Väter in der Erziehungszeit nach Geburt des Kindes. Es ermöglicht das zeitweise Aussetzen der Erwerbstätigkeit. Das heißt, Anspruch auf Elterngeld haben Mütter und Väter, die ihr Kind überwiegend allein nach der Geburt betreuen und deshalb nicht oder nicht vollschichtig erwerbstätig sind.
Beim Elterngeld wird zwischen Elterngeld und Elterngeld Plus unterschieden, was Ihnen die nachfolgende Grafik zeigt (Quelle: www.bundesregierung.de)

146

Elterngeld wird anhand des Nettoeinkommens zwölf Monate vor Geburt berechnet. Die Höhe bemisst sich auf 65–67 %. Dabei beträgt es mindestens 300,00 € bei geringem oder keinem Einkommen, aber max. 1.800,00 € bei sehr hohem Erwerbseinkommen. 147

2.3.8 Arbeitslosengeld nach SGB III

Anspruch auf Arbeitslosengeld (ALG I) besteht bei Arbeitslosigkeit, wenn sich die Person bei der Agentur für Arbeit arbeitslos gemeldet hat und eine Anwartschaftszeit erfüllt hat. Die Anwartschaftszeit ist erfüllt, wenn die Person innerhalb der letzten 30 Monate mindestens zwölf Monate (muss nicht zusammenhängend sein) sozialversicherungspflichtig beschäftigt war und somit Versicherungsbeiträge in die Arbeitslosenversicherung eingezahlt hat. Die Höhe des Arbeitslosengeldes berechnet sich am Brutto-Arbeitsentgelt der letzten 12 Monate und wird als kalendertäglicher Betrag berechnet. 148
Das Arbeitslosengeld beträgt 60 % des Nettoarbeitsentgeltes bzw. 67 % wenn ein oder mehrere Kinder berücksichtigt werden können.

Die Anspruchsdauer richtet sich nach der Beschäftigungsdauer, die der Arbeitslosigkeit vorausgegangen ist, und dem Alter. Wie lange Arbeitslosengeld I gezahlt wird, können Sie nachfolgender Grafik entnehmen (Quelle: https://www.finanztip.de/bezugsdauer-arbeitslosengeld/) 149

150

Anspruchsdauer für Arbeitslose unter 50 Jahren	
mindestens versicherungspflichtig beschäftigt in Monaten	Anspruchsdauer in Monaten
12	6
16	8
20	10
24	12

Anspruchsdauer für Arbeitslose über 50 Jahren		
vollendetes Lebensjahr	mindestens versicherungspflichtig beschäftigt in Monaten	Anspruchsdauer in Monaten
50.	30	15
55.	36	18
58.	48	24

2.3.9 BAföG/BAB/AbG

151 Das Bundesausbildungsförderungsgesetz **(BAföG)** gewährt staatliche Förderung für Studium und Ausbildung. Mit der Förderung der Ausbildung soll vor allem Chancengleichheit bei der Erzielung von Bildungsabschlüssen hergestellt werden. Gefördert werden können:

- Allgemeinbildende Schulen nach der 10. Klasse
- Fachschulen
- Berufsfachschulen
- Akademien
- Hochschulen

152 Zum Erhalt der Förderung müssen zusätzliche persönliche Voraussetzungen erfüllt sein, z. B. darf die Altersgrenze von 30 Jahren noch nicht erreicht sein, und das elterliche Einkommen darf nicht so hoch sein, dass eine Förderung des Auszubildenden nicht gerechtfertigt wäre. Die Leistungen berechnen sich nach dem persönlichen Bedarf des Schülers, abzüglich des vorhandenen Einkommens des Förderberechtigten und seiner Eltern.
BAföG wird grundsätzlich für die Dauer der gesamten Ausbildung gezahlt, es sei denn, die Förderhöchstdauer, z. B. bei Studiengängen, wird überschritten.

153 Duale betriebliche Ausbildungen und berufsvorbereitende Maßnahmen können nicht mit BAföG gefördert werden. Diese Ausbildungen werden staatlich über die Berufsausbildungsbeihilfe **(BAB)** gefördert.

154 Förderungsfähig sind betriebliche und überbetriebliche Ausbildungen im dualen System, die zu einem anerkannten Berufsabschluss führen, und berufsvorbereitende Maßnahmen, die auf den Beginn einer Ausbildung vorbereiten oder die dem nachträglichen Erwerb eines Hauptschulabschlusses dienen. BAB wird von den Agenturen für Arbeit ausgezahlt und ist sowohl an die Förderfähigkeit der Ausbildung als auch an persönliche Voraussetzungen geknüpft.

155 Absolviert ein behinderter Mensch seine erste Berufsausbildung, besucht eine berufsvorbereitende Maßnahme oder eine Behindertenwerkstatt im Eingangs- oder Berufsbildungsbereich, so kann dieser eine staatliche Förderung während der Ausbildung in Form von Ausbildungsgeld **(AbG)** erhalten. Leistungsträger ist die Agentur für Arbeit. Die Höhe des Ausbildungsgeldes richtet sich nach dem Bedarfssatz und der Höhe des Entgelts, wenn es sich um eine Berufsausbildung handelt.

2.3.10 Kurzarbeitergeld

Um in einem Betrieb Entlassungen zu vermeiden, kann der Arbeitsgeber die Arbeitszeit verkürzen und kurzfristig einen Ausgleich des Verdienstausfalles bei der Bundesagentur für Arbeit beantragen. 156

Oftmals passiert dies aus konjunkturellen Gründen. Im Jahr 2020 war dies ein wichtiges Element des Sozialstaates um Arbeitsplätze im Lockdown während der Pandemiezeit, ausgelöst durch die Covid 19 Erkrankung, zu sichern. 157

Kurzarbeit muss vom Arbeitgeber bei der zuständigen Agentur für Arbeit angezeigt werden. Die Höhe des Kurzarbeitergeldes ist abhängig vom vorher bezogenen Nettoeinkommen. 158

60 Prozent davon wird als Kurzarbeitergeld gezahlt. Beschäftigte mit mindestens einem Kind erhalten 67 Prozent. 159

Kurzarbeitergeld wird durch die Agentur für Arbeit an den Arbeitgeber ausgezahlt, der dieses wiederrum in die Lohnberechnung einfließen lässt. Das heißt, die Auszahlung an den Arbeitnehmer erfolgt durch den Arbeitgeber. 160

2.4 LEISTUNGSTRÄGER

Als Leistungsträger bezeichnet man die Behörden, die für die Gewährung der Sozialleistung zuständig sind. Wer das für die Leistungen nach SGB II und SGB XII ist, wird nachfolgend beschrieben. 161

2.4.1 SGB II

2.4.1.1 Träger der Grundsicherung für Arbeitsuchende (§ 6 SGB II)

Nach § 6 Abs. 1 SGB II sind Träger der Grundsicherung für Arbeitsuchende die Bundesagentur für Arbeit (Nr. 1) und die kreisfreien Städte und Kreise (Nr. 2). Nach Nr. 1 ist die Bundesagentur für Arbeit für alle Leistungen zuständig, für die nicht nach Nr. 2 die kreisfreien Städte bzw. Kreise zuständig sind. In Nr. 2 ist also aufgeführt, für welche Leistungen genau die Zuständigkeit der kreisfreien Städte und Kreise besteht. Das ist u. a. der Fall für die Unterkunfts- und Heizkosten, einige einmalige Bedarfe und die Leistungen für Bildung und Teilhabe. 162

Beide Träger arbeiten gemäß § 44b SGB II zusammen in gemeinsamen Einrichtungen, die entsprechend § 6d SGB II **Jobcenter** heißen. Die Leistungsempfänger erhalten dort alle Leistungen aus einer Hand; sie merken also nicht, dass tatsächlich zwei verschiedene Träger für die Leistungsgewährung zuständig sind. 163

2.4.1.2 Besonderheit zugelassener kommunaler Träger (§ 6a SGB II)

Nach § 6a SGB II gibt es eine begrenzte Anzahl zugelassener kommunaler Träger, also kreisfreier Städte und Kreise, die die Aufgaben nach dem SGB II alleine wahrnehmen. Diese bezeichnet man auch als **Optionskommunen**. Die Optionskommunen bilden keine gemeinsamen Einrichtungen mit der Bundesagentur für Arbeit, sondern nehmen neben ihren eigenen Aufgaben nach § 6 Abs. 1 Nr. 2 SGB II auch die Aufgaben der Bundesagentur für Arbeit nach § 6 Abs. 1 Nr. 1 SGB II wahr. 164

165 Von 2005 bis 2011 gab es in Deutschland 69 Optionskommunen, seit 2012 sind es insgesamt 110, davon die folgenden 18 in NRW:

- Kreis Borken
- Kreis Coesfeld
- Kreis Düren
- Ennepe-Ruhr-Kreis
- Stadt Essen
- Kreis Gütersloh
- Stadt Hamm
- Hochsauerlandkreis
- Kreis Kleve
- Kreis Lippe
- Kreis Minden-Lübbecke
- Stadt Mülheim an der Ruhr
- Stadt Münster
- Kreis Recklinghausen
- Kreis Steinfurt
- Stadt Solingen
- Kreis Warendorf
- Stadt Wuppertal

2.4.2 SGB XII

2.4.2.1 Örtliche und überörtliche Träger der Sozialhilfe (§ 3 SGB XII)

166 Gemäß § 3 Abs. 1 SGB XII wird die Sozialhilfe von örtlichen und überörtlichen Trägern geleistet. Örtliche Träger sind die kreisfreien Städte und Kreise, soweit nicht nach Landesrecht etwas anderes bestimmt wird (Abs. 2). In NRW ist keine abweichende Regelung getroffen, sondern in § 1 AG-SGB XII ist nochmals wiederholt worden, dass die kreisfreien Städte und Kreise **örtliche Sozialhilfeträger** sind.

167 Die **überörtlichen Sozialhilfeträger** werden entsprechend § 3 Abs. 3 SGB XII durch die Länder bestimmt. Für NRW wurde in § 1 AG-SGB XII geregelt, dass die Landschaftsverbände überörtliche Sozialhilfeträger sind. Es gibt den Landschaftsverband Rheinland (LVR) mit Sitz in Köln und den Landschaftsverband Westfalen-Lippe (LWL) mit Sitz in Münster.

2.4.2.2 Überblick über die Zuständigkeiten

In örtlicher Hinsicht ist der Landschaftsverband Westfalen-Lippe als überörtlicher Sozialhilfeträger zuständig für die 18 Kreise und neun kreisfreien Städte im Gebiet Westfalen-Lippe. Dieses Gebiet entspricht den Regierungsbezirken Detmold, Arnsberg und Münster. Der Landschaftsverband Rheinland ist für die zwölf Kreise, 13 kreisfreien Städte sowie die Städteregion Aachen im Rheinland, also für die Regierungsbezirke Köln und Düsseldorf, örtlich zuständig. 168

Sachlich – also inhaltlich – sind die Landschaftsverbände für verschiedene Bereiche der Sozialhilfe zuständig, u. a. für Leistungen nach dem 5. bis 9. Kapitel SGB XII an Personen unter 65 Jahren, wenn die Leistungen in einer (teil-)stationären Einrichtung oder einer gemeinschaftlichen Wohnform (Wohngruppe für behinderte Menschen, Pflegeheim usw.) erbracht werden. 169

Die Leistungen zum Lebensunterhalt, also Hilfe zum Lebensunterhalt nach dem 3. Kapitel SGB XII und Grundsicherung im Alter und bei voller Erwerbsminderung nach dem 4. Kapitel SGB XII, werden grundsätzlich von den örtlichen Sozialhilfeträgern erbracht. Nur wenn der überörtliche Träger ohnehin Leistungen nach dem 5. bis 9. Kapitel SGB XII in stationären Einrichtungen erbringt, ist er auch für die Leistungen zum Lebensunterhalt zuständig. 170

Die Landschaftsverbände haben zur Erfüllung einiger Aufgaben die Kreise, kreisfreien Städte sowie die kreisangehörigen Städte und Gemeinden durch Satzung herangezogen, da diese für die Leistungsempfänger besser zu erreichen sind und die Hilfemöglichkeiten vor Ort besser einschätzen können. Die kreisfreien Städte, Kreise und kreisangehörigen Städte rechnen die Sozialhilfeleistungen, die sie auszahlen, dann mit den Landschaftsverbänden ab. 171

ZWEITER TEIL
GRUNDSICHERUNG FÜR ARBEITSUCHENDE
NACH DEM SGB II

3 Abgrenzung der leistungsberechtigten Personen nach SGB II und SGB XII

172 Im nachfolgenden Kapitel werden die existenzsichernden Leistungen im Überblick und die Abgrenzungskriterien, d. h. die Anspruchsvoraussetzung der jeweiligen Sozialleistung, vorgestellt. Der komplette zweite Teil dieses Buchs (Kapitel 3 und 4) ist dabei auf die Leistungen nach dem SGB II abgestellt und sollte genutzt werden, wenn der Unterrichtsschwerpunkt auf der Grundsicherung für Arbeitsuchende liegt. Der dritte Teil des Buchs mit den Kapiteln 5 und 6 beschäftigt sich mit dem Unterrichtsschwerpunkt Sozialhilfe nach dem SGB XII.

173 Der Abschnitt 7 des dritten Teils gibt einen Überblick über das Leistungsspektrum der Kapitel 5 bis 9 des SGB XII. Diese Leistungen gehören nicht zu den Grundsicherungsleistungen und sind Bestandteil des Sozialrechts unabhängig vom Unterrichtsschwerpunkt.

3.1 ÜBERBLICK UND ENTSTEHUNG DER DREI EXISTENZSICHERNDEN LEISTUNGEN

174 Personen, die ihren monatlichen Bedarf bzw. ihren laufenden Lebensunterhalt nicht aus eigenen Mitteln und Kräften bestreiten können, können existenzsichernde Leistungen geltend machen.

175 Welche der drei Leistungsarten eine hilfebedürftige Person in Anspruch nehmen kann, richtet sich danach, welche Anspruchsvoraussetzungen sie erfüllt. Die nachfolgend genannten drei Existenzsicherungsleistungen unterscheiden sich in den Anspruchsvoraussetzungen und sind einander nachrangig, d. h., sie schließen sich gegenseitig aus und können nicht gleichzeitig bezogen werden. Alle drei Leistungen sind bedarfsorientiert, das wiederum bedeutet, dass der individuelle Bedarf, der zur Sicherung der Existenzgrundlage notwendig ist, sichergestellt werden muss.

176 Demnach sind auch die Anspruchsvoraussetzungen eines jeden zu prüfen, so z. B. wenn der Betroffene mit mehreren Personen in einem Haushalt zusammenlebt.

177 Aufgrund der Tatsache, dass die persönlichen Voraussetzungen ausschlaggebend sind und auch unterschiedlich sein können, kann es vorkommen, dass Personen die zusammen zwar in einem Haushalt leben, aber unterschiedliche existenzsichernde Leistungen erhalten.

178 Bis 31.12.2004 war die Existenzsicherung allein durch das Bundessozialhilfegesetz (BSHG) geregelt. Mit Inkrafttreten des SGB II und SGB XII wurde die „alte Sozialhilfe" abgelöst, also außer Kraft gesetzt. Die Unterscheidung zu den existenzsichernden Leistungen gibt es somit erst seit 01.01.2005.

§ 19 Abs. 1 Satz 1 SGB II 179
Anspruchsberechtigte Arbeitslosengeld II:
1. erwerbsfähige Leistungsberechtigte i. S. d. § 7 Abs. 1 Nr. 1–4 SGB II
2. kein Ausschlusstatbestand nach § 7 Abs. 1 Satz 2 und Abs. 4–6 SGB II

§ 19 Abs.1 Satz 2 SGB II
Anspruchsberechtigte Sozialgeld:
1. nicht erwerbsfähig
2. in Bedarfsgemeinschaft mit einem erwerbsfähigen Leistungsberechtigten
3. kein Anspruch auf Leistungen im 4. Kapitel SGB XII

§ 41 SGB XII 180
Anspruchsberechtigte:
1. Altersgrenze erreicht (Renteneintrittsalter)
oder
2. dauerhaft voll erwerbsgemindert
3. Mindestalter 18. Lebensjahr

181
§ 19 Abs. 1 SGB XII
Anspruchsberechtigte:
1. hilfebedürftige Menschen
2. kein Anspruch auf ALG II nach § 19 Abs. 1 Satz 2 SGB II
3. kein Anspruch auf Leistungen nach dem 4. Kapital SGB XII
4. kein Anspruch auf Sozialgeld nach §19 Abs. 1 Satz 2 SGB II

3.2 LEISTUNGEN NACH MEM SGB II – LEISTUNGSBERECHTIGTE (§ 7 SGB II)

182 Das SGB II sieht zwei Leistungsarten für die Existenzsicherung vor:

ARBEITSLOSENGELD §§ 7 Abs. 1, 19 Abs. 1 Satz 1 SGB II		SOZIALGELD §§ 7 Abs. 2, 19 Abs. 1 Satz 2 SGB II
Erwerbsfähigkeit • im erwerbsfähigen Alter – mind. 15 Jahre alt und körperlich leistungsfähig (§ 8 SGB II) *Altersgrenze* • Mind. 15 Jahre alt und die Altersgrenze zum Renteneintritt noch nicht erreicht (§ 7a SGB II)	VORAUSSETZUNGEN	*Nicht erwerbsfähig* • Personen, die mit Erwerbsfähigen in einer Bedarfsgemeinschaft leben und selbst nicht erwerbsfähig sind (§ 19 Abs. 1 Satz 2 SGB II) *Personenkreis* • Kinder unter 15, sofern sie hilfebedürftig sind • vorübergehend erwerbsunfähige Partner oder Eltern oder Partner von Elternteilen erwerbsfähiger Kinder

Hilfebedürftigkeit • Verfügbare Mittel decken Bedarf nicht (§ 9 SGB II) *Gewöhnlicher Aufenthalt* • Gewöhnlicher Aufenthalt in der Bundesrepublik Deutschland, d. h. der Lebensmittelstandpunkt Tatsächliche Erreichbarkeit (§ 7 Abs. 4a SGB II) *Kein Ausschlusstatbestand* • Ausländer, nur zur Arbeitsuche oder ohne Aufenthaltsgrund • Ausländer, deren Aufenthaltsrecht sich aus dem Recht der Schulausbildung des Kindes ableitet • Leistungsberechtigte Asylbewerber nach dem Asylbewerberleistungsgesetz (§ 7 Abs. 1 Satz 2 SGB II) • Altersrentner (§ 7 Abs. 4 SGB II) • Dauerhaft voll erwerbsunfähige Personen, die mindestens 18 Jahre alt sind und somit Anspruchsberechtigte im 4. Kapitel SGB XII sind (§ 19 Abs. 1 Satz 2 SGB II)

3.2.1 Arbeitslosengeld II

183 Die Anspruchsvoraussetzungen für den Bezug von Grundsicherungsleistungen nach dem SGB II ist in § 7 Abs. 1 SGB II geregelt.

184 Anspruchsberechtigt ist demnach, wer

- das 15. Lebensjahr vollendet und die Altersgrenze/Renteneintrittsalter noch nicht erreicht hat (§ 7a SGB II),
- erwerbsfähig ist (§ 8 SGB II),
- hilfebedürftig ist (§ 9 SGB II),
- seinen gewöhnlichen Aufenthalt in der Bundesrepublik Deutschland hat (§ 30 Abs. 3 SGB I).

185 Wer das **15. Lebensjahr** vollendet hat, gilt i. S. d. Sozialrechts als erwerbsfähig und kann nach den Bestimmungen des § 36 Abs. 1 SGB I Sozialleistungen beantragen und entgegennehmen. Die **Altersbegrenzung** für die Leistungsberechtigung im SGB II ist das gesetzliche Renteneintrittsalter, welches derzeit stufenweise vom 65. Lebensjahr auf das 67. Lebensjahr

angehoben wird. Mit dem Eintritt in das gesetzliche Renteneintrittsalter gem. § 7a SGB II besteht der vorrangige Anspruch auf Leistungen nach dem 4. Kapitel SGB XII.

Eine Anforderung aus § 7 Abs. 1 SGB II ist die **Erwerbsfähigkeit**. Erwerbsfähig ist, wer 186 körperlich in der Lage ist, mindestens drei Stunden täglich erwerbsfähig zu sein. Dabei kommt es ausschließlich auf den Gesundheitszustand an, nicht auf die Zumutbarkeit der Arbeit oder sonstige Hinderungsgründe, wie z. B. ein gesetzliches Beschäftigungsverbot im Mutterschutz oder auf bestehende Schulpflicht bei Schülern.
Eine vorübergehende Erkrankung, die laut ärztlicher Prognose nicht länger als sechs Monate Erwerbsunfähigkeit nach sich zieht, bleibt außerdem bei der Betrachtung der Erwerbsfähigkeit außer Betracht. Bestehen laut ärztlichen Gutachten erhebliche körperliche Einschränkungen, besteht in den meisten Fällen noch eine reduzierte Leistungsfähigkeit zwischen drei bis sechs Stunden täglich, auch wenn sich für diese Personen der Arbeitsmarkt verschlossen hält bzw. die Aussicht auf Integration in den Arbeitsmarkt aussichtslos ist. Der Personenkreis kann unter Umständen eine sog. Arbeitsmarktrente (zeitlich befristet) bekommen. Da diese Personen jedoch zwischen drei und sechs Stunden erwerbsfähig sind, gelten sie als erwerbsfähig i. S. d. § 8 SGB II.

Ausländerinnen und Ausländer können nur erwerbstätig sein, wenn ihnen die Aufnahme 187 der Beschäftigung erlaubt ist oder erlaubt werden kann (§ 8 Abs. 2 SGB II).

188

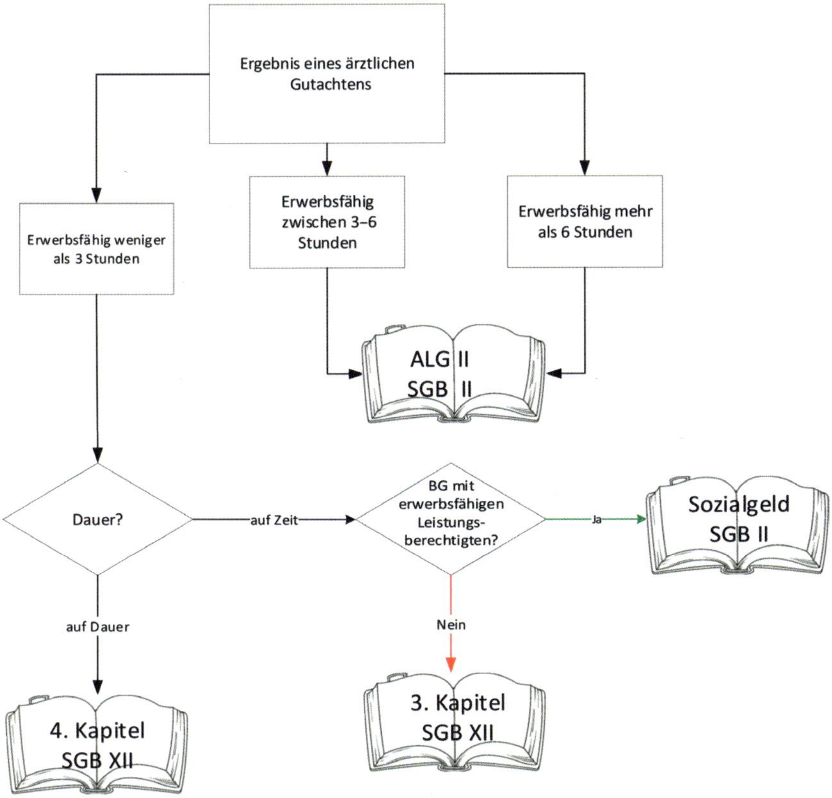

189 Liegen die Anspruchsvoraussetzungen vor, ist außerdem zu prüfen, ob ein in § 7 in den Absätzen 4 bis 5 genannter Ausschlusstatbestand vorliegt.

190 Auf die anderen Anspruchsvoraussetzungen und die Ausschlusstatbestände wird unter 4.2 näher eingegangen. Zur Abgrenzung der Grundsicherungsleistungen reichen die Kenntnisse über die Altersbegrenzung und die Erwerbsfähigkeit vorerst aus.

191 Werden die Anspruchsvoraussetzungen erfüllt und liegt kein Ausschlusstatbestand vor, sind existenzsichernde Leistungen in Form von Arbeitslosengeld II gemäß § 19 Abs. 1 Satz 1 SGB II zu gewähren.

192 Dabei ist keine Anspruchsvoraussetzung, dass Arbeitslosigkeit vorliegt. Die Leistungen werden nach dem Bedarfsdeckungsprinzip erbracht. Das bedeutet, kann der monatlich laufende Bedarf nicht gedeckt werden, werden Leistungen vollumfänglich oder auch nur aufstockend zu bereits vorhandenem Einkommen und Vermögen erbracht.

3.2.2 Sozialgeld

193 Grundsätzlich sind die Anspruchsvoraussetzungen eines jeden Einzelnen zu prüfen. Leistungen erhalten jedoch auch Personen, die mit dem erwerbsfähigen Hilfebedürftigen in Bedarfsgemeinschaft leben (§ 7 Abs. 2 SGB II).

194 Sozialgeld wird von nicht erwerbsfähigen Angehörigen bezogen, die mit dem erwerbsfähigen Leistungsberechtigten in einer Bedarfsgemeinschaft zusammenleben.

195 Die Bedarfsgemeinschaft gibt es ausschließlich im SGB II und definiert, wer mit seinem Einkommen und Vermögen füreinander einstehen muss, aber auch wer über die Zuordnung der Bedarfsgemeinschaft Leistungsberechtigter ist.

196 Von einer Bedarfsgemeinschaft spricht man dann, wenn mindestens eine Person die Anspruchsvoraussetzungen nach § 7 Abs. 1 SGB II erfüllt. Demnach bildet auch eine alleinstehende Person eine Bedarfsgemeinschaft, eine Ein-Personen-BG.

197 Bedarfsgemeinschaften werden gebildet aus dem erwerbsfähigen Leistungsberechtigten selbst und deren

- Partnern sowie
- Kindern, wenn diese in einer Wirtschaftsgemeinschaft zusammenleben.

198 Partner in einer Bedarfsgemeinschaft sind (§ 7 Abs. 3 Nr. 3 SGB II)

- Nr. 3a nicht dauernd getrennt lebende Ehegatten,
- Nr. 3b nicht dauernd getrennt lebende Lebenspartner,
- Nr. 3c Partner in Verantwortungs- und Einstehensgemeinschaft, bei denen ein wechselseitiger Wille anzunehmen ist, Verantwortung füreinander zu tragen und füreinander einzustehen (§ 7 Abs. 3a SGB II).

199 Kinder gehören zu einer Bedarfsgemeinschaft, wenn sie

- leiblich oder adoptiert und
- unter 25 Jahre alt und
- unverheiratet und
- hilfebedürftig sind (§ 7 Abs. 3 Nr. 4 SGB II).

Sozialgeld kann jedoch nicht erhalten, wer einen Anspruch nach dem 4. Kapitel SGB XII hat, d. h., derjenige, der das gesetzliche Renteneintrittsalter erreicht hat, und volljährige Personen, die auf Dauer voll erwerbsgemindert sind. 200

Merke: Volljährige dauerhaft erwerbsunfähige Personen und Personen, die Altersrente beziehen, können auch im Familienbund keine Leistungen nach dem SGB II beziehen, da sie Leistungsberechtigte nach §§ 41 ff. SGB XII, d. h. 4. Kapitel SGB XII, sind. 201

Sozialgeld können beziehen: 202

- Kinder bis zum 15. Lebensjahr
- dauerhaft erwerbsunfähige Kinder bis 18 Jahre, weil Grundsicherungsleistungen nach dem 4. Kapitel erst ab Volljährigkeit bezogen werden können
- volljährige Kinder und Partner, die länger als sechs Monate erwerbsunfähig sind, aber nicht dauerhaft

3.3 LEISTUNGEN DER GRUNDSICHERUNG IM ALTER UND BEI ERWERBSMINDERUNG (4. KAPITEL SGB XII) – LEISTUNGSBERECHTIGTE

Gemäß § 5 Abs. 2 SGB II haben Leistungen nach dem 4. Kapitel SGB XII Vorrang vor dem Sozialgeld im SGB II, d. h., diese Leistungen schließen einander aus. 203

Anspruchsberechtigt, nach diesem Kapitel Leistungen zu beziehen, sind Personen, die die Altersgrenze nach § 41 Abs. 2 SGB XII (analoge Rechtsvorschrift wie § 7a SGB II) erreicht haben. Das gesetzliche Renteneintrittsalter wird stufenweise von 65 auf 67 erhöht. Je nach Geburtenjahrgang erhöht sich das Renteneintrittsalter um x Monate. 204

Auch anspruchsberechtigt sind Personen, die das 18. Lebensjahr vollendet haben und dauerhaft voll erwerbsgemindert sind (§ 41 Abs. 1 und Abs. 3 SGB XII). 205

Eine Erwerbsminderung kann nur der Rententräger feststellen. Dies wird mittels eines ärztlichen Gutachtens festgestellt. Oftmals wird dies im Rahmen der Antragstellung auf volle Erwerbsminderungsrente durchgeführt bzw. veranlasst. 206

Ist offensichtlich, dass kein Rentenanspruch wegen fehlender Versicherungszeiten besteht, wird der Rententräger auch kein Gutachten erstellen. Geht der SGB-XII-Träger von einer dauerhaften Erwerbsminderung aus, so beauftragt dieser den Rententräger, dies in einem anlassbezogenen Gutachten festzustellen (§ 41 SGB XII). 207

3.4 HILFE ZUM LEBENSUNTERHALT NACH DEM 3. KAPITEL SGB XII – LEISTUNGSBERECHTIGTE

Das 3. Kapitel ist das Auffangbecken für alle Leistungsberechtigten, die weder einen Anspruch auf Leistungen nach dem Zweiten Buch Sozialgesetzbuch noch nach dem 4. Kapitel des Zwölften Buchs haben. Leistungen nach dem SGB II, insbesondere Sozialgeld, gehen dem Anspruch nach dem 3. Kapitel vor (§ 5 Abs. 2 SGB II). 208

Für die Hilfe zum Lebensunterhalt (HzL) sind im 3. Kapitel des SGB XII keine besonderen persönlichen Voraussetzungen beschrieben. In § 19 Abs. 1 i. V. m § 27 Abs. 1 SGB XII wird lediglich auf die Hilfebedürftigkeit abgestellt. 209

210 Dies können u. a. Personen sein, die eine volle Erwerbsminderung auf Zeit anerkannt bekommen haben und allein im Haushalt leben oder mit anderen Personen zusammenleben, die die Voraussetzungen für den SGB-II-Bezug auch nicht erfüllen.

3.5 ABGRENZUNG DER BEREICHE – PRÜFSCHEMA

211

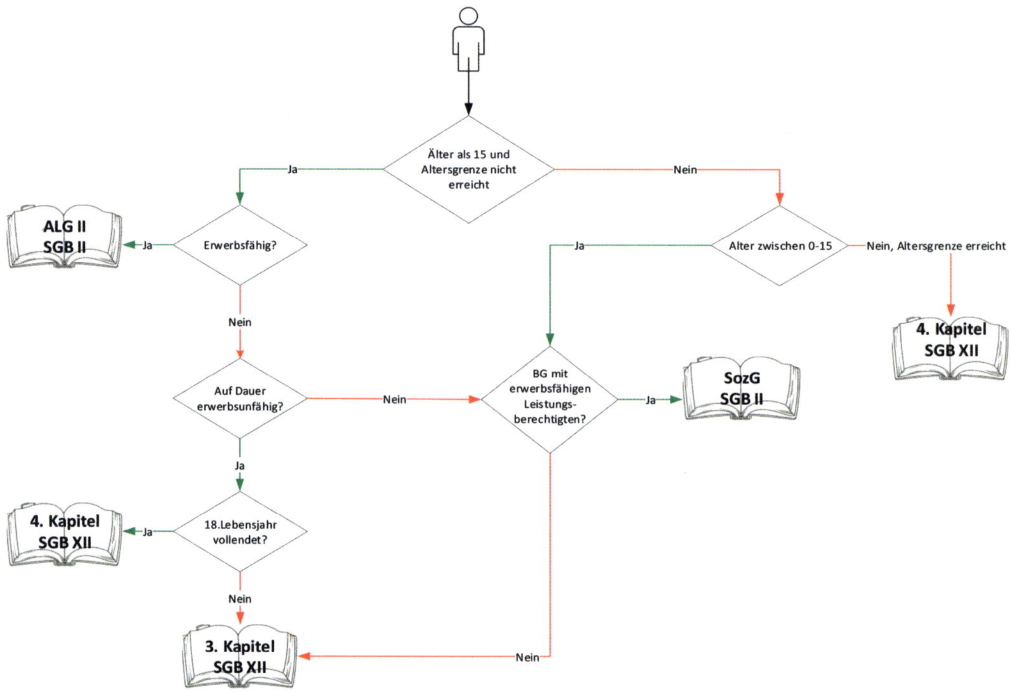

3.5.1 Merksätze zur Abgrenzung der Leistungen

212 • Sobald eine Person in der Bedarfsgemeinschaft die Voraussetzungen nach dem SGB II erfüllt, können auch für nicht Erwerbsfähige SGB-II-Leistungen (Sozialgeld) erbracht werden.

213 • Auch Kinder können die erwerbsfähige leistungsberechtigte Person im SGB II sein, sofern sie das 15. Lebensjahr vollendet haben und erwerbsfähig sind.

214 • Altersrentner und auf Dauer voll Erwerbsgeminderte können niemals SGB-II-Leistungen beziehen (auch kein Sozialgeld).

215 • Es kann immer nur eine existenzsichernde Leistung pro Person bezogen werden.

216 • Innerhalb eines Haushalts ist es möglich, dass unterschiedliche Leistungen bezogen werden, sog. Mischbedarfsgemeinschaften.

217 • Für den Bezug existenzsichernder Leistungen nach dem SGB II muss man nicht arbeitslos sein, allein auf die Bedürftigkeit kommt es an.

- Für den Leistungsanspruch nach dem 4. Kapitel SGB XII (GruSi im Alter und bei voller Erwerbsminderung) kommt es auf den tatsächlichen Rentenanspruch/-bezug nicht an. 218
- Alle Leistungen werden nach dem Bedarfsdeckungsprinzip gewährt, d.h., es wird der Bedarf inkl. Kosten der Unterkunft und evtl. Mehrbedarfe ermittelt. Vorhandenes Einkommen und Vermögen und evtl. andere vorrangige Leistungen mindern den Bedarf. Kann der Bedarf nicht aus den vorhandenen Mitteln gedeckt werden, werden existenzsichernde Leistungen ganz oder teilweise (aufstockend) gewährt. 219
- Kann der Bedarf gedeckt werden, sind existenzsichernde Leistungen abzulehnen. 220

Über die Prüfreihenfolge der Abgrenzung der drei Bereiche gibt es verschiedene Lehrmodelle. So ist es aus Sicht des Verfassers Geschmackssache, ob man erst die Anspruchsvoraussetzungen nach dem SGB II prüft oder mit der Prüfung der Anspruchsvoraussetzungen des 4. Kapitels SGB XII begonnen wird. 221

Da in diesem Kapitel der Schwerpunkt auf die Leistungen nach dem SGB II gelegt wird, empfiehlt der Verfasser, mit der Prüfung der Anspruchsvoraussetzungen nach SGB II zu beginnen. Der dritte Teil dieses Buchs befasst sich schwerpunktmäßig mit dem SGB XII. Dort ist unter Abschnitt E ein anderes Prüfschema zu finden. Dort beginnt die Prüfung mit den Anspruchsvoraussetzungen des 4. Kapitels SGB XII. 222
Beide Prüfschemata sind zielführend und in der Begründung einschlägig.

Prüfschritte: 223

Liegt Ihnen zur Prüfung ein Fall mit mehreren Personen vor, so empfiehlt es sich, mit der Prüfung der Person zu beginnen, die voraussichtlich den Anspruch auf Arbeitslosengeld II i.S.d. § 19 Abs. 1 SGB II haben wird. Dies erleichtert im Anschluss die weitere Prüfung von Personen, die mit ihm/ihr in einer Wohngemeinschaft oder gar in einer Bedarfsgemeinschaft leben.

224 Die nachfolgende Grafik zeigt Ihnen die Prüfschritte auf:

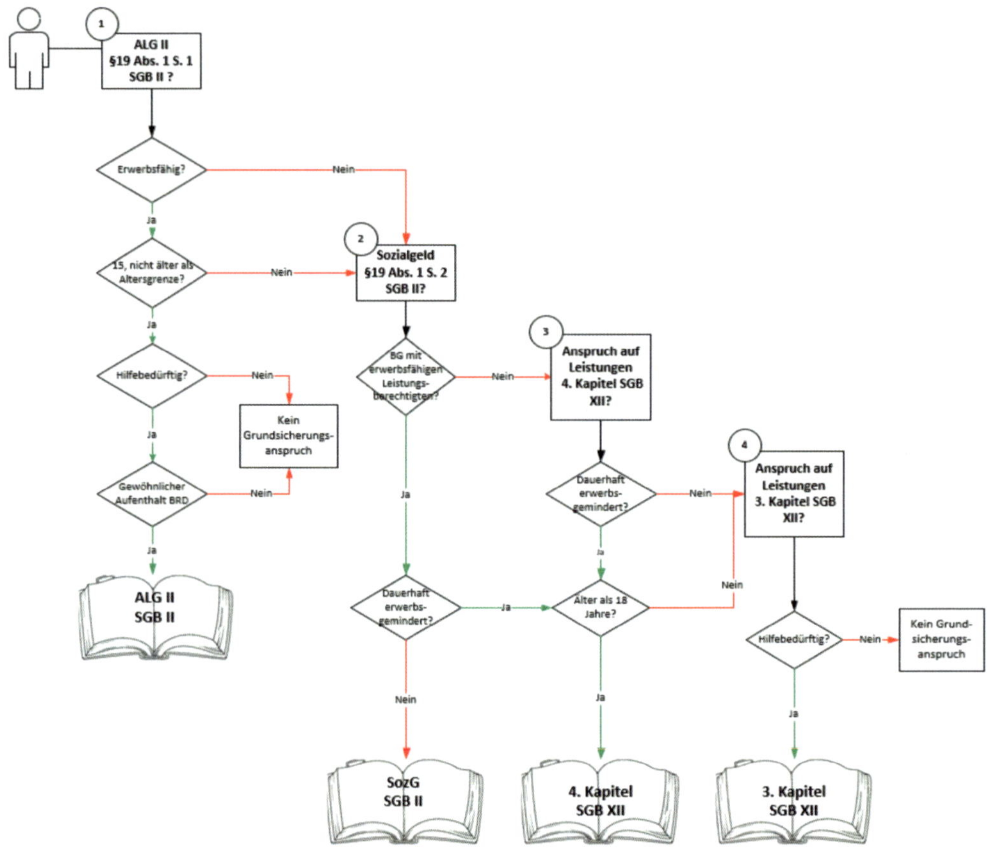

3.5.2 Übungsfälle zur Abgrenzung der Bereiche

225 Die Lösungen zu den Übungsfällen finden Sie unter Kapitel 4.11.

226 Fall 1

Matthias, 27 Jahre alt, erwerbsfähig, ist wohnhaft in Düsseldorf.

227 Fall 2

Ella ist 58 Jahre alt. Sie bezieht eine Rente wegen voller Erwerbsminderung, die befristet bewilligt wurde.

228 Fall 3

Günther ist 72 Jahre alt und bezieht Altersrente.

Fall 4 229

Mike ist 32 Jahre alt und laut Gutachten der Deutschen Rentenversicherung auf Dauer voll erwerbsgemindert. Er bezieht eine Erwerbsunfähigkeitsrente auf Dauer.

Fall 5 230

Ines ist 32 Jahre alt und erwerbsfähig. Ihr Ehemann Gustel ist 49 Jahre alt und bezieht eine Rente wegen voller Erwerbsminderung auf Zeit. Prüfen Sie, welche Leistungen Gustel erhalten kann.

Fall 6 231

Mohammed ist 42 Jahre alt und nicht mehr ganz der fitteste. Von Geburt an leidet er an einer Generkrankung. Er darf laut einem ärztlichen Gutachten keine Tätigkeiten über Kopf verrichten und keine Nachtarbeit. Er ist verheiratet mit Enya. Enya ist 37 Jahre alt. Enya ist auf Grund eines ärztlichen Gutachtens für erwerbsunfähig erklärt worden. Sie muss in 3 Jahren zu einer erneuten Begutachtung. Laut ihren Ärzten besteht bei Ihrer Krebserkrankung noch eine Heilungsaussicht und somit eine Aussicht die Erwerbsfähigkeit wiederherzustellen. In ihrem Haus wohnen neben die gemeinsamen 19 jährige Tochter Sarah auch noch Fine, die Mutter von Enya. Sie ist 72 Jahre alt und bezieht eine Witwenrente. Ansprüche auf Altersrente hat sie nicht erworben.
Sarah ist seit 3 Monaten verheiratet. Ihr Mann lebt aber noch in der Türkei. Enya ist im 6. Monat schwanger. Die Ärzte stufen die Schwangerschaft als Risikoschwangerschaft ein. Ihr wurde ein Beschäftigungsverbot bis zur Geburt ausgesprochen.
Mohammed und Enya haben sie sich vor 3 Jahren beim Jugendamt als Pflegeeltern registrieren lassen. Sie haben vor 5 Monaten den kleinen Max als Pflegekind aufgenommen. Max ist 6 Jahre alt.
Mohammed will nun von der Sachbearbeiterin wissen, ob alle die in seinem Haushalt leben, SGB II Leistungen oder sowas ähnliches beantragen.

Weitere Übungsfälle und Lösungen dazu finden Sie im dritten Teil in Kapitel 4.11. Die 232
Lösungen in diesem Abschnitt sind nur nach einer anderen Prüfreihenfolge dargestellt.

4 Leistungen zur Sicherung des Lebensunterhalts im SGB II

233 Im Unterrichtsfach Sozialrecht unterliegt es dem Wahlrecht des Dozenten, den Schwerpunkt im Bereich SGB II oder im SGB XII zu setzen. Dieser Abschnitt befasst sich mit dem Leistungsrecht des SGB II im Schwerpunkt. Der dritte Teil des Buchs befasst sich unter den Abschnitten 5 und 6 mit dem Schwerpunkt SGB XII.

4.1 ANTRAG/BEDARFSZEITRAUM/BERECHNUNG DER LEISTUNG BZW. ABGRENZUNG DER LEISTUNGSBEREICHE

4.1.1 Antragserfordernis (37 Abs. 1 SGB II)

234 Leistungen nach dem SGB II werden auf Antrag erbracht (§ 37 Abs. 1 SGB II). Diese Regelung macht einen Antrag auf diese Leistungen zwingend erforderlich. Zur Beantragung der Leistungen werden u. a. von der Bundesagentur für Arbeit Vordrucke zur Verfügung gestellt. Die Antragstellung kann jedoch formlos erfolgen. Für eine wirksame Antragstellung sind die Formulare der Bundesagentur nicht zwingend erforderlich.

235 Der Antrag ist gemäß § 16 Abs. 1 SGB I beim zuständigen Leistungsträger zu stellen, d. h. beim sachlich und örtlich zuständigen Träger. Anträge, die beim unzuständigen Träger gestellt werden, sind von der unzuständigen Behörde an den zuständigen Träger weiterzuleiten.

236 Nach der herrschenden Rechtsprechung gilt der einmal gestellte Leistungsantrag als allumfassender Antrag. Das heißt, dass er sehr weit auszulegen ist. Nach Auffassung der Gerichte umfasst der Antrag damit alle zustehenden Leistungen, es sei denn, eine Spezialnorm im SGB II erfordert dafür nochmals eine gesonderte Antragstellung, z. B. wenn ein Darlehen benötigt wird.

4.1.2 Leistungsbeginn/Berücksichtigung von Schulden (§ 37 Abs. 2 SGB II)

237 Der Antrag auf Grundsicherungsleistungen wirkt auf den 1. des Monats zurück, in dem er gestellt wird (§ 37 Abs. 2 Satz 2 SGB II).

238 Es werden keine Leistungen für Zeiten vor der Antragstellung erbracht. Das heißt, Schulden finden im SGB II keine Berücksichtigung, da die Forderung vor Antragstellung entstanden und fällig geworden ist.

4.1.3 Berechnung der Leistung/Bedarfszeitraum (§ 41 SGB II)

239 Die Leistung wird taggenau berechnet, d. h., besteht der Leistungsanspruch nicht für den gesamten Monat, werden die Leistungen anteilig berechnet und erbracht. Der Monat wird mit 30 Anspruchstagen berechnet (§ 41 Abs. 1 SGB II).

240 Bisher war gesetzlich geregelt, dass die Leistungen für einen Bewilligungszeitraum von sechs Monaten bewilligt werden sollen. Mit dem Inkrafttreten des 9. Änderungsgesetzes SGB II wurde diese Regelung zum 01.08.2016 neu gefasst. Über den Leistungsanspruch ist demnach in der Regel für ein Jahr zu entscheiden (Ermessensentscheidung). Der Bewilligungszeitraum wurde damit auf zwölf Monate für den Regelfall festgelegt. Bei

vorläufigen Bewilligungen, wenn z. B. die Leistungshöhe wegen schwankenden Erwerbseinkommens noch nicht festgestellt werden kann, und bei unangemessenen Kosten für Unterkunft soll (gebundenes Ermessen) der Bewilligungsabschnitt auf sechs Monate verkürzt werden.

Da die Regelung im Ermessen steht, kann der Bewilligungszeitraum auch kürzer als 241
zwölf Monate festgesetzt werden, wenn beispielsweise schon bekannt ist, dass der Leistungsberechtigte keine zwölf Monate die Anspruchsvoraussetzungen erfüllen wird, denkbar bei geplanten Umzügen außerhalb des Zuständigkeitsbereichs, bei befristeten Aufenthaltstiteln bei Ausländern oder bei Erreichen der Altersgrenze nach § 7a SGB II (Renteneintrittsalter).

4.1.4 Zuständigkeit (§§ 6, 6a, 6d SGB II, § 36 SGB II)

Träger der Grundsicherung sind für die Bundesleistung die Bundesagentur für Arbeit und 242
für die kommunalen Leistungen die kreisfreien Städte und Kreise.

Die kommunalen Träger sind demnach für folgende Leistungen zuständig:

- § 16a kommunale Eingliederungsleistungen
- § 22 Kosten der Unterkunft
- § 24 Abs. 3 Satz 1 Nr. 3, 4 einmalige Beihilfen
- § 28 Bildung und Teilhabeleistungen

Die Agentur für Arbeit ist für die Finanzierung und Erbringung aller anderen Leistungen 243
zuständig, u. a. für die Regelleistung, die Mehrbedarfe und die Kranken- und Pflegeversicherungsbedarfe.

Die Aufgabenwahrnehmung erfolgt in geteilter Trägerschaft, jedoch in der Regel in Form 244
einer Arbeitsgemeinschaft, einer gemeinsamen Einrichtung. In dieser sind beide Träger an der personellen Ausstattung beteiligt. Die Aufgaben werden jedoch unter einem Dach wahrgenommen, d. h., liegt ein Antrag auf Leistungen vor, wird dieser einheitlich aus der Hand eines Sachbearbeiters bearbeitet. Die sog. gemeinsame Einrichtung trägt den Namen Jobcenter (§ 6d SGB II). Bis 2010 hießen die Jobcenter „ARGE" und bezeichneten die Arbeitsgemeinschaft zwischen der Bundesagentur für Arbeit und den jeweiligen kommunalen Trägern zur gemeinsamen Aufgabenwahrnehmung nach dem SGB II. Ziel der gemeinsamen Einrichtungen ist die Leistungserbringung aus einer Hand. Es soll die doppelte Antragstellung bei verschiedenen Trägern vermieden werden.

Anstelle der gemeinsamen Einrichtungen gab es für die kommunalen Träger die Möglich- 245
keit, die Aufgaben in alleiniger Regie ohne die Bundesagentur für Arbeit wahrzunehmen. Die rechtliche Grundlage ist in § 6a SGB II zu finden.

In diesem Fall übernimmt die Kommune optional die Aufgaben der Bundesagentur in 246
eigener Zuständigkeit mit.

Diese Organisationsform nennt man deshalb auch Optionskommune oder zugelassener 247
kommunaler Träger (zkT).

In Deutschland gibt es seit 01.01.2012 110 Optionskommunen, 18 davon in NRW. 248

Die örtliche Zuständigkeit ist im § 36 SGB II geregelt. Dabei besteht die Besonderheit, dass 249
es bei den Leistungen nach dem SGB II zwei zuständige Leistungsträger gibt.

250 Zuständig sind zum einen die Agentur für Arbeit, in dessen Bezirk der Leistungsberechtigte seinen gewöhnlichen Aufenthalt hat, als auch kommunale Träger, in dessen Zuständigkeit der gewöhnliche Aufenthalt liegt.

251 In dieser Norm wird auf den gewöhnlichen Aufenthalt abgestellt. Den gewöhnlichen Aufenthalt hat man an dem Ort, wo man sich überwiegend aufhält und wo man nicht nur vorübergehend verweilt. In der Regel ist der gewöhnliche Aufenthalt also dort, wo der Betroffene seinen Wohnsitz (seinen Lebensmittelpunkt) hat. Der Wohnsitz ist durch die polizeiliche Meldung im Einwohnermeldeamt auf den entsprechenden Ausweispapieren nachzuweisen. Der gewöhnliche Aufenthalt kann aber auch von der polizeilichen Meldeadresse abweichen. In diesem Fall muss der Leistungsberechtigte seinen gewöhnlichen Aufenthalt glaubhaft nachweisen.

4.1.5 Abgrenzung der Leistungsbereiche im SGB II – Markt und Integration und Leistungsabteilung

252 Die Organisation der Sozialleistungsträger des SGB II sieht in der Regel zwei große Leistungsbereiche vor, den aktiven Bereich „Markt & Integration" (umgangssprachlich Arbeitsvermittlung genannt) und den passiven Leistungsbereich, die „Leistungssachbearbeitung" oder „Leistungsabteilung".

253 Der Bereich Markt und Integration ist für die Eingliederung in Arbeit (§§ 16 ff. SGB II) und alle damit verbundenen Aufgabenfelder zuständig.

254 Der Bereich der Leistungsabteilung prüft und berechnet den Leistungsanspruch. Dort erfolgt die Bedarfsermittlung und die Entscheidung über den Antrag vor und bringt die entsprechenden Hilfen zur Auszahlung. Auch wenn die Leistungen in getrennten Bereichen erbracht werden, ist und bleibt das Ziel das Gleiche. Im Vordergrund der Arbeit und somit das oberste Ziel ist die schnelle Wiedereingliederung in das Erwerbsleben und das Ausscheiden aus dem Leistungsbezug.

4.2 ANSPRUCHSBERECHTIGTER PERSONENKREIS (§ 7 ABS. 1 SATZ 1 SGB II)

255 § 7 SGB II definiert, wer Leistungsberechtigter in der Grundsicherung für Arbeitsuchende ist und wer zum ausgeschlossenen Personenkreis gehört.

4.2.1 Altersbeschränkung (§ 7a SGB II)

256 Zu den Anspruchsvoraussetzungen des § 7 Abs. 1 Satz 1 SGB II gehört u. a. die Beschränkung auf ein bestimmtes Lebensalter. Die Grundsicherung für Arbeitsuchende wird nach der Gesetzesnorm für Personen gewährt, die das 15. Lebensjahr vollendet haben (Beginn der gesetzlichen Erwerbsfähigkeit) und die das gesetzliche Renteneintrittsalter bzw. die Altersgrenze nach § 7a SGB II noch nicht erreicht haben. § 7a SGB II regelt die Altersbeschränkung analog des gesetzlichen Renteneintrittsalters. Das gesetzliche Renteneintrittsalter wird stufenweise seit 2012 bis 2029 von 65 auf 67 Jahre angehoben. So erreicht z. B. eine Person die 1950 geboren ist, mit 65 Jahren und vier Monaten das Renteneintrittsalter und somit die Altersgrenze nach § 7a SGB II.

4.2.2 Erwerbsfähigkeit (§ 8 SGB II)

Erwerbsfähig gemäß § 8 Abs. 1 SGB II ist, wer nicht wegen Krankheit oder Behinderung auf absehbare Zeit außerstande ist, unter den üblichen Bedingungen des Arbeitsmarktes mindestens drei Stunden täglich erwerbstätig zu sein. Die Betrachtung der Erwerbsfähigkeit bezieht sich ausschließlich auf medizinische Aspekte. So können zur Erwerbsunfähigkeit körperliche und/oder psychische Einschränkungen führen. Bei der Beurteilung der Erwerbsfähigkeit spielen Motivation, ethische Aspekte, Qualifizierungen, mobile Einschränkungen oder vorübergehende Arbeitsunfähigkeiten keine Rolle. 257

Die Definition der Erwerbsfähigkeit kommt aus dem Rentenversicherungsrecht. So definiert sich auf „absehbare Zeit" auch wie im Rentenrecht mit einer Erwerbsunfähigkeit länger als sechs Monate. 258

Unter „üblichen Bedingungen" versteht man die arbeitsrechtlichen Bedingungen üblicher Arbeitsverträge, insbesondere Arbeitsentgelt, Dauer der Arbeitszeit, Höhe des Arbeitsentgeltes usw. 259

Ist unklar, ob Erwerbsfähigkeit vorliegt, so ist das Jobcenter für die Klärung zuständig (§ 44a Abs. 1 Satz 3 SGB II). Das Gutachten wird vom Jobcenter erstellt oder bei einem Dritten, z. B. beim ärztlichen/psychologischen Dienst der Bundesagentur für Arbeit, in Auftrag gegeben. Gibt es ein Gutachten des Rententrägers, so ist dieses bindend. 260

Während der Zeit bis zur abschließenden Klärung der Erwerbsfähigkeit ist das Jobcenter verpflichtet, Leistungen in beanspruchter Höhe zu erbringen.

Bei der Begutachtung können sich folgende Beurteilungen ergeben (siehe dazu auch Grafik unter 3.2.1): 261

Die Person ist nicht in der Lage mindestens drei Stunden täglich erwerbstätig zu sein. Eine Verbesserung des Gesundheitszustands ist nicht mehr möglich. Die Person ist dauerhaft voll erwerbsgemindert/erwerbsunfähig. 262

Die Person ist nicht in der Lage mindestens drei Stunden täglich erwerbsfähig zu sein. Wenn die betroffene Person jedoch medizinisch therapiert wird, ist von einer Verbesserung des Gesundheitszustands auszugehen. Eine volle Erwerbsminderung liegt zwar vor, jedoch nicht dauerhaft, sondern auf Zeit. Eine erneute Begutachtung des Gesundheitszustands ist erforderlich. 263

Die Beurteilung durch den ärztlichen Dienst kann auch nur eine teilweise Erwerbsminderung ergeben. Diese Personen sind zwischen drei bis sechs Stunden täglich erwerbsfähig und erfüllen die Voraussetzungen des § 8 SGB II. 264

Diesem Personenkreis kann unter Umständen eine sog. Arbeitsmarktrente durch den Rentenversicherungsträger zustehen, wenn aus deren Sicht der Arbeitsmarkt für die Person als verschlossen gilt. Diese Renten sind immer befristet. 265

Bei Ausländern kann erwerbsfähig i. S. d. § 8 Abs. 1 SGB II nur sein, wem die Erwerbstätigkeit erlaubt ist oder erlaubt werden könnte (§ 8 Abs. 2 SGB II). 266

4.2.3 Hilfebedürftigkeit (§ 9 SGB II)

267 Berechtigt, Grundsicherung zu beziehen, ist nur, wer hilfebedürftig i. S. d. § 9 SGB II ist. Grundsicherung und Sozialhilfe sind Hilfesysteme, die den erforderlichen Mindestbedarf decken sollen. Das Bedarfsprinzip (näher erläutert unter 4.4.1) setzt eine Hilfebedürftigkeit voraus, d. h., bedürftig ist derjenige, der nicht über ausreichend eigene Mittel, vor allem Einkommen und Vermögen, verfügt und die erforderliche Hilfe nicht von anderen, insbesondere von Angehörigen und von Trägern anderer Sozialleistungen, erhält (Nachrangprinzip). Das heißt wiederum auch, dass nur hilfebedürftig sein kann, wer bereits alle Mittel der Selbsthilfe ausgeschöpft hat. Dabei ist die Ursache der Bedürftigkeit nicht von Bedeutung. Grundsicherung muss also auch erbracht werden, wenn die Notlage selbst verschuldet wurde oder schuldhaft herbeigeführt wurde.

4.2.4 Gewöhnlicher Aufenthalt (§ 30 Abs. 3 SGB I)

268 Um Leistungen nach dem SGB II beziehen zu können, muss man seinen gewöhnlichen Aufenthalt in der Bundesrepublik Deutschland haben.

269 Seinen gewöhnlichen Aufenthalt hat jemand dort, wo er sich nicht nur vorübergehend aufhält und wo er seinen überwiegenden Lebensmittelpunkt hat (§ 30 Abs. 3 Satz 2 SGB I).

270 Der Aufenthalt darf nicht nur vorübergehender Natur sein.

271 Der gewöhnliche Aufenthalt ist dort, wo der Betroffene gewillt ist, nicht nur vorübergehend zu verweilen, sondern von wo aus er seine Lebensbeziehungen pflegt und wo er sich überwiegend aufhält.

272 In der Regel ist der gewöhnliche Aufenthalt dort, wo jemand seinen Wohnsitz hat und auch gemeldet ist (Anschrift auf dem Personalausweis). Die Meldeadresse kann jedoch auch vom tatsächlichen gewöhnlichen Aufenthalt abweichen.

4.2.5 Ausschlusstatbestände (§ 7 Abs. 1, 4–6 SGB II)

273 Sind die Anspruchsvoraussetzungen des § 7 Abs. 1 Satz 1 SGB II geprüft und führen diese zu einer grundsätzlichen Leistungsberechtigung, ist zu prüfen, ob einer der in § 7 Abs. 1 Satz 2 SGB II oder in § 7 Abs. 4–6 SGB II genannten Ausschlusstatbestände vorliegt.

4.2.5.1 Ausländerinnen und Ausländer (§ 7 Abs. 1 Satz 2 SGB II)

274 Ausländer ist jeder, der nicht Deutscher i. S. d. Art. 116 Abs. 1 GG ist. Zu unterscheiden sind dabei Staatsangehörige der EU-Mitgliedstaaten und sog. Drittstaatsangehörige.

275 Unterschiedliche Gesetze/Rechtsgrundlagen regeln die Einreise und den Aufenthalt in Deutschland.

4.2.5.1.1 Drittstaatsangehörige

276 Die rechtlichen Grundlagen für den Aufenthalt sind für Drittstaatsangehörige im Aufenthaltsgesetz (AufenthG) geregelt. Sie benötigen für einen legalen Aufenthalt in der Bundesrepublik Deutschland einen gültigen Aufenthaltstitel. Für die Erteilung des Titels ist die Antragstellung bei der Ausländerbehörde notwendig. Diese prüft den Grund des Aufenthalts und entscheidet über die Art der Aufenthaltserlaubnis und deren Dauer. Es wird immer erst ein befristeter Aufenthaltstitel ausgestellt.

Aufenthaltstitel:

Visum § 6 AufenthG: Der erste Aufenthaltstitel ist meist das Visum, da dieses die Grund- 277
lage für eine legale Einreise ist (Ausnahme: Länder mit visafreier Einreise). Dieses wird vor Einreise von der Botschaft ausgestellt und kann von der Ausländerbehörde verlängert werden. Unterschieden wird zwischen dem Visum für Reisezwecke und kurzfristige Aufenthalte (Schengen-Visum) und dem Visum für geplante längere Aufenthalte (nationales Visum). Das Visum wird meist im Reisepass vermerkt.

Aufenthaltserlaubnis § 7 AufenthG: Erlaubt den Aufenthalt für einen bestimmten Zweck 278
und für eine bestimmte Zeit. Der Drittstaatsangehörige erhält einen elektronischen Aufenthaltstitel (im Scheckkartenformat mit Foto, biometrischen Merkmalen und elektronischer Signatur). Auf diesem wird immer die für den Aufenthaltsgrund einschlägige Rechtsnorm benannt und ob eine Erwerbstätigkeit erlaubt ist, nur unter Auflagen erlaubt oder untersagt ist.

Niederlassungserlaubnis § 9 AufenthG: Die Niederlassungserlaubnis ist ein unbefristeter 279
Aufenthaltstitel, der in der Regel erst nach fünf Jahren Aufenthalt in der Bundesrepublik beantragt werden kann. Sie kann nur unter Erfüllung bestimmter Voraussetzungen, wie z. B. ausreichender Deutschkenntnisse und gesicherter Lebensunterhalt, erteilt werden. Eine Aberkennung dieses Aufenthaltstitels ist nicht mehr möglich. Es ist das stärkste Aufenthaltsrecht, was ein Drittstaatsangehöriger besitzen kann. Auch dieses wird in Form eines elektronischen Aufenthaltstitels ausgestellt (siehe dazu offizielle Beispielversion des BAMF):

280

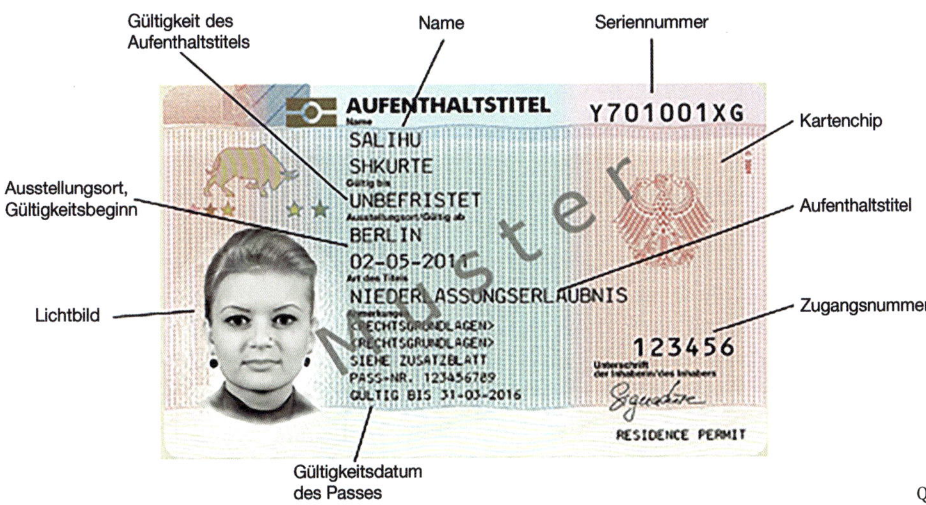

Quelle: BAMF

Es gibt noch weitere Aufenthaltsrechte und Bescheinigungen für Drittstaatsangehörige, 281
wie z. B. die Aufenthaltserlaubnis EU oder die Fiktionsbescheinigung.

Leistungsberechtigter ist ein Drittstaatsangehöriger nur, wenn ihm durch sein Aufenthalts- 282
recht eine Erwerbstätigkeit gestattet ist oder zumindest gestattet werden kann (§ 8 Abs. 2

SGB II). Keinen Leistungsanspruch hat er in den ersten drei Monaten nach Einreise in die Bundesrepublik (§ 7 Abs. 1 Satz 2 Nr. 1 SGB II).

4.2.5.1.2 Unionsbürger

283 Unionsbürger genießen Freizügigkeit innerhalb Europas nach dem Freizügigkeitsgesetz (FreizügG/EU). Freizügigkeit bedeutet nicht nur Reisefreiheit, sondern auch den freien Zugang zum Arbeitsmarkt in einem anderen Unionsland.

284 Sie benötigen keinen Aufenthaltstitel und keine Arbeitsgenehmigung.

285 Unionsbürger können sich drei Monate, ohne dass es eines Grundes bedarf, in einem anderen Land innerhalb der EU aufhalten. Die einzige zu erfüllende Voraussetzung ist ein gültiger Pass oder Personalausweis.

286 Erst nach drei Monaten benötigen Unionsbürger einen Grund für ihren Aufenthalt. Eine Bescheinigung darüber erhalten sie nicht. Die einst ausgestellte Freizügigkeitsbescheinigung wurde abgeschafft, da sie lediglich deklaratorischen Wert hatte. Ausgeschlossen vom Leistungsbezug sind nach § 7 Abs. 1 Satz 2 Nr. 1 SGB II Unionsbürger während der ersten drei Monate des Aufenthalts immer dann, wenn sie weder Arbeitnehmer noch Selbstständige oder deren Familienangehörige sind.

287 Die Ausschlussgründe (über den dreimonatigen Aufenthalt hinaus) für Unionsbürger wurden zum 01.01.2017 neu geregelt. Demnach sind gemäß § 7 Abs. 1 Satz 2 ausgeschlossen:
a) Ausländer ohne Aufenthaltsrecht
b) Ausländer mit Aufenthaltsrecht zum Zwecke der Arbeitsuche

288 Bis 31.12.2020 war unter Punkt c der Ausschluss von Ausländern geregelt, die ihren Aufenthalt aus der Betreuung von Kindern ableiten, weil diese schulpflichtig sind und die Schule besuchen (sog. Kinder von Wanderarbeitnehmern).

289 Freizügigkeitsberechtigt (Aufenthaltsgründe) nach § 2 FreizügG/EU sind Unionsbürger u. a.:

290 **Nr. 1 – Arbeitnehmer oder Auszubildende**
Arbeitnehmer ist, wer einer tatsächlichen und echten Tätigkeit nachgeht, für die er für die Erbringung seiner Arbeitsleistung nach Weisung als Gegenleistung eine Vergütung erhält. Die Beschäftigung darf von nicht völlig untergeordneter Bedeutung sein. Sie muss nicht sozialversicherungspflichtig sein. Eine Beschäftigung im Minijobbereich ist ausreichend, wenn sie in der Betrachtung des Einzelfalls regelmäßig ausgeübt wird und die vom Europäischen Gerichtshof niedergeschriebene Definition erfüllt. Es gibt bei der Betrachtung keine festen Grenzen, ab wann eine Beschäftigung ausreichend ist, um daraus ein Freizügigkeitsrecht ableiten zu können. So hat der Europäische Gerichtshof in seiner Rechtsprechung auch schon Beschäftigungen mit fünf Wochenstunden Arbeitszeit und einem Gehalt von 150,00 € anerkannt.

291 Kann ein Unionsbürger diesen Aufenthaltsgrund nachweisen, ist er berechtigt, SGB-II-Leistungen zu beziehen, und unterliegt keinem Leistungsausschluss, auch nicht in den ersten drei Monaten nach Einreise.

Nr. 1a – Arbeitsuchende 292

Arbeitsuchende Unionsbürger haben das Recht zum Aufenthalt bis zu sechs Monate und darüber hinaus nur, wenn sie nachweisen, weiterhin Arbeit zu suchen und begründete Aussicht auf Einstellung besteht, z. B. durch Anbahnung eines Arbeitsverhältnisses oder Einstellungszusagen. Arbeitsuchende sind gemäß § 7 Abs. 1 Satz 2 Nr. 2b SGB II vom Leistungsbezug ausgeschlossen.

Nr. 2 – Selbstständige 293

Wer als Unionsbürger einer selbstständigen Erwerbstätigkeit nachgeht, ist zum Aufenthalt berechtigt. Die Tätigkeit muss tatsächlich ausgeübt werden. Eine Gewerbeanmeldung allein ist nicht ausreichend. Selbstständige sind wie Arbeitnehmer auch berechtigt, sich länger als drei Monate aufzuhalten. Liegen die sonstigen Voraussetzungen vor, haben selbstständige Unionsbürger einen SGB-II-Leistungsanspruch ab dem ersten Tag der Einreise. Der Dreimonatsausschluss greift nicht.

Auf die Nr. 3–5 des § 2 FreizügG/EU wird nicht näher eingegangen. 294

Nr. 6 – Familienangehörige 295

Familienangehörige von Unionsbürgern, die einen Aufenthaltsgrund nach § 2 Nr. 1–5 FreizügG/EU haben, haben das Recht den Unionsbürger zu begleiten oder zu ihm nachzuziehen. Familienangehörige sind u. a. Ehegatten und Verwandte in gerade absteigender Linie (Kinder, Enkelkinder bis zum 21. Lebensjahr). Die Ableitung kann auch in gerader aufsteigender Linie erfolgen oder auf Kinder über dem 21. Lebensjahr, wenn diesen Unterhalt geleistet wird.

Unterliegt derjenige, von dem das Aufenthaltsrecht abgeleitet wird, keinem Ausschluss 296
aufgrund seines Aufenthaltsgrundes, so trifft dies auch auf den Familienangehörigen zu. Das Freizügigkeitsgesetz wurde zuletzt geändert am 12.11.2020. Neben den Familienangehörigen regelt jetzt § 3a FreizügigG/EU den Aufenthalt nahestehender Personen, die keine Familienangehörigen sind. Da die Voraussetzung für ein abgeleitetes Aufenthaltsrecht dieses Personenkreises die Sicherstellung des Lebensunterhaltes ist, spielt der Personenkreis im SGB II eine untergeordnete Rolle. Aus diesem Grund wird im weiteren nicht darauf eingegangen.

Nr. 7 – Daueraufenthaltsberechtigte 297

Wer sich seit mindestens fünf Jahren rechtmäßig in der Bundesrepublik Deutschland aufhält, hat ein unbefristetes Aufenthaltsrecht, ohne dass es weiterer Voraussetzungen bedarf. Ein Unionsbürger hält sich so lange rechtmäßig in Deutschland auf, bis ihm die Freizügigkeit mittels rechtskräftigem Bescheid von der Ausländerbehörde aberkannt wurde. Unumstritten unterliegt dieser Unionsbürger keinem Ausschlussgrund.

Zu unterscheiden ist also der Aufenthaltsgrund, denn je nachdem, mit welchem Aufenthalts- 298
grund sich der Unionsbürger aufhält, danach richtet sich auch, ob er vom Leistungsbezug SGB II ausgeschlossen ist oder nicht. Unionsbürger, die sich in Deutschland aufhalten, ohne einen Grund dafür zu haben, sind immer vom Leistungsbezug ausgeschlossen

299 Die Schwierigkeit bei der Beurteilung, ob ein vorliegendes Arbeitsverhältnis ausreicht, um Arbeitnehmer i. S. d. Freizügigkeitsgesetzes zu sein oder nicht, liegt in der fehlenden eindeutigen Definition, wann mit welcher Mindestanzahl der Arbeitsstunden und mit welchem Arbeitseinkommen der Aufenthaltsgrund als Arbeitnehmer anerkannt werden kann und wann nicht.

300 Der Begriff des Arbeitnehmers wurde nur durch die Rechtsprechung des Europäischen Gerichtshofs geprägt, die keine eindeutige Tendenz erkennen lässt. Vielmehr stellt man immer wieder auf die Einzelfallprüfung und das tatsächliche Bestehen des Arbeitsverhältnisses ab. Wenn Arbeitsverhältnisse schon länger andauern und kontinuierlich ausgeübt werden, können sie auch bereits mit einem sehr geringen Umfang als Aufenthaltsgrund anerkannt werden.

301 Wer Arbeitnehmer oder Selbstständiger ist, kann ergänzend SGB-II-Leistungen beziehen, wenn das Einkommen nicht bedarfsdeckend ist.

302 Wer eine Beschäftigung als Arbeitnehmer ausübt und die Beschäftigung unfreiwillig verliert, behält den Status eines Arbeitnehmers sechs Monate bei einer Beschäftigungsdauer von weniger als einem Jahr Beschäftigung.

303 War der Unionsbürger länger als zwölf Monate beschäftigt, behält er bei unfreiwilligem Verlust der Arbeit seinen Status dauerhaft bei (kurze Unterbrechungen der Beschäftigung sind dabei unschädlich).

304 Auch in der Zeit der Nachwirkung der Arbeitnehmereigenschaft ist der Unionsbürger anspruchsberechtigt.

305 Familienangehörige des Arbeitnehmers leiten ihren Anspruch über den Arbeitnehmer während der Beschäftigung, aber auch während der eventuellen Nachwirkungszeit ab und sind somit auch im SGB II leistungsberechtigt.

306 Haben die sog. Wanderarbeitnehmer schul- oder ausbildungspflichtige Kinder, die während der Zeit der Arbeitsausübung in Deutschland eine schulische oder berufliche Ausbildung begonnen haben, haben die Kinder das Recht auf Aufenthalt bis zum Ende der Ausbildung. Die Eltern leiten als Erziehungsberechtigte ein Aufenthaltsrecht zur Begleitung der Kinder ab, bis diese volljährig sind.

307 Nach bisheriger BSG-Rechtsprechung wurden diesen Personen SGB-II-Leistungen zugesprochen, weil sie bis 31.12.2016 nicht wörtlich vom Ausschluss des § 7 SGB II benannt und erfasst waren. Durch eine Rechtsänderung zum 01.01.2017 hat man diesen Personenkreis auch vom Leistungsbezug ausgeschlossen.

308 Am 06.10.2020 hat der Europäische Gerichtshof in seiner Entscheidung mit dem Aktenzeichen C-181/10 entschieden, dass diese gesetzliche Regelung gegen europäisches Recht verstößt. Das Gericht sieht hier eine nicht gerechtfertigte Ungleichbehandlung.

309 Der Gesetzgeber hat deshalb die Regelung § 7 Abs. 1 Satz 2 Nr. 2c SGB II aus dem Gesetz wieder gestrichen.
Der Personenkreis ist mithin nicht mehr vom Leistungsausschluss umfasst.

Die Ausschlussgründe nach § 7 Abs. 1 Satz 2 Nummer 2 SGB II greifen nicht, wenn Ausländerinnen und Ausländer und deren Familienangehörige mindestens seit 5 Jahren ihren gewöhnlichen Aufenthalt in der Bundesrepublik Deutschland haben. Dies regelt § 7 Abs. 1 Satz 4 SGB II. 310

Diese Regelung ist unabhängig davon, ob diese Ausländerinnen und Ausländer ein Daueraufenthaltsrecht nach § 2 Nr. 7 FreizügigG/EU haben. Das Daueraufenthaltsrecht nach den Regelungen der Freizügigkeitsverordnung setzt einen 5-jährigen rechtmäßigen Aufenthalt voraus. Dies Regelung des § 7 Abs. 1 Satz 4 SGB II hingegen setzt nur einen 5-jährigen gewöhnlichen Aufenthalt voraus. 311

Die Prüfung des gewöhnlichen Aufenthaltes obliegt den SGB II Trägern und wird in der Regel anhand einer erweiterten Meldebescheinigung geprüft. Auch andere Nachweise wie z. B. Mietverträge, Arbeitsverträge, Kontoauszüge usw. können einen gewöhnlichen Aufenthalt belegen. 312

4.2.5.1.3 Asylbewerber

Wer Asylbewerberleistungen nach dem Asylbewerberleistungsgesetz bezieht, ist vom SGB-II-Bezug ausgeschlossen. Asylbewerberleistungen kann beziehen, wer nach Einreise und Registrierung in Deutschland einen Antrag auf Anerkennung als Flüchtling gestellt hat, max. für die Dauer bis zur Entscheidung über den Antrag. Während dieser Zeit ist der Aufenthalt gestattet (Aufenthaltsgestattung). Wird Asyl gewährt, geschieht dies meist aus humanitären Gründen. Bei Anerkennung erhalten Asylsuchende einen Aufenthaltstitel, der dann zum Bezug von SGB-II-Leistungen berechtigt. 313

Wird der Asylantrag abgelehnt, ist der Asylsuchende ausreisepflichtig. Die Ausreisepflicht kann auch z. B. wegen Krieg im Heimatland oder wegen gesundheitlicher Gründe ausgesetzt werden. Der Asylsuchende ist dann zeitlich befristet geduldet (Duldung). Eine Duldung ist kein Aufenthaltstitel. Grundsätzlich Ausreisepflichtige, deren Abschiebung zeitlich ausgesetzt ist, können Asylbewerberleistungen beziehen und sind vom SGB-II-Bezug ausgeschlossen. 314

4.2.5.2 Stationärer Aufenthalt (§ 7 Abs. 4 SGB II)

Gemäß § 7 Abs. 4 SGB II sind vom Leistungsbezug Personen ausgeschlossen, die in einer stationären Einrichtung untergebracht sind. 315

Grund dafür ist, dass der Betroffene aus dieser Einrichtung heraus nicht mindestens drei Stunden täglich einer Erwerbstätigkeit nachgehen kann. Zu den stationären Einrichtungen gehören u. a. Einrichtungen zur Vollzeitpflege und Rehabilitationseinrichtungen. Einer Unterbringung ist die Inhaftierung gleichgestellt, egal um welche Art Inhaftierung es sich handelt. 316

Ausgenommen von einem derartigen Leistungsausschluss sind jedoch Krankenhausaufenthalte von weniger als sechs Monaten (voraussichtlich) oder wer stationär untergebracht ist und trotzdem einer Erwerbstätigkeit von mindestens 15 Wochenstunden nachgehen kann. 317

4.2.5.3 Altersrente (§ 7 Abs. 4 SGB II)

Wer eine Rente wegen Alters, egal in welcher Höhe und in egal in welchem Lebensalter (vorgezogene Altersrente) bezieht, ist vom Bezug von SGB-II-Leistungen gemäß § 7 Abs. 4 Satz 1 SGB II ausgeschlossen. 318

4.2.5.4 Ortsabwesenheit (§ 7 Abs. 4a SGB II)

319 Aufgrund der Verpflichtung der aktiven Mitarbeit zur Integration in den Arbeitsmarkt, muss sich der erwerbsfähige Hilfebedürftige für den Arbeitsmarkt verfügbar halten, sich aktiv auf dem Arbeitsmarkt um Arbeit bemühen und die vom SGB-II-Leistungsträger vorgeschlagenen Vermittlungsbemühungen aktiv wahrnehmen. Dafür ist ein Aufenthalt im zeit- und ortsnahen Bereich, also eine tägliche Erreichbarkeit (vor allem postalisch), wichtig. Beabsichtigt der Leistungsberechtigte, sich außerhalb des zeit- und ortsnahen Bereichs aufzuhalten, muss er sich dafür die Zustimmung des Leistungsträgers einholen. Dieser soll dem Aufenthalt außerhalb des orts- und zeitnahen Bereichs zustimmen, wenn die Eingliederung in Arbeit nicht beeinträchtigt wird. In der Regel sollten maximal 21 Kalendertage im Jahr genehmigt werden.

320 Hält sich jemand außerhalb ohne Zustimmung auf, so ist er gemäß § 7 Abs. 4a SGB II vom Leistungsbezug ausgeschlossen.

321 Ortsabwesenheit bedeutet keinen Urlaubsanspruch. Der Anspruch auf Ortsabwesenheit ist nicht mit Urlaubsansprüchen eines Arbeitnehmers gleichzusetzen.

4.2.5.5 Auszubildende (§ 7 Abs. 5 SGB II)

322 § 7 Abs. 5 SGB II schließt Auszubildende vom Leistungsbezug aus, deren Ausbildung dem Grunde nach förderfähig ist. Dieser Personenkreis hat lediglich Anspruch auf Leistungen nach § 27 SGB II. Weiterhin schließt Absatz 5 Auszubildende aus, die im SGB III bei der Berufsausbildungsbeihilfe anspruchsberechtigt sind und während der Ausbildung Vollzeit in einem Wohnheim oder Internat untergebracht sind. Die in Absatz 5 genannten Paragrafen des SGB III beziehen sich auf Berufsausbildungsbeihilfeansprüche (BAB) mit voller Versorgung in Wohnheimen oder Internaten.

323 Der Ausschluss bezieht sich jedoch nur auf diesen kleinen Personenkreis der BAB-Bezieher. Andere Berufsausbildungsbeihilfeberechtigte haben einen Leistungsanspruch im SGB II. Dem Grunde nach **BAföG**-förderfähig heißt, die Ausbildung als solche muss nach dem Gesetz förderfähig sein. Ausgeschlossen sind also auch Auszubildende, die eine förderfähige Ausbildung besuchen, aber aus persönlichen Gründen kein BAföG bekommen.

324 In § 7 Abs. 6 SGB II sind die Auszubildenden benannt, die trotz eigentlichem Ausschluss in Absatz 5 doch einen Leistungsanspruch haben. Die in Absatz 6 genannten Rückausnahmen zeigen auf, dass nunmehr (seit der Rechtsänderung am 01.08.2016) fast alle Auszubildenden, die tatsächlich BAföG beziehen, auch einen SGB-II-Anspruch haben.
Kurz gefasst kann man die Absätze 5 und 6 wie folgt zusammenfassen:

325 BAB-Berechtigte in Internaten und Wohnheimen sind ausgeschlossen, alle anderen BAB-Anspruchsberechtigten erhalten SGB-II-Leistungen, auch dann wenn der BAB-Anspruch tatsächlich abgelehnt wurde.

326 BAföG-Antragsteller haben während der Zeit der BAföG-Antragstellung bis zur Entscheidung der Leistungsstelle Anspruch auf SGB-II-Leistungen. Wird BAföG dann wegen persönlicher Voraussetzung abgelehnt, endet auch der SGB-II-Anspruch. Wird BAföG gezahlt, muss man prüfen, ob er anspruchsberechtigt bleibt.

Keinen SGB-II-Anspruch haben Auszubildende, die eine Ausbildung besuchen, die dem Grunde nach förderfähig wäre, aber aufgrund persönlicher Voraussetzung BAföG abgelehnt wurde. 327

Bezieht jemand tatsächlich BAföG, ist er vom Leistungsbezug SGB II nur dann ausgeschlossen, wenn er ein Auszubildender der höheren Fachschule, Akademie oder Hochschule ist (Studierende) und einen eigenen Haushalt hat (also nicht mehr im Haushalt der Eltern lebt). 328

Bei Auszubildenden kann jedoch eine der Härtefallregelungen aus § 27 Abs. 3 SGB II greifen. 329

Wer nach § 7 Abs. 5 SGB II als Auszubildender vom Leistungsbezug ausgeschlossen ist, kann Leistungen als Darlehen bekommen, wenn der Ausschluss eine besondere Härte bedeutet. Eine besondere Härte liegt meist dann vor, wenn die Ausbildung kurz vor dem erfolgreichen Abschluss steht und ein zeitlich absehbarer Zeitraum der Leistungsgewährung ausreicht, um die Ausbildung abschließen zu können. 330

Seit dem 9. Änderungsgesetz enthält das SGB II eine weitere Härtefallregelung. Eine besondere Härte ist demnach auch vorliegend, wenn ein Auszubildender keine BAföG-Leistungen mehr bekommt, weil er die Altersgrenze überschreitet und er ohne die Grundsicherungsleistungen die Ausbildung abbrechen muss. Die Ausbildung muss für seine Eingliederung in den Arbeitsmarkt zwingend erforderlich sein, und sie muss alternativlos zu anderen Integrationsmaßnahmen sein. 331

Leistungen sind dann als Beihilfe zu erbringen, sofern dieser Ausnahmetatbestand auch nach Erörterung mit dem persönlichen Ansprechpartner für Integration vorliegt. 332

Erwerbsfähige Leistungsberechtigte (die die Anspruchsvoraussetzungen nach § 7 Abs. 1 Satz 1 SGB II erfüllen und keinem Ausschlusstatbestand unterliegen) erhalten Arbeitslosengeld II. 333

334

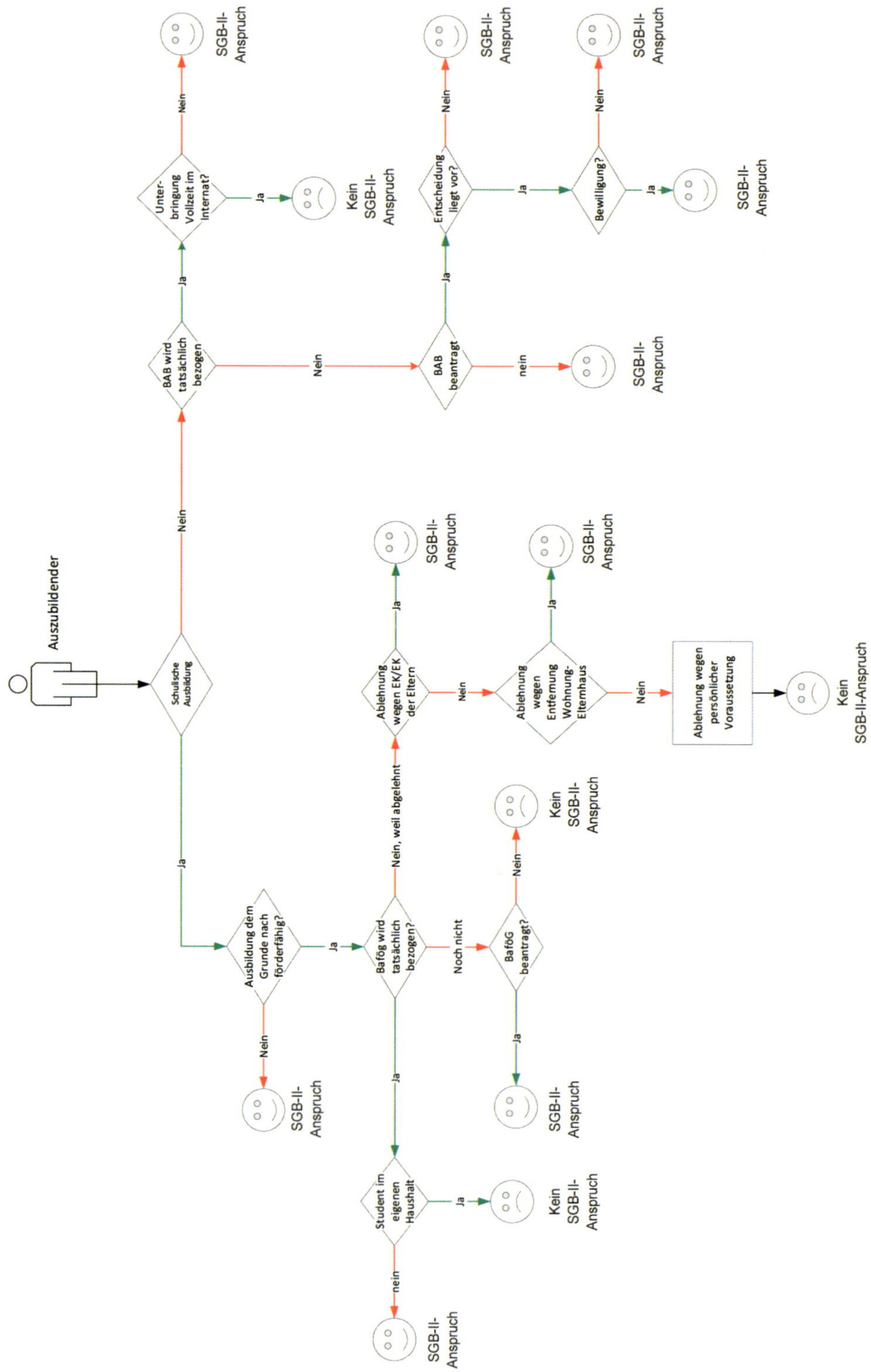
Auszubildender
Schulische Ausbildung
Nein
Ja
BAB wird tatsächlich bezogen
Unter-bringung Vollzeit im Internat?
SGB-II-Anspruch
Kein SGB-II-Anspruch
BAB beantragt
nein
Entscheidung liegt vor?
Bewilligung?
Ausbildung dem Grunde nach förderfähig?
Bafög wird tatsächlich bezogen?
Noch nicht
BaföG beantragt?
Nein, weil abgelehnt
Ablehnung wegen EK/EK der Eltern
Ablehnung wegen Entfernung Wohnung-Elternhaus
Ablehnung wegen persönlicher Voraussetzung
Kein SGB-II-Anspruch
Student im eigenen Haushalt

4.2.6 Anspruchsberechtigter Personenkreis Sozialgeld

Leistungen erhalten nicht nur Personen, die als Leistungsberechtigte i. S. d. § 7 SGB II alle Anspruchsvoraussetzungen erfüllen und keinem Ausschlusstatbestand unterliegen, sondern auch Personen, die mit ihnen in einem Haushalt in einer Bedarfsgemeinschaft leben (§ 7 Abs. 3 SGB II). Sie können auch Leistungen erhalten, wenn sie selbst die Anspruchsvoraussetzungen des § 7 Abs. 1 Satz 1 SGB II nicht erfüllen. Sie erhalten dann Sozialgeld nach § 19 Abs. 1 Satz 2 SGB II. 335

Sozialgeld kann nicht erhalten, wer Leistungen nach dem 4. Kapitel SGB XII erhält, d. h., wer die Altersgrenze nach § 7a erreicht hat oder Altersrente bezieht oder wer das 18. Lebensjahr vollendet hat und dauerhaft voll erwerbsgemindert ist. 336

Näheres können sie dem Abschnitt 3 bis 3.2 entnehmen. Dort wird ausführlich im Rahmen der Abgrenzung der existenzsichernden Leistungen auf die Anspruchsvoraussetzungen eingegangen. 337

Anspruch auf Sozialgeld hat also, wer 338

- selbst die Voraussetzung nach § 7 Abs. 1 SGB II nicht erfüllt,
- in Bedarfsgemeinschaft mit einem erwerbsfähigen Leistungsberechtigten lebt,
- keinen Anspruch auf Leistungen nach dem 4. Kapitel SGB XII hat,
- keinem Leistungsausschluss aus § 7 unterliegt.

Sowohl für die Grundsicherungsleistung für erwerbsfähige (Arbeitslosengeld II) als auch für die Grundsicherungsleistung für nicht erwerbsfähige Personen, die mit einer erwerbsfähigen Person in Bedarfsgemeinschaft leben (Sozialgeld) wird der monatliche Grundsicherungsbedarf ermittelt. 339

Dieser setzt sich wie folgt zusammen: 340
Bedarf = Regelbedarf (§ 20 SGB II) + Mehrbedarfe (§ 21 SGB II) + Kosten der Unterkunft und Heizung (§ 22 SGB II)

4.2.7 Abgrenzungen zu Leistungen SGB XII/Prüfschema

Wer in welcher Grundsicherung leistungsberechtigt ist, wurde bereits im Abschnitt 3 deutlich gemacht. Grundsätzlich sollte bei der Anspruchsvoraussetzung immer erst geprüft werden, ob der Antragsteller selbst anspruchsberechtigt i. S. d. § 7 SGB II ist. Erfüllt er die Anspruchsvoraussetzungen des § 7 Abs. 1 Satz 1 SGB II nicht und unterliegt er keinem Ausschlusstatbestand, ist zu prüfen, ob er mit einer anderen erwerbsfähigen Person in Bedarfsgemeinschaft zusammenlebt und somit Sozialgeld nach § 19 Abs. 1 Satz 2 SGB II beziehen kann. 341
Zur Abgrenzung wird auf das Prüfschema im zweiten Teil in Kapitel 3.5 verwiesen.

4.2.8 Übungsfälle

Die Lösungen zu den Übungsfällen finden Sie in Kapitel 4.11.

342 Fall 7

Uwe ist 47 Jahre alt und sitzt derzeit in Untersuchungshaft.

343 Fall 8

Matthias ist 32 Jahre alt und ist zu 30 % behindert. Er kann laut ärztlichem Gutachten noch sechs Stunden täglich arbeiten, jedoch nur sitzende Tätigkeiten.

344 Fall 9

Marta ist 28 Jahre alt und schwanger. Die Geburt des Kindes erfolgt voraussichtlich in drei Wochen. Sie ist bereits im gesetzlichen Mutterschutz, d. h., sie unterliegt einem gesetzlichen Beschäftigungsverbot.

345 Fall 10

Daniela ist leidenschaftliche Künstlerin. Sie ist deshalb nicht bereit, mehr als drei Stunden täglich zu arbeiten. Sie will bei voller Gesundheit ihr Hobby genießen.

346 Fall 11

Vasile ist rumänischer Staatsbürger. Er ist seit zwei Monaten in Deutschland und übt eine sozialversicherungspflichtige Beschäftigung aus.

347 Fall 12

Mira ist die Frau von Vasile aus Fall 11. Beide sind gemeinschaftlich nach Deutschland eingereist. Sie ist arbeitsuchend.

348 Fall 13

Mohamad ist 27 Jahre alt und Flüchtling aus Syrien. Er hat die Anerkennung als Flüchtling gerade erst beantragt und bezieht Asylbewerberleistungen.

349 Fall 14

Esma ist 19 Jahre alt und Auszubildende bei der Stadt Hagen in dualer Ausbildung. Sie wohnt alleine und bezieht Berufsausbildungsbeihilfe (BAB).

350 Fall 15

Martin ist 29 Jahre alt und absolviert derzeit eine schulische Ausbildung zum Ergotherapeuten. Die Ausbildung ist dem Grunde nach BAföG-förderfähig, aber weil es Martins dritte Ausbildung ist, erhält er kein BAföG.

4.3 BEDARFSGEMEINSCHAFT (§ 7 ABS. 3 SGB II)

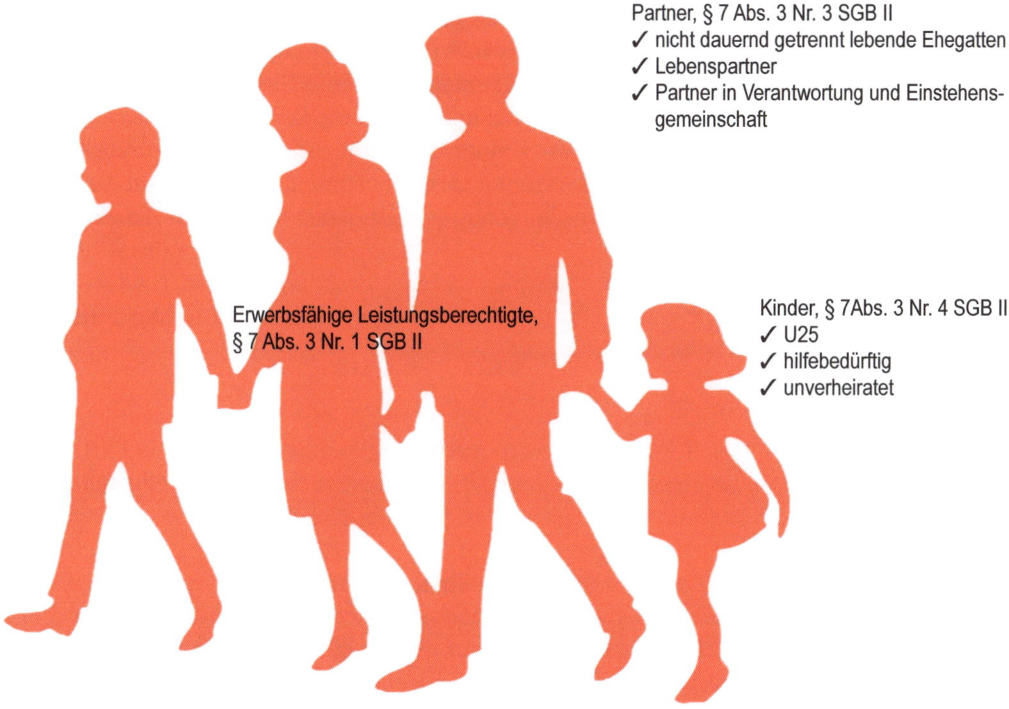

4.3.1 Definition Bedarfsgemeinschaft – Personenkreis

Leistungen nach dem SGB II erhalten auch Personen, die mit dem erwerbsfähigen Leistungsberechtigten (d. h. mit dem, der die Anspruchsvoraussetzungen nach Absatz 1 Satz 1 erfüllt und keinem Leistungsausschluss unterliegt) in einer Bedarfsgemeinschaft leben (§ 7 Abs. 2 SGB II). Eine Bedarfsgemeinschaft kann mit einem Personenkreis innerhalb eines Haushalts gebildet werden. Wenn also in einem Haushalt mehrere Personen wohnen, bedarf es mindestens einer Person, die leistungsberechtigt ist, d. h., die die Anspruchsvoraussetzungen nach § 7 Abs. 1 SGB II erfüllt. 351

Auch innerhalb der Bedarfsgemeinschaft wird immer individuell der Bedarf und der Anspruch einer jeden Person ermittelt. Die Bildung der Bedarfsgemeinschaft ist für den anspruchsberechtigten Personenkreis (Abgrenzung zum 3. Kapitel SGB XII) für die Bemessung der Regelleistung nach § 20 SGB II wichtig und für die Frage, wer sich ggf. Einkommen und Vermögen von anderen zurechnen lassen muss. 352

Es können mehrere Bedarfsgemeinschaften in einem Haushalt zusammenleben. Die Bedarfsgemeinschaft ist deutlich von der Haushaltsgemeinschaft zu unterscheiden. 353

Gemäß § 7 Abs. 3 SGB II gehören folgende Personen zur Bedarfsgemeinschaft: 354

1. § 7 Abs. 3 Nr. 1 SGB II: der erwerbsfähige Leistungsberechtigte 355

356 2. § 7 Abs. 3 Nr. 2 SGB II: Eltern/Elternteile

Ist der einzige Erwerbsfähige im Haushalt aus der Familienkonstellation heraus gesehen ein Kind, dann gehören die nicht erwerbsfähigen Eltern oder der Elternteil dann zur Bedarfsgemeinschaft, wenn das Kind unter 25 und unverheiratet ist und die Erwerbsunfähigkeit der Eltern oder des Elternteils nicht auf Dauer ist. Lebt auch der Partner eines Elternteils im Haushalt, so gehört auch dieser in die Bedarfsgemeinschaft.

357 Die Bildung der Bedarfsgemeinschaft erfolgt dann über das Kind. Ist dauerhafte Erwerbsunfähigkeit bei den Eltern oder dem Elternteil gegeben, können keine Leistungen in Form von Sozialgeld bezogen werden, da dies § 19 Abs. 1 Satz 2 SGB II ausschließt.

358 3. § 7 Abs. 3 Nr. 3a SGB II: Ehegatte

Zur Bedarfsgemeinschaft gehört der nicht dauernd getrennt lebende Ehegatte des erwerbsfähigen Leistungsberechtigten.

359 4. § 7 Abs. 3 Nr. 3b SGB II: Lebenspartner

Partner einer eingetragenen Lebenspartnerschaft (gleichgeschlechtliche Partner) gehören ebenfalls zu einer Bedarfsgemeinschaft, sofern sie nicht dauernd getrennt lebend sind.

360 5. § 7 Abs. 3 Nr. 3c SGB II: Partner in Einstehensgemeinschaft

Der Partner in einer nichtehelichen Lebensgemeinschaft zwischen Mann und Frau gehört dann zur Bedarfsgemeinschaft, wenn der wechselseitige Wille anzunehmen ist, Verantwortung füreinander zu tragen und füreinander einzustehen. Das heißt, die Partner müssen gemeinsam wohnen und wirtschaften. Dies können Indizien für eine Verantwortungs- und Einstehensgemeinschaft sein.

361 Die Bildung einer Bedarfsgemeinschaft hat zur Folge, dass das Einkommen und Vermögen des Partners auch auf den erwerbsfähigen Leistungsberechtigten angerechnet werden. Deshalb wird oftmals bestritten, dass eine solche Partnerschaft vorliegt. Aus diesem Grund wurde in Absatz 3a geregelt, wann eine Partnerschaft mit gegenseitigem Einstandswillen vermutet wird (Umkehr der Beweislast).

362 6. § 7 Abs. 3 Nr. 4 SGB II: Kinder

Kinder gehören bis zur Vollendung des 25. Lebensjahres zur Bedarfsgemeinschaft der Eltern (des Elternteils), sofern sie unverheiratet sind (und nicht mit dem eigenen Partner im Haushalt der Eltern leben) und selbst hilfebedürftig sind. Dabei müssen es nicht die gemeinsamen Kinder der Partner bzw. des Ehepaares sein. Die Bindung zur Bedarfsgemeinschaft der Eltern endet, wenn sie selbst mit ihrem eigenen Kind im Haushalt der Eltern leben oder das 25. Lebensjahr vollendet wird.

363 Eine solche Zuordnung zur Bedarfsgemeinschaft kann auch nur zeitweise sein (temporäre Bedarfsgemeinschaft), wenn das Kind aufgrund von Besuchs-/Betreuungsrechten zeitweise von dem getrennt lebenden Elternteil betreut wird. Eine regelmäßige Anwesenheit von mindestens zwölf Stunden löst die zeitweise Zugehörigkeit aus.

364 Der Bedarf und somit auch der Anspruch werden dann tageweise ermittelt.

4.3.2 Abgrenzung zur Haushaltsgemeinschaft

Leben Personen in einem Haushalt, die keine Bedarfsgemeinschaft bilden, handelt es sich 365
um eine Haushaltsgemeinschaft. Diese ist klar von der Bedarfsgemeinschaft abzugrenzen, da in dieser keine Zurechnung von Einkommen und Vermögen erfolgt (Ausnahme § 9 Abs. 5 SGB II).

4.3.3 Mischfälle/Mischbedarfsgemeinschaften

Bilden Personen in einem Haushalt eine Bedarfsgemeinschaft, kann es jedoch trotzdem 366
sein, dass diese Personen in Bedarfsgemeinschaft keine Leistungen wegen eines Ausschlussgrundes beziehen können.

Ausgeschlossen bleiben Personen, die Anspruch auf Leistungen nach dem 4. Kapitel SGB XII 367
haben, d. h. Altersrentner (Ausschluss auch durch § 7 Abs. 4 Satz 1 SGB II) und dauerhaft erwerbsgeminderte Personen, auch wenn sie zu einer Bedarfsgemeinschaft gehören.

Ausgeschlossene Personen können einen Grundsicherungsanspruch beim Sozialhilfeträger 368
SGB XII geltend machen.

In solchen Fällen spricht man von einer Mischbedarfsgemeinschaft. 369

Es liegt sowohl SGB-II- als auch SGB-XII-Anspruch bzw. -Bezug vor. 370

Auch innerhalb der Bedarfsgemeinschaft bleibt der individuelle Bedarfsermittlungsgrund- 371
satz bestehen.

Beide Grundsicherungsträger ermitteln in den Mischfällen den Bedarf und den Anspruch 372
des Einzelnen unter Beachtung der bestehenden Bedarfsgemeinschaft.

4.3.4 Vertretung der Bedarfsgemeinschaft (§ 38 SGB II)

In § 38 Abs. 1 SGB II wird eine gesetzliche Vermutung zur Vertretung der Bedarfsgemein- 373
schaft angestellt. So darf vermutet werden, dass der erwerbsfähige Leistungsberechtigte bevollmächtigt ist, Leistungen für die mit ihm in Bedarfsgemeinschaft lebenden Personen zu beantragen und entgegenzunehmen. Leben mehrere erwerbsfähige Leistungsberechtigte in einer Bedarfsgemeinschaft, so gilt diese Vermutung dem Antragsteller.

Dies wurde aus Verwaltungsvereinfachungsgründen geregelt. Die Vertretungsvermutung 374
ersetzt nicht die personenbezogene (individuelle) Bedarfs- und Anspruchsermittlung. Das geltende Individualprinzip wird in der Verwaltungspraxis dann deutlich, wenn Leistungsansprüche aufzuheben sind und zu viel gezahlte Leistungen zu erstatten sind, dann sind sie von dem zu erstatten, der anspruchsberechtigt war (von jedem Einzelnen). Hier wird deutlich, dass sich die Vertretung nur auf die Antragstellung und das Entgegennehmen von Leistungen bezieht, nicht aber auf das Erstatten von zu viel oder gar zu Unrecht erbrachter Leistungen.

4.3.5 Übungsfälle zur Bildung einer Bedarfsgemeinschaft

Die Lösungen zu den Übungsfällen finden Sie in Kapitel 4.11.

375 Fall 16

Herr Müller ist 42 Jahre alt und lebt mit seiner Ehefrau Ella 38 Jahre zusammen. Im Haushalt wohnt auch das Kind Moritz, 15 Jahre alt. Er ist der Sohn von Herrn Müller aus erster Ehe.

376 Fall 17

In einem Haushalt leben folgende hilfebedürftige Personen:

- Silke C., 31 Jahre alt, getrennt lebend
- Niklas C., 8 Jahre alt, Sohn von Silke C.
- Jürgen D., 70 Jahre alt, Vater von Silke C.
- Christel D., 71 Jahre alt, Ehefrau von Jürgen D.

377 Fall 18

In einem Haushalt leben folgende hilfebedürftige Personen zusammen:

- Rene, 24 Jahre alt, ledig
- Marc Andre, 27 Jahre alt, Partner von Rene
- Esra, 19 Jahre alt, ledig, Schwester von Marc Andre
- Moritz, 2 Jahre alt, Sohn von Esra

4.4 LEISTUNGSSPEKTRUM, BEDARFE

4.4.1 Bedarfsdeckungsprinzip – Existenzminimum

378 Leistungen des SGB II werden zur Sicherung des Lebensunterhalts erbracht. Es handelt sich dabei um eine Grundsicherung, d. h., die Leistungen sollen das Existenzminimum absichern und so ein menschenwürdiges Leben sichern. Sie werden als Geld- oder Sachleistung erbracht. Erwerbsfähige Leistungsberechtigte erhalten Arbeitslosengeld II. Mit ihm in Bedarfsgemeinschaft lebende Personen erhalten Arbeitslosengeld II, sofern sie selbst erwerbsfähige Leistungsberechtigte sind, oder Sozialgeld, wenn sie selbst nicht erwerbsfähige sind (§ 19 Abs. 1 Satz 1 und 2 SGB II).

379 Die Leistungen werden bedarfsorientiert zur Bedarfsdeckung erbracht (sog. Bedarfsdeckungsprinzip).

380 Dabei wird zuerst der individuelle Bedarf eines jeden Einzelnen in der Bedarfsgemeinschaft ermittelt (Arbeitsschritt I).

Anschließend werden das einzusetzende Einkommen und Vermögen errechnet (Arbeitsschritt II).

381 Abschließend stellt man das einzusetzende Einkommen und Vermögen dem Bedarf gegenüber und ermittelt den Anspruch nach SGB II (Arbeitsschritt III).

382 Sind kein Einkommen und Vermögen vorhanden, spricht man von voller Bedürftigkeit.

383 Reichen das einzusetzende Einkommen und Vermögen nicht aus, den Bedarf vollumfänglich zu decken, werden ergänzend Leistungen zur Sicherung des Lebensunterhalts in Höhe des Differenzbetrags erbracht.

384

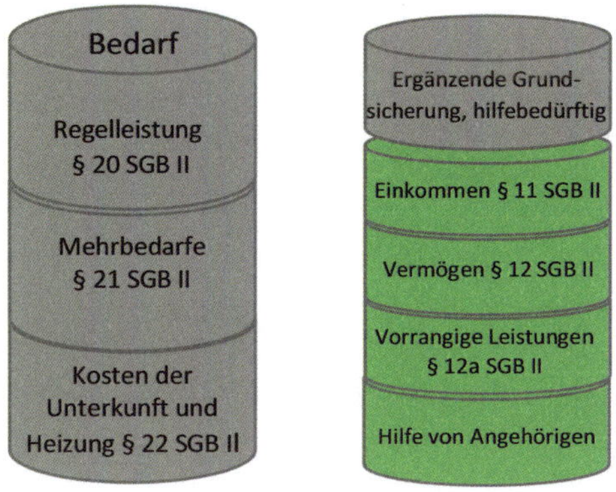

Decken das Einkommen und Vermögen den Bedarf, so ist das Existenzminimum sichergestellt. Ein Anspruch auf Leistungen besteht wegen fehlender Hilfebedürftigkeit (§ 9 Abs. 1 SGB II) nicht. 385

386

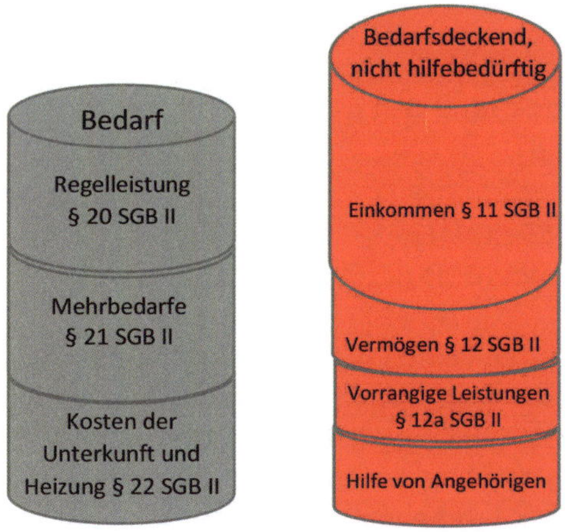

Lebt der Hilfesuchende mit mehreren Personen in einem Haushalt und bildet er mit diesen Personen eine Bedarfsgemeinschaft gemäß § 7 Abs. 5 SGB II, so muss er sich trotz individueller Bedarfsermittlung auch das Einkommen und Vermögen der Personen der Bedarfsgemeinschaft zurechnen lassen. Sofern der Bedarf der gesamten Bedarfsgemeinschaft nicht gedeckt werden kann, werden auch Personen hilfebedürftig, die selbst für ihren Bedarf über genügend Einkommen und Vermögen verfügen würden. § 9 SGB II beschreibt dabei, wer sich das Einkommen und Vermögen anderer in der Bedarfsgemeinschaft anrechnen lassen muss. 387

4.4.2 Überblick Bedarfsspektrum

Die Anspruchsgrundlage für die Grundsicherung des erwerbsfähigen Leistungsberechtigten bildet § 19 Abs. 1 Satz 1 SGB II. 388

Der Leistungsberechtigte erhält Arbeitslosengeld II. Dieses setzt sich aus folgenden Bedarfen zusammen: 389

- Regelbedarf (§ 20 SGB II)
- Mehrbedarf (§ 21 SGB II)
- Kosten für Unterkunft (§ 22 SGB II)
- Kosten für Heizung (§ 22 SGB II)

390 Zum Leistungsspektrum gehört auch, dass Arbeitslosengeld-II-Bezieher grundsätzlich in der Kranken- und Pflegeversicherung pflichtversichert sind. Das heißt, zusätzlich zu den Leistungen der monatlichen Bedarfsdeckung werden Beiträge zur gesetzlichen Krankenkasse erbracht. Vor Antragstellung privat versicherte Personen (z. B. Beamte oder Selbstständige) erhalten einen Zuschuss zu den Versicherungsbeiträgen.

391 Hilfebedürftige Kinder können zusätzlich Leistungen zur Bildung und Teilhabe gemäß § 28 SGB II beanspruchen.

392 Nicht erwerbsfähige Leistungsberechtigte, die mit einem erwerbsfähigen Leistungsberechtigten eine Bedarfsgemeinschaft bilden und nicht wegen eines Anspruchs nach dem 4. Kapitel SGB XII ausgeschlossen sind, haben Anspruch auf Sozialgeld (§ 19 Abs. 1 Satz 2 SGB II). Dieses umfasst folgende Bedarfe:

- Regelbedarf (§ 20 / § 23 Abs. 1 SGB II)
- Mehrbedarf (§ 21 SGB II)
- Kosten für Unterkunft (§ 22 SGB II)
- Kosten für Heizung (§ 22 SGB II)
- Mehrbedarf (§ 23 Abs. 4 SGB II)

393 Sozialgeldempfänger erhalten keine Pflichtversicherung bei der Kranken- und Pflegeversicherung. Sie können jedoch auch einen Zuschuss für Beiträge zur freiwilligen gesetzlichen oder privaten Krankenversicherung erhalten (§ 26 SGB II).
Auch Kinder, die Sozialgeld bekommen, können einen Anspruch auf Bildungs- und Teilhabeleistungen nach § 28 SGB II haben.

4.4.3 Regelbedarf (§ 20 SGB II)

394 Der Regelbedarf ist der in Geldsumme definierte notwendige Lebensunterhalt, der zur Sicherung der Existenz und zum Führen eines menschenwürdigen Lebens benötigt wird.

395 Der Regelbedarf umfasst insbesondere (§ 20 Abs. 1 SGB II):

- Nahrungsmittel, alkoholfreie Getränke
- Bekleidung und Schuhe
- Energiekosten für die Wohnung (Strom)
- Wohnungsinstandhaltung
- Wohnungsausstattung, Haushaltsgeräte
- Gesundheitspflege
- Verkehr
- Freizeit, Unterhaltung, Kultur
- Bildung

- Beherbergungs- und Gaststättendienstleistungen
- Hygiene und Körperpflege

HARTZ IV REGELSATZ 2021 396

Zusammensetzung Regelleistung 2021	100%	446 €
Nahrung, alkoholfreie Getränke	34,70%	154,78 €
Freizeit, Unterhaltung, Kultur	9,76%	43,52 €
Post und Telekommunikation	8,94%	39,88 €
Bekleidung, Schuhe	8,30%	37,01 €
Wohnen, Energie, Wohninstandhaltung	8,59%	38,32 €
Innenausstattung, Haushaltsgeräte und -gegenstände	6,09%	27,17 €
andere Waren und Dienstleistungen	7,97%	35,53 €
Verkehr	8,97%	40,01 €
Gesundheitspflege	3,82%	17,02 €
Beherbergungs- und Gaststättendienstleistungen	2,61%	11,65 €
Bildung	0,36%	1,61 €

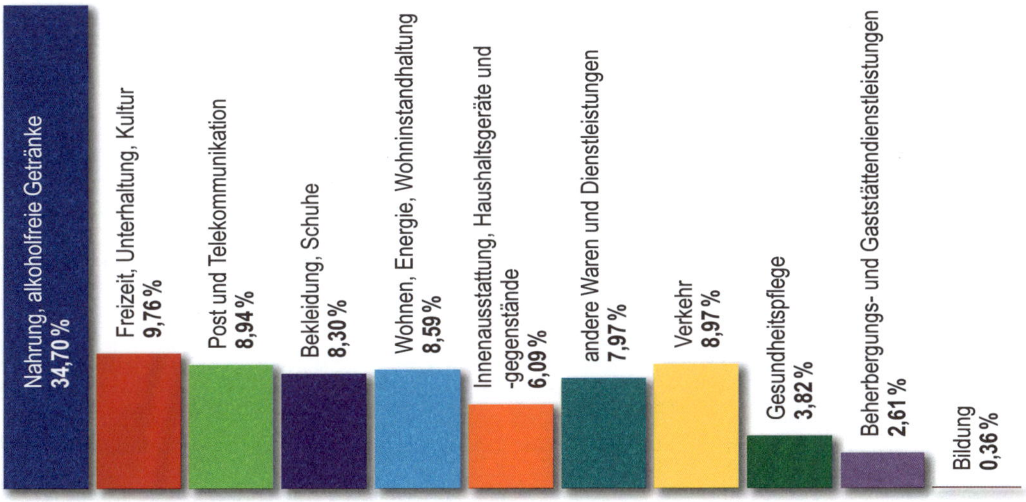

Der Regelleistungen werden pauschal nach der jeweiligen Regelbedarfsstufe erbracht. Über die Verwendung kann der Leistungsberechtigte selbst entscheiden. 397

Die Höhe der Regelbedarfe ergeben sich aus dem Gesetz zur Ermittlung des Regelbedarfs nach § 28 SGB XII, dem Regelbedarfs-Ermittlungsgesetz (RBEG). 398

Die Regelbedarfe wurden in der Vergangenheit oft wegen ihrer Höhe angezweifelt und die Höhe in Gerichtsverfahren angefochten. Insbesondere bestanden erhebliche Zweifel an der Verfassungsmäßigkeit. 399

400 Die Neufestlegung der Bedarfe muss alle fünf Jahre erfolgen, wenn neue Daten über das Ausgabeverhalten der Haushalte in Deutschland vorliegen (sog. Einkommens- und Verbrauchsstichprobe, EVS).

401 Mit dem Gesetz wird nun auch die aktuelle Rechtsprechung des Bundessozialgerichts und des Bundesverfassungsgerichts berücksichtigt. Die Höhe der Regelbedarfe wird jährlich zum 01.01. in der für das Jahr geltenden Regelbedarfsstufen-Fortschreibungsverordnung angepasst. Der Regelbedarf wird nicht individuell, sondern abstrakt generell ermittelt.

402 Er wird nach Regelbedarfsstufen 1–6 unterschieden.

403 § 20 Abs. 2 Satz 1 SGB II: **Regelbedarfsstufe 1** – Alleinstehende, Alleinerziehende und Personen, deren Partner minderjährig ist

404 § 20 Abs. 4 SGB II: **Regelbedarfsstufe 2** – volljährige Partner

405 § 20 Abs. 2 Satz 2 Nr. 2 SGB II: **Regelbedarfsstufe 3** – Erwachsene Kinder unter 25 im Haushalt der Eltern

406 § 20 Abs. 2 Satz 2 Nr. 1 SGB II / § 23 Nr. 1 SGB II: **Regelbedarfsstufe 4** – Jugendliche zwischen 14 und 17

407 § 23 Nr. 1 SGB II: **Regelbedarfsstufe 5** (Sozialgeld) – Kinder zwischen 6 und 13

408 § 23 Nr. 1 SGB II: **Regelbedarfsstufe 6** (Sozialgeld) – Kinder bis 5

409 **Regelbedarfsstufen 2020 und 2021 in € je Monat**

Bedarf	**2021**	**2020**	**2019**
Regelbedarf für Alleinstehende/ Alleinerziehende ***(Regelbedarfsstufe 1)***	446 €	432 €	424 €
Volljährige Partner innerhalb einer Bedarfsgemeinschaft ***(Regelbedarfsstufe 2)***	401 €	389 €	382 €
Erwachsene Behinderte in stationären Einrichtungen ***(Regelbedarfsstufe 3)***	357 €	345 €	339 €
RL unter 25-Jährige im Haushalt der Eltern / Strafregelleistung für ohne Zustimmung ausgezogene U 25'er ***(Regelbedarfsstufe 3)***	357 €	345 €	339 €
Kinder 14 bis unter 18 Jahre ***(Regelbedarfsstufe 4)***	373 €	328 €	322 €
RL für Kinder von 6 bis unter 14 Jahre ***(Regelbedarfsstufe 5)***	309 €	308 €	302 €
Kinder 0 bis 5 Jahre ***(Regelbedarfsstufe 6)***	283 €	250 €	245 €

Quelle: https://www.hartziv.org/news/20201211-mehr-hartz-iv-2021-so-setzt-sich-der-neue-regelsatz-zusammen.html

4.4.4 Mehrbedarfe (§ 21 SGB II)

Die Regelbedarfe decken den monatlichen Bedarf des täglichen Lebens ohne Rücksicht auf besondere Lebensumstände, die regelmäßig einen Mehrbedarf an existenziellen Mitteln fordern. Für bestimmte Lebensumstände gewährt die Rechtsnorm des § 21 SGB II einen zusätzlichen personenbezogenen Bedarf. 410

4.4.4.1 Mehrbedarf für werdende Mütter (§ 21 Abs. 2 SGB II)

Wird eine Schwangerschaft nachgewiesen, wird ein monatlicher Mehrbedarf in Höhe von 17 % der maßgebenden Regelleistung nach der 12. Schwangerschaftswoche monatlich anerkannt. Berechnet wird dieser entsprechend dem im Mutterpass notierten voraussichtlichen Entbindungstermin. Rechtsgrundlage bildet § 21 Abs. 2 SGB II. Werdende Mütter haben einen höheren monatlichen Aufwand, z. B. durch regelmäßige Fahrten zum Arzt, besondere Hygieneartikel und evtl. zusätzliche Nahrungsergänzungsmittel. 411

Der Mehrbedarf wird bis zum Ende des Monats gewährt, in den das voraussichtliche Entbindungsdatum fällt (Rechtsänderung zum 01.01.2021). 412

Beispiel: Der voraussichtliche Entbindungstermin laut Mutterpass ist der 13.04.2021. Der Mehrbedarf für werdenden Mütter wird bis zum 30.04.2021 gewährt. 413

4.4.4.2 Mehrbedarf für Alleinerziehende (§ 21 Abs. 3 SGB II)

Wer mit einem oder mehreren minderjährigen Kindern zusammenlebt und allein für deren Erziehung und Pflege sorgt, hat Anspruch auf einen Mehrbedarf wegen Alleinerziehung gemäß § 21 Abs. 3 SGB II. Die Höhe des Mehrbedarfs richtet sich nach Anzahl und Alter der im Haushalt betreuten, minderjährigen Kinder. 414

Bei der Höhe des Mehrbedarfs ist eine Vergleichsberechnung zwischen § 21 Abs. 3 Nr. 1 und Nr. 2 SGB II vorzunehmen. 415

Nach § 21 Abs. 3 Nr. 1 sind 36 % des maßgebenden Regelbedarfs monatlich als Mehrbedarf anzuerkennen, wenn sie mit: 416

- einem Kind unter 7 Jahren

oder

- zwei Kindern unter 16 Jahren

oder

- drei Kindern unter 16 Jahren

zusammenleben.

Nach § 21 Abs. 3 Nr. 2 sind alternativ für jedes minderjährige Kind 12 % des Regelbedarfs zu gewähren, wenn der Alleinerziehende damit einen höheren Mehrbedarf als nach Absatz 1 bekommt. Der Mehrbedarf ist auf 60 % des Regelbedarfs begrenzt. 417

418

Anzahl und Alter der Kinder	§ 21 Abs. 3 Nr. 1 SGB II	§ 21 Abs. 3 Nr. 2 SGB II	Maßgebender Mehrbedarf
1 Kind unter 7 Jahren	160,56 € (36 %)	53,52 € (12 %)	160,56 €
1 Kind 7 Jahre und älter	nicht zutreffend	53,52 € (12 %)	53,52 €
2 Kinder bis 16 Jahren	160,56 € (36 %)	107,04 € (24 %)	160,56 €
1 Kind 7 Jahre und älter und ein Kind 16 Jahre und älter	nicht zutreffend	107,04 € (24 %)	107,04 €
3 Kinder davon 2 unter 7 Jahren	160,56 € (36 %)	160,56 € (36 %)	160,56 €
4 Kinder, davon mind. 2 unter 16 Jahre	160,56 € (36 %)	214,08 € (48 %)	214,08 €
5 Kinder und mehr, davon mind. 1 Kind unter 7 Jahren oder mind. 2 unter 16 Jahren	160,56 € (36 %)	267,60 € (60 %)	267,60 €

4.4.4.3 Mehrbedarf für behinderte Menschen (§ 21 Abs. 4 SGB II)

419 Behinderte Menschen erhalten gemäß § 21 Abs. 4 SGB II einen Mehrbedarf in Höhe von 35 % des maßgebenden Regelbedarfs, wenn sie tatsächlich folgende Leistungen erhalten:

- Leistungen zur Teilhabe am Arbeitsleben nach § 33 SGB IX
- sonstige Hilfen zur Erlangung eines geeigneten Arbeitsplatzes

oder

- Eingliederungshilfen nach § 112 SGB IX (Gesetzesänderung zum 01.01.2021)

420 Ein Schwerbehindertenausweis allein genügt nicht, um einen Mehrbedarf nach § 21 Abs. 4 SGB II zu erhalten. Es muss zusätzlich eine der drei benannten Leistungen empfangen werden.

4.4.4.4 Mehrbedarf für kostenaufwendige Ernährung (§ 21 Abs. 5 SGB II)

421 Nach § 21 Abs. 5 SGB II wird ein Mehrbedarf gewährt, wenn kostenaufwendige Ernährung aus medizinischen Gründen nachweislich (mittels ärztlicher Bescheinigung) notwendig ist. Dem Leistungsberechtigten müssen aufgrund der Erkrankung Mehrkosten für eine spezielle Ernährung entstehen.

422 Der deutsche Verein für öffentliche und private Fürsorge hat eine Empfehlung für die Gewährung von Krankenzulagen erstellt. Darin sind diagnostizierte Krankheiten und die dafür empfohlene Ernährungsform aufgeführt.

423 Bei Krankheitsbildern wie z. B. Diabetes mellitus Typ II, bei denen eine gesunde Vollkost empfohlen wird, ist kein Mehrbedarf vorgesehen.

424 Eine aus ethischen Gründen gewährte Ernährungsform, z. B. vegane Ernährungskost, löst keinen Mehrbedarf aus.

Je nach Erkrankung beträgt der Mehrbedarf 10 oder 20 % des Regelbedarfs. 425
So werden für folgende Krankheiten derzeit Mehrbedarfe anerkannt: 426

Erkrankung	Empfohlener Mehrbedarf in vom Hundert der Regelbedarfsstufe 1
Konsumierende Erkrankungen, gestörte Nährstoffaufnahme bzw. Nährstoffverwertung	10
Mukoviszidose/zystische Fibrose	10
Niereninsuffizienz, die mit einer eiweißdefinierten Kost behandelt wird	10
Niereninsuffizienz mit Dialysediät	20
Zöliakie/einheimische Sprue (Durchfallerkrankungen wegen Überempfindlichkeit gegenüber Klebereiweiß Gluten)	20

Quelle: https://www.deutscher-verein.de/de/uploads/empfehlungen-stellungnahmen/2014/dv-28-14-krankenkostzulagen.pdf

4.4.4.5 Mehrbedarf für besondere Bedarfe (§ 22 Abs. 6 SGB II)

Ein Mehrbedarf wird auch anerkannt, wenn im Einzelfall ein unabweisbarer, laufender 427
besonderer Bedarf besteht. Ein solcher Mehrbedarf wird nur in besonderen Situationen gewährt. Besonderer Prüfschwerpunkt vor Gewährung des Mehrbedarfs liegt dabei darin, ob der Mehrbedarf wirklich unabweisbar ist und nicht durch Zuwendungen Dritter oder mit anderweitigen Einsparmöglichkeiten gedeckt werden kann. Der Bedarf muss außerdem so hoch sein, dass er nicht unerheblich ist. Davon ist in der Praxis auszugehen, wenn der Sonderbedarf mehr als 10 % des Regelbedarfs beträgt.

Folgende Sonderbedarfe können berücksichtigt werden: 428
- nicht verschreibungspflichtige Arznei-/Heilmittel, die zur laufenden Gesundheitspflege benötigt werden, z. B. bei besonderen Hygieneanforderungen bei HIV-Erkrankten
- Haushaltshilfe für körperlich stark eingeschränkte Personen, z. B. Rollstuhlfahrern oder Menschen, denen bereits eine Pflegestufe anerkannt wurde
- angemessene Kosten für die Wahrnehmung des Umgangsrechts bei Kindern von getrennt lebenden bzw. geschiedenen Eltern; erstattet werden können angemessene Fahrtkosten und notwendige Übernachtungskosten

Seit 01.01.2021 umfasst diese Regelung auch einmalige Bedarfe, wenn ausnahmsweise 429
eine Gewährung eines Darlehens nicht zumutbar oder wegen der Art des Bedarfs nicht möglich ist. Bis zur Rechtsänderung waren von dieser Regelung nur wiederkehrende, nicht nur einmalige Bedarfe, umfasst.

4.4.4.6 Mehrbedarf für Anschaffung von Schulbüchern

Müssen Schüler ihre Schulbücher selbst beschaffen und genießen sie keine bzw. nur teil- 430
weise Lernmittelfreiheit, so wird der Anteil als einmaliger Mehrbedarf gewährt.

Diese Regelung hat der Gesetzgeber zum 01.01.2021 neu ins Gesetz eingefügt. Er setzt 431
damit Rechtsprechung des Bundessozialgerichtes aus Mai 2019 um.

432 Der Mehrbedarf wird gewährt, wenn es keine Möglichkeit der unentgeltlichen Anschaffung oder Ausleihe besteht und die Benutzung durch die Schule oder den Fachlehrer vorgeschrieben ist. Neben Schulbüchern umfasst der Mehrbedarf auch die Anschaffung von Arbeitsheften, sofern sie Schulbüchern gleichstehen. Das tun sie in der Regel dann, wenn sie über eine ISBN Nummer verfügen.

4.4.4.7 Mehrbedarf für dezentrale Warmwasseraufbereitung (§ 22 Abs. 7 SGB II)

433 Wird das Warmwasser durch eine zentrale Vorrichtung erwärmt, erfolgt die Kostenabrechnung für die Erzeugung von Warmwasser über die Kosten für Unterkunft und Heizung und wird als Bedarf nach § 22 SGB II berücksichtigt.

434 Wird das Warmwasser in der Wohnung erzeugt, entstehen dadurch zusätzliche Energiekosten, wie etwa Strom oder Gas für das Betreiben einer Therme, eines Boilers oder eines elektronischen Untertischgerätes. Diese Kosten sind nicht über die Regelleistung abgedeckt. Da es dafür oftmals keinen eigenen Zähler gibt, der den Energieverbrauch nur für Warmwassererzeugung korrekt errechnen lässt, wird der Mehrbedarf grundsätzlich pauschal gewährt. Der Mehrbedarf wird für jede Person in der Bedarfsgemeinschaft gewährt und bestimmt sich nach den in § 21 Abs. 7 Satz 2 Nr. 1–4 SGB II benannten Prozentsätzen von dem entsprechenden Regelbedarf.

435 Höhere Aufwendungen als die Pauschale sind nur zu berücksichtigen, wenn der Leistungsberechtigte dafür eine separate Messeinheit nachweisen kann (Rechtsänderung zum 01.01.2021).

436

Regelbedarfsstufe	Regelbedarf	Anteil in %	Mehrbedarf
1	446,00 €	2,3	10,26 €
2	401,00 €	2,3	9,22 €
3	357,00 €	2,3	8,21 €
4	373,00 €	1,4	5,22 €
5	309,00 €	1,2	3,71 €
6	283,00 €	0,8	2,26 €

4.4.4.8 Begrenzung des Mehrbedarfs (§ 22 Abs. 8 SGB II)

437 Es können grundsätzlich mehrere Mehrbedarfe gleichzeitig gewährt werden. Die Mehrbedarfe nach den Absätzen 2 bis 5 dürfen jedoch in Summe nicht die Höhe des für den Leistungsberechtigten maßgebenden Regelbedarfs übersteigen (§ 21 Abs. 8 SGB II).

438 Bei der Betrachtung der Begrenzung dürfen die Mehrbedarfe für laufende, besondere Bedarfe (Abs. 6) und der Mehrbedarf für die zentrale Warmwassererzeugung (Abs. 7) nicht mit berechnet werden.

4.4.5 Übungsfälle Regelbedarf und Mehrbedarfe

Die Lösungen zu den Übungsfällen finden Sie in Kapitel 4.11. 439

Fall 19 440
Annett 33 Jahre alt, dauernd getrennt lebend, lebt mit Kilian, 3 Jahre alt, in einem Haushalt. Sie erwartet ihr zweites Kind. Laut ärztlichem Attest befindet sie sich in der 21. Schwangerschaftswoche.

Fall 20 441
Sylvia, 60 Jahre alt, wohnt mit ihrem Ehemann Detlef, 58 Jahre alt, zusammen in Dortmund. Sylvia muss sehr auf ihre Ernährung achten, da sie Diabetikerin ist, und außerdem ist sie überzeugte Vegetarierin. Detlef hat aufgrund seiner Erkrankung einen Schwerbehindertenausweis. Er ist nachweislich 70 % schwerbehindert.

Fall 21 442
Chantal ist 29 Jahre alt und wohnt mit ihren Kindern Kevin, 8 Jahre, Elias, 7 Jahre, Emma, 4 Jahre, und Jona, 1 Jahr alt, zusammen. Sie wohnen in Bochum in einer Vierraumwohnung. Für die Warmwassererzeugung befindet sich ein Boiler in der Wohnung.

4.4.6 Kosten für Unterkunft und Heizung (§ 22 SGB II)

4.4.6.1 Bestandteile der Unterkunftskosten

Zum notwendigen Lebensunterhalt und zur Deckung des Existenzminimums zur Führung eines menschenwürdigen Lebens gehören auch Kosten für Unterkunft und Heizung. 443

Als Unterkunft ist jede geeignete Möglichkeit zum Übernachten und Wohnen zu verstehen, die Schutz vor Witterung bietet und einen gewissen Raum für Privatsphäre gewährleistet. Die Kosten dafür werden nicht pauschal über die Regelleistung abgedeckt, sondern gemäß § 22 SGB II in tatsächlicher Höhe erbracht, sofern diese angemessen sind. Eine pauschale Gewährung innerhalb Deutschlands wäre aufgrund der stark schwankenden Mieten nicht denkbar. 444

Als Unterkunft können u. a. berücksichtigt werden: 445

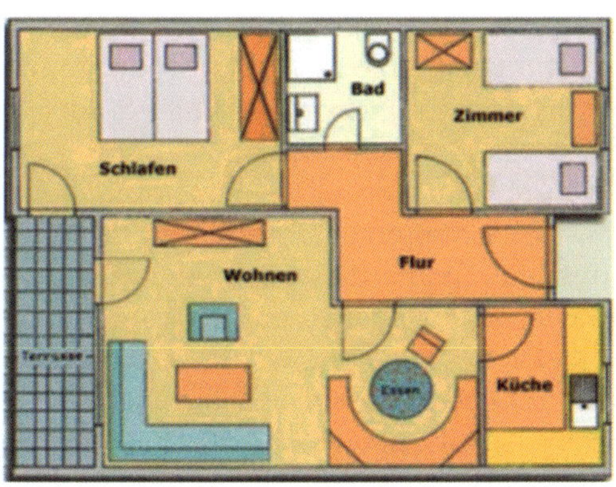

Mietwohnung
Grundmiete
+
Nebenkosten(-vorauszahlung)
d. h., Umlage von Kosten wie Wasser, Abwasser, Müllabfuhr, Straßenreinigung usw.
+
Ggf. einmalige anfallende Kosten
z. B. Nachzahlung von Abrechnungen
+
Kosten für Heizung
monatliche Vorauszahlung oder einmalige Kosten

446 Mietwohnungen: Bei Mietwohnungen zählen zu den zu berücksichtigenden Kosten für Unterkunft i. S. d. § 22 SGB II die Grundmiete, also die Kosten für die reine Anmietung und Nutzung der Wohnung, und die Nebenkosten, die der Vermieter auf seine Mieter anteilig auf den Wohnraum umlegen darf. Zu den üblichen Nebenkosten zählen Wasser, Abwasser, Müllabfuhr, Straßenreinigung, Schornsteinreinigung, Grundsteuer und die Versicherung für das Gebäude. Überwiegend wird im Mietvertrag eine monatliche Abschlagszahlung als Pauschale für die Nebenkosten verlangt. Am Ende eines Jahres rechnet der Vermieter dann diese Kosten in der Betriebskostenabrechnung nach tatsächlichem Verbrauch ab.
Die monatliche Pauschale der Betriebskosten zählt zu dem monatlichen Bedarf an Kosten für Unterkunft.

447 Ist nach geltendem Mietvertrag der Mieter verpflichtet, Kosten für Schönheitsreparaturen und Kleinreparaturen zu tragen, so sind diese im Monat der Fälligkeit als Bestandteil und Bedarf an Kosten für Unterkunft anzuerkennen.

448 Zu den Kosten zählen auch Kosten für die Renovierung bei Einzug in die Wohnung, wenn der Zustand der Wohnung bei Übergabe dies erfordert.

449 Nicht zu den monatlichen Betriebskosten gemäß § 22 SGB II gehören die Kosten, die über die Regelleistung bereits pauschal abgedeckt sind. Dazu gehört u. a. der monatlich zu zahlende Haushaltsstrom.

Eigenheim/Eigentumswohnung

Schuldzinsen
+
Nebenkosten(-vorauszahlungen)
Grundsteuer, Wasser, Abwasser, Müllgebühren, Versicherungen, Straßenreinigung usw.
+
Ggf. einmalige anfallende Kosten
z. B. Nachzahlungen von Abrechnungen, Instandsetzung und Reparatur
+
Kosten für Heizung
monatliche Vorauszahlung oder einmalige Kosten

450 Eigenheim/Eigentumswohnung: Anders als bei Mietwohnungen gibt es bei bewohntem Eigentum keinen Vertrag, aus dem die Kosten hervorgehen. Es muss aus den Aufwendungen, die der Eigentümer zahlen muss, der Bedarf an Kosten für Unterkunft berechnet werden. Berücksichtigt werden dabei die Schuldzinsen für die Finanzierung des Eigentums (i. d. R. nicht die Tilgung der Kredite, da sonst aus öffentlichen Steuergeldern privates Eigentum gefördert würde) sowie die anfallenden Nebenkosten wie z. B. Grundsteuer, Gebäudeversicherung sowie die üblichen Nebenkosten, wie sie auch bei einer Mietwohnung berücksichtigt werden. Sie sind dann als Bedarf zu berücksichtigen, wenn sie tatsächlich anfallen. So ist es z. B. üblich, dass die Grundbesitzabgaben quartalsweise fällig werden. Diese Kosten werden dann nicht monatlich umgelegt, sondern im Monat der Fälligkeit als Bedarf berücksichtigt.

Als Bedarf können auch unabweisbare Aufwendungen für Instandhaltung und Reparatur berücksichtigt werden (§ 22 Abs. 2 SGB II). Diese unterliegen aber hinsichtlich der Notwendigkeit einer strengen Prüfung. 451

Obdachlosenunterkünfte/Notunterkünfte/Übergangswohnungen: Als Kosten der Unterkunft werden bei Nutzung/Zuweisung in eine solche Unterkunft die von der zuständigen Stadt erhobenen Nutzungsentgelte berücksichtigt. Diese beinhalten die Gebühren für die Nutzung der Unterkunft und Verbrauchskosten. 452

Heizkosten: Die Kosten für das Beheizen des Wohnraums sind in tatsächlicher Höhe zu übernehmen, sofern diese angemessen sind. 453

Für das Beheizen von Wohnräumen gibt es verschiedene Heizarten. Die häufig vorkommenden sind: 454

- Gas
- Öl
- Strom
- Fernwärme
- Holz/Pellets
- Briketts, Koks

Die Kosten sind in dem Monat als Bedarf anzuerkennen, in dem sie fällig werden. Werden Brennstoffe einmalig für die Heizperiode angeschafft und bevorratet, sind die tatsächlichen Kosten im Monat der Fälligkeit anzuerkennen. 455

Werden die Kosten analog der Nebenkosten als Abschlag an den Vermieter oder direkt an den Energieversorger monatlich vorausgezahlt, sind die monatlichen Abschläge als Bedarf anzuerkennen. 456

Die Kosten der Warmwasseraufbereitung werden ebenfalls übernommen, wenn sie zusammen mit den Heizkosten abgerechnet werden. 457

Wird das Warmwasser durch Strom oder Gas erzeugt und erfolgt dazu eine gesonderte Abrechnung, werden diese Kosten als Mehrbedarf nach § 21 Abs. 7 SGB II übernommen. 458

Die Kosten für Unterkunft und Heizung sind anteilig zu erbringen, d. h. pro Kopf zu gewähren. Es wird immer zu gleichen Anteilen aufgeteilt, unabhängig vom Alter der im Haushalt lebenden Personen, d. h., es erfolgt keine Unterscheidung zwischen den Eltern und den Kindern. 459

4.4.6.2 Angemessene Wohnraumgröße

Die Kosten der Unterkunft sind in tatsächlicher Höhe zu berücksichtigen, sofern diese Kosten angemessen sind. Bei der Betrachtung der angemessenen Kosten müssen die Kosten für Unterkunft getrennt von den Kosten für Heizung betrachtet werden, da diese Kosten und der dazu zu beziffernde angemessene Verbrauch von vielen individuellen Faktoren abhängig sind. 460

Bei der Betrachtung der Wohnraumgröße spricht man von abstrakter Angemessenheit. Um die angemessene Quadratmeterzahl zu ermitteln, ist auf die Wohnraumgröße für Wohnberechtigte im sozialen Wohnungsbau im entsprechenden Bundesland abzustellen. 461

Daraus sind die reinen Flächenwerte nach Anzahl der in der Wohnung lebenden Personen zu ermitteln, ohne Berücksichtigung auf eventuelle Mehransprüche wegen persönlicher Besonderheiten, wie z. B. Behinderung oder Alleinerziehung.

462 In Nordrhein-Westfalen bilden dafür die landesrechtlichen Wohnraumnutzungsbestimmungen (WNB) die Grundlage für die Bemessung.

463 Dort sind als angemessen folgende Wohnraumgrößen festgelegt:

- alleinstehende Personen: 50 m^2 Wohnfläche
- zwei haushaltsangehörige Personen: 65 m^2 Wohnraumfläche
- jede weitere dem Haushalt angehörige Person: 15 m^2 Wohnfläche mehr

464 Nach Ermittlung der angemessenen Wohnraumgröße muss geprüft werden, ob ein zusätzlicher Raum oder eine zusätzliche Wohnfläche wegen persönlicher Bedürfnisse benötigt wird, so z. B. bei zu erwartendem Familiennachwuchs oder bei Blinden oder gehbehinderten Personen, die auf einen Rollstuhl angewiesen sind.

465 Die Wohnraumgrößen nach WNB sind Höchstgrenzen, d. h., auch eine kleine Wohnung kann bei großzügiger Aufteilung angemessen und ausreichend sein.

466

Anzahl Personen	Angemessene Wohnraumgröße
1	50 qm
2	65 qm
3	80 qm

4.4.6.3 Angemessene Kosten, schlüssiges Konzept

467 Um die Angemessenheit einer Wohnung bewerten zu können, muss man nicht nur die angemessene Wohnraumgröße prüfen, sondern auch die Kosten, die für diesen Wohnraum zur Anmietung anfallen.

468 Da die Kosten für eine Anmietung einer Wohnung je nach Wohnlage unterschiedlich teuer sind, kann es deutschlandweit keine einheitliche Angemessenheitsgrenze geben.

469 Der angemessene Preis pro Quadratmeter Wohnfläche muss von den Kommunen auf Grundlage des Preisniveaus ihres örtlichen Wohnungsmarktes festgelegt werden. Als angemessener Preis kann als Grundlage die Nettokaltmiete angegeben werden. Das heißt, die Angemessenheit wird nur anhand der Grundmiete geprüft. Die Betriebskosten werden dann zusätzlich in tatsächlich anfallender Höhe gewährt.

470 Die meisten Kommunen geben jedoch als angemessenen Preis den Preis einschließlich der Nebenkosten, aber ohne Heizkosten (= Bruttokaltmiete) an. § 22 Abs. 10 SGB II berechtigt jedoch die Kommunen auch dazu, eine Gesamtangemessenheitsgrenze, d. h. einschließlich der Heizkosten, festzulegen. Das Bundessozialgericht hat sich in den vergangenen Jahren in verschiedenen Entscheidungen mit dem Thema „angemessene Unterkunftskosten" befasst und u. a. die Kommunen verpflichtet, einen „grundsicherungsrelevanten Mietspiegel" vorzuhalten oder eigene Untersuchungen vorzunehmen, die einen nachvollziehbaren und zuverlässigen Aufschluss über die ortsüblichen Mieten im Bereich einfacher Wohnlagen geben („schlüssiges Konzept"). Das schlüssige Konzept ist regelmäßig zu überprüfen und anzupassen. Dabei soll insbesondere die Entwicklung des Wohnungsmarktes, die Nachfrage nach günstigem Wohnraum im unteren Wohnbereichssektor, aber auch der aktuelle Leerstand untersucht und beobachtet werden.

Die schlüssigen Konzepte sind gerichtlich überprüfbar. 471

Bestehen keine oder nur veraltete Erkenntnisse über die Ermittlung der angemessenen Miete, d. h., das schlüssige Konzept besteht nicht oder ist nicht mehr gültig, sind die Tabellenwerte aus § 12 Wohngeldgesetz zzgl. 10 % zu übernehmen. Die sog. Wohngeldtabelle enthält Werte für die jeweiligen Mietstufen. Je nachdem, welcher Mietstufe der Wohnort unterliegt, ist dann die angemessene Mietbelastung zu ermitteln. 472

Auszug aus § 12 Wohngeldgesetz: 473

Anzahl der zu berücksichtigenden Haushaltsmitglieder	Mietenstufe	Höchstbetrag in €
1	I	338
	II	381
	III	426
	IV	478
	V	525
	VI	575
	VII	633
2	I	409
	II	461
	III	516
	IV	579
	V	636
	VI	697
	VII	767
3	I	487
	II	549
	III	614
	IV	689
	V	757
	VI	830
	VII	912
4	I	568
	II	641
	III	716
	IV	803
	V	884
	VI	968
	VII	1.065
5	I	649
	II	732
	III	818
	IV	918
	V	1.010
	VI	1.106
	VII	1.217

474 Beispiel: In der Stadt Hagen ist Mietstufe 3 anzuwenden. Besteht also kein schlüssiges Konzept, ist der Betrag aus der Wohngeldtabelle zzgl. 10 % Aufschlag als angemessene Miete zugrunde zu legen. Für eine Person wären demnach 448,60 € (426,00 € zzgl. 42,60 €) angemessen.

475 Viele Kommunen haben ein schlüssiges Konzept erstellt oder durch Dritte erstellen lassen, da die Ersatzregelung, der Rückgriff auf die Wohngeldtabelle, oftmals erheblich teurer ist.

476 In vielen schlüssigen Konzepten ist das angemessene Mietprodukt die Bruttokaltmiete, d. h. die Grundmiete und Nebenkosten als Mietprodukt.

477 Der Wohnraum ist immer dann angemessen, wenn das Endprodukt des Mietpreises nicht überschritten wird.

478 Was dies bedeutet, soll folgendes Beispiel darstellen:

Das schlüssige Konzept der Stadt Hagen legt fest, dass eine Wohnung für eine Person dann angemessen ist, wenn die Bruttokaltmiete nicht höher ist als 350 Euro. Dieser angemessene Mietwert setzt sich zusammen aus 260 Euro Grundmiete und 90 Euro Betriebskosten.

Angemessen wäre aber auch eine Wohnung die 280 Euro in der Grundmiete kostet und 70 Euro Betriebskosten, da das Mietprodukt nicht größer ist als 350 Euro.

479 Heizkosten: Auch Heizkosten müssen in tatsächlicher Höhe übernommen werden, sofern diese angemessen sind. Berechnungsmaßstab ist das Produkt aus abstrakt angemessener Wohnraumgröße (nicht der tatsächlichen), multipliziert mit den angemessenen Heizkosten pro Quadratmeter.

480 **Abstrakt angemessene Größe x angemessener Verbrauch/m² = angemessenes Heizprodukt**

481 Welche Kosten angemessen sind, kann von den Kommunen in einem lokalen Heizkostenspiegel festgelegt werden, hilfsweise wird der bundesweite Heizkostenspiegel als Grundlage verwendet.

4.4.6.4 Anerkennung unangemessener Kosten (§ 22 Abs. 1 Satz 3 SGB II)

482 Gemäß § 22 Abs. 1 Satz 3 SGB II sind unangemessene Kosten für Unterkunft und Heizung so lange in tatsächlicher Höhe anzuerkennen, wie es der Bedarfsgemeinschaft nicht möglich oder nicht zuzumuten ist, durch einen Wohnungswechsel, durch Vermieten oder auf andere Art und Weise die Aufwendungen zu senken, in der Regel jedoch für längstens sechs Monate.

483 Diese Regelung bedarf immer einer Einzelfallprüfung. Das heißt, der Leistungsberechtigte muss über die Unangemessenheit beraten und belehrt werden.

484 Der Leistungsberechtigte ist verpflichtet, sich um die Reduzierung der Kosten zu bemühen. Die Kosten können durch Umzug in eine angemessene Wohnung, durch Untervermietung oder auf andere Weise gesenkt werden. Mit der kleinen Bestandsschutzfrist wird dem Leistungsberechtigten Zeit eingeräumt, z. B. für die Kündigung seiner Wohnung, für die Wohnungssuche o. Ä.

485 Auch kann der Leistungsberechtigte nach erfolgter Belehrung vortragen, warum eine Kostensenkung aus seiner Sicht nicht möglich ist, z. B. wegen einer Krankheit oder einer

Behinderung. Wird eine Unmöglichkeit der Kostensenkung geltend gemacht, unterliegt dies einer strengen Einzelfallprüfung. Unangemessene Kosten müssen nur im Härtefall länger als sechs Monate anerkannt werden.

Auch kann es möglich sein, dass der Wohnungsmarkt keinen entsprechenden Wohnraum 486 aktuell zur Verfügung hält und trotz intensiver Wohnungssuche eine Anmietung einer angemessenen Wohnung nicht möglich gewesen wäre.

Das Jobcenter selbst kann auch auf die Belehrung zur Kostensenkung verzichten, wenn 487 der Umzug unwirtschaftlich wäre. Belehrt das Jobcenter über die Unangemessenheit und fordert zur Kostensenkung auf, müssten im Falle eines Umzugs auch notwendige Umzugskosten übernommen werden. Würden absehbar die zu übernehmenden Kosten für den Umzug erheblich teurer sein als der Betrag, der monatlich über der Angemessenheitsgrenze liegt, wäre die Aufforderung unwirtschaftlich. Viele Kommunen haben dazu Regelungen getroffen und Bagatellgrenzen bei bereits bestehenden Mietverhältnissen festgelegt.

4.4.6.5 Neuanmietung einer Wohnung im Leistungsbezug (§ 22 Abs. 4 SGB II)

Vor Abschluss eines Vertrags über eine neue Unterkunft/Wohnung soll die leistungsbe- 488 rechtigte Person die Zusicherung des Leistungsträgers einholen (§ 22 Abs. 4 SGB II). Zu unterscheiden ist bei den Umzügen, ob der Leistungsberechtigte innerhalb des Zuständigkeitsbereichs seines bisherigen Jobcenters umzieht oder in den Zuständigkeitsbereich eines anderen Jobcenters verzieht.

Bei Umzügen innerhalb des gleichen Zuständigkeitsbereichs prüft der Leistungsträger 489 den Umzugsgrund, also ob der Umzug erforderlich ist und ob die neue Unterkunft in den Kosten angemessen ist. Erforderlich ist ein Umzug dann, wenn dafür ein wichtiger Grund vorliegt.

Wichtige Gründe können sein: 490

- bisherige Unterkunft unangemessen teuer
- Arbeitsaufnahme außerhalb des zumutbaren Pendelbereichs
- Familienzuwachs/Trennung
- gesundheitliche Gründe

Bei der Bewertung, ob ein wichtiger Grund vorliegt, sollte geprüft werden, ob ein gering 491 verdienender Nichtleistungsempfänger in dieser Situation auch umziehen würde.

Ist der Umzug nicht erforderlich und erhöhen sich die Kosten nach einem solchen Umzug, wird nur der bisherige Bedarf anerkannt. Die Mehrkosten nach dem Umzug werden nicht berücksichtigt.

Beabsichtigt der Leistungsberechtigte außerhalb des bisher zuständigen Leistungsträgers 492 zu verziehen, soll er die Zusicherung des neu zuständigen Leistungsträger über die Angemessenheit der Kosten einholen. Ob ein Umzugsgrund vorliegt, spielt dabei nur eine Rolle, wenn Umzugskosten entstehen. Entstehen keine Kosten und die neue Wohnung ist angemessen, bedarf es keiner Zusicherung (§ 22 Abs. 4 SGB II).

Die Zusicherung stellt nur eine Zusage anfallender Kosten dar, sie hindert jedoch nicht am 493 Umziehen selbst. Jeder darf sein Recht auf Freizügigkeit genießen und darf nicht daran gehindert werden, in einen Ort mit höheren Mietniveau zu verziehen, wenn er sich dort eine bessere Lebensperspektive erhofft.

4.4.6.6 Besonderheiten bei Personen unter 25 Jahren (§ 22 Abs. 5 SGB II)

494 Sofern Personen, die das 25. Lebensjahr noch nicht vollendet haben, aus dem elterlichen Haushalt ausziehen wollen, ist eine besondere Prüfung des Umzugsgrundes vorzunehmen. In der Regel sollen Kinder bis 25 im Haushalt der Eltern wohnen bleiben. Einem Auszug soll zugestimmt werden, wenn der Betroffene aus besonders schwerwiegenden, sozialen Gründen nicht in der Wohnung der Eltern verbleiben kann, wenn der Auszug zur Eingliederung in den Arbeitsmarkt erforderlich ist oder ein sonstiger schwerwiegender Grund, z. B. Gründung einer Ehe oder Zusammenleben mit eigenem Kind und Partner, vorliegt (§ 22 Abs. 5 Satz 2 SGB II).

495 Wurde die Zusicherung nicht eingeholt oder lag kein wichtiger Grund für die Anmietung einer eigenen Wohnung vor, werden keinerlei Kosten der Unterkunft als Bedarf berücksichtigt. Der Regelbedarf erhöht sich nicht und ist nur in der Höhe zu gewähren, wie er in Bedarfsgemeinschaft der Eltern gewährt wurde (§ 20 Abs. 3 SGB II).

4.4.6.7 Umzugskosten, Wohnungsbeschaffungskosten und Mietkaution (§ 22 Abs. 6 SGB II)

496 Entstehen beim Umzug Kosten, wie z. B. Umzugskosten oder Kosten, die im Zusammenhang mit der Anmietung der neuen Wohnung entstehen, muss die Zusicherung zur Anmietung durch den Leistungsträger vorliegen.

497 Bei einem erforderlichen Umzug und wenn die Kosten für Unterkunft der neuen Wohnung angemessen sind, können Umzugskosten, Wohnungsbeschaffungskosten und die Kosten für Mietkaution oder für Genossenschaftsanteile als Bedarf anerkannt werden.

498 Grundsätzlich ist der Umzug eigenverantwortlich unter Hilfe von Verwandten und Bekannten durchzuführen. Ist dies nicht möglich, kann die Anmietung eines Umzugstransporters übernommen werden. Im Einzelfall können auch die Kosten einer Umzugsfirma übernommen werden, z. B. wenn dem Leistungsberechtigten wegen Behinderung oder Krankheit ein Umzug eigenverantwortlich nicht zugemutet werden kann. Für die Gewährung der Umzugskosten ist der abgebende Leistungsträger zuständig. Dieser prüft dann auch den Umzugsgrund.

499 Zu den Wohnungsbeschaffungskosten zählen die Mietkaution und die Genossenschaftsanteile. Diese sollen gemäß § 22 Abs. 6 Satz 3 SGB II als Darlehen erbracht werden. Für die Gewährung des Darlehens ist der neue Leistungsträger zuständig. Auch dieser prüft den Umzugsgrund.

4.4.6.8 Betriebs- und Heizkostenabrechnung (§ 22 Abs. 3 SGB II)

500 Ergeben sich aus der Betriebskostenabrechnung/Heizkostenabrechnung Nachforderungen, weil die tatsächlich verbrauchten Betriebskosten/Heizkosten höher waren als die vorausgezahlte Pauschale, so ist diese Forderung des Vermieters im Monat der Fälligkeit als einmaliger Bedarf an Kosten für Heizung anzuerkennen. Auch Nachzahlungen, welche aus Abrechnungszeiträumen vor dem Leistungsbezug stammen, sind zu übernehmen.

501 Das Jobcenter muss die Kosten der Nachzahlung nicht oder nur anteilig übernehmen, wenn sie für den Abrechnungszeitraum bereits wegen unangemessenem Wohnraum zur Kostensenkung aufgefordert hat.

502 Ergibt sich bei der Abrechnung ein Guthaben und eine Rückzahlung, mindern diese den Bedarf an Kosten für Heizung im Monat nach Zugang der Gutschrift bzw. der Rückzahlung (§ 22 Abs. 3 SGB II). Dies gilt auch dann, wenn im Abrechnungszeitraum keine Leistungen bezogen wurden.

Nachzahlungen aus Stromabrechnungen müssen aus der Regelleistung beglichen werden, da Haushaltsstrom pauschal in der Regelleistung berechnet ist. Guthaben aus Stromabrechnungen bleiben unberücksichtigt. 503

4.4.6.9 Mietschulden (§ 22 Abs. 8 SGB II)

Grundsätzlich stellen Schulden keinen Bedarf im SGB II dar und können deshalb nicht übernommen werden. § 22 Abs. 8 SGB II regelt eine Ausnahme von diesem Prinzip. Erhält ein Leistungsberechtigter Arbeitslosengeld II mit Kosten für Unterkunft, können auch Schulden übernommen werden, sofern es zur Sicherung der Unterkunft dient oder zur Behebung einer vergleichbaren Notlage dies rechtfertigt. Diese Regelung steht im Ermessen des Leistungsträgers. Wenn jedoch Wohnungslosigkeit droht und diese durch die Übernahme von Mietschulden vermieden werden kann, dann steht die Entscheidung im gebundenen Ermessen. Nach § 22 Abs. 8 Satz 2 SGB II sollen dann die Mietschulden übernommen werden. 504

Das heißt, hat der Vermieter bereits das Mietverhältnis wegen Mietrückständen gekündigt, ist von drohender Obdachlosigkeit auszugehen. Eine Wohnraumkündigung wird unwirksam, wenn der Mieter oder eine öffentliche Stelle die Mietrückstände innerhalb von zwei Monaten nach Eingang der Räumungsklage bei Gericht übernimmt (§ 569 Abs. 3 Nr. 2 BGB). Es muss dann geprüft werden, ob durch Übernahme der Mietschulden die Kündigung durch den Vermieter rückgängig gemacht werden kann. Dies ist dann nicht der Fall, wenn innerhalb der letzten zwei Jahre bereits eine Räumungsklage durch Zahlung der Mietschuld innerhalb von zwei Monaten nach Eingang der Klage unwirksam geworden ist. Hält der Vermieter auch nach Begleichung der Mietschulden an der Kündigung fest, kann durch die Übernahme der Schulden die Wohnungslosigkeit nicht abgewendet werden. Eine Übernahme ist dann abzulehnen. Mietschulden sollen gemäß § 22 Abs. 8 Satz 4 SGB II als Darlehen übernommen werden. 505

Eine Übernahme von Schulden als Darlehen ist auch dann nicht möglich, wenn ausreichend Schonvermögen vorhanden ist, das zur Beseitigung der Notlage zeitnah eingesetzt werden kann, oder wenn der Gläubiger dem Schuldner eine angemessene Ratenzahlungsvereinbarung anbietet. 506

Um eine Schuldenübernahme zu vermeiden, räumt der Gesetzgeber den Jobcentern durch die Direktüberweisung der Miete eine vorbeugende Maßnahme ein (§ 22 Abs. 7 SGB II). 507

Eine Direktzahlung der Miete kann auf ausdrücklichen Wunsch des Leistungsberechtigten erfolgen. Eine Direktzahlung von Amts wegen, also ohne die erforderliche Zustimmung des Leistungsberechtigten, kann erfolgen, wenn:

- bereits Mietrückstände bestehen
- der Leistungsempfänger aufgrund von Krankheit oder Sucht nicht in der Lage ist, angemessen zu haushalten

4.4.7 Abweichende Erbringung von Leistungen

Neben dem monatlich wiederkehrenden Bedarf wie Regelbedarf, Mehrbedarfe oder Kosten für Unterkunft kann es auch andere Bedarfe geben, deren Bedarfsdeckung zur Sicherung des Lebensunterhalts unumgänglich ist. 508

4.4.7.1 Unabweisbare Bedarfe – Darlehen (§ 24 Abs. 1 SGB II)

509 Im Einzelfall kann ein einmaliger Bedarf, der vom Regelbedarf umfasst ist und unabweisbar ist und weder durch Vermögen noch auf andere Weise gedeckt werden kann, durch ein Darlehen in Form von Sachleistungen oder Geldleistungen erbracht werden.

510 Unabweisbar bedeutet, dass ein Aufschub der Bedarfsdeckung nicht zumutbar ist.

511 In der Regelleistung enthalten ist u.a. der Haushaltsstrom oder die Ersatzbeschaffung von Möbeln und Elektrogeräten.

512 Sind beispielsweise Stromschulden aufgelaufen und es droht eine Stromsperre, so kann ein Darlehen zur Deckung der Stromschulden gewährt werden. Häufig wird in der Praxis aber auch ein Darlehen zur Ersatzbeschaffung bei defekten Elektrogeräten, z.B. Waschmaschine oder Kühlschrank, erbracht. Für solche einmaligen Bedarfsspitzen, die eigentlich bei der Verwendung des monatlichen Regelbedarfs bedacht werden sollten (aus dem monatlichen Regelsatz sollten dafür Ansparungen erfolgen), werden die erforderlichen Ansparungen nur selten getroffen.

513 Stromschulden werden als Geldleistungen an den Energieversorger erbracht. Möbel- oder Elektrogeräte als Ersatzbeschaffung werden in der Praxis oftmals durch Gutschein für die örtliche Möbelbörse oder einen anderen Gebrauchtmarkt abgedeckt.

4.4.7.2 Sachleistungszahlung (§ 24 Abs. 2 SGB II)

514 Der Regelbedarf wird pauschal erbracht, und die zweckentsprechende Verwendung liegt in der Verantwortung des Leistungsberechtigten.

515 Erweist sich der Leistungsempfänger als ungeeignet, insbesondere durch Drogen- oder Alkoholabhängigkeit oder durch unwirtschaftliches Verhalten, z.B. bei Spielsucht, den Bedarf des täglichen Lebens mit dem Regelbedarf zu decken, kann dieser ganz oder teilweise in Form von Sachleistungen erbracht werden.

516 Damit soll die zweckentsprechende Verwendung sichergestellt werden.

4.4.7.3 Darlehensweise Gewährung von Leistungen (§ 24 Abs. 4 und 5 SGB II)

517 Die monatliche Grundsicherung wird als Zuschuss erbracht und ist vom Leistungsberechtigten nicht zurückzuzahlen. Unter Umständen ist es jedoch erforderlich, Leistungen zu zahlen, auf die der Leistungsberechtigte keinen Anspruch hat, aber die Deckung des Existenzminimums nicht gewährleistet ist. Dies ist gemäß § 24 Abs. 4 und Abs. 5 in folgenden Fällen der Fall:

- In dem Monat, in dem Leistungen erbracht werden, fallen voraussichtlich Einnahmen an, unter deren Anrechnung sich kein Anspruch auf Leistungen ergeben würde (dies ist i.d.R. bei Arbeitsaufnahme und erstmaliger Lohnzahlung der Fall).
- Eine einmalige Einnahme, die auf den Bedarf angerechnet worden ist, wurde vorzeitig verbraucht.
- Der sofortige Verbrauch oder die Verwertung von bedarfsdeckendem Vermögen ist nicht möglich oder würde eine besondere Härte bedeuten.

4.4.8 Einmalige Bedarfe (§ 24 Abs. 3 SGB II)

Über die Regelbedarfe ist der monatliche, regelmäßig anfallende Bedarf gedeckt. Es gibt 518
jedoch Bedarfe, die nicht über die monatliche Gewährung der Regelbedarfe abgedeckt sind, sog. einmalige Bedarfe gemäß § 24 Abs. 3 SGB II. Diese werden zusätzlich einmalig als Zuschuss, nicht als Darlehen, erbracht. Für die Finanzierung der einmaligen Bedarfe sind die kommunalen Träger zuständig. Sie sind ermächtigt, Richtlinien für die einmaligen Beihilfen zu erlassen. Sie legen den Umfang und die Form der Erbringung fest. Die einmaligen Beihilfen richten sich nach den örtlichen Weisungen. Sie werden nicht einheitlich erbracht. So kann z. B. die Wohnungserstausstattung in der Stadt X als pauschale Geldleistung gewährt werden, in der Stadt Y als Gutschein für den Gebrauchtwarenmarkt.

519

Nr. 1	Nr. 2	Nr. 3
Erstausstattung für Wohnung und Haushaltsgeräte	Erstausstattung für Bekleidung und bei Schwangerschaft und Geburt	Eigenanteil für Beschaffung oder Reparatur orthopädischer Schuhe Reparatur, Ausrüstung und Miete von therapeutischen Geräten

4.4.8.1 Erstausstattung für die Wohnung (§ 24 Abs. 3 Nr. 1 SGB II)

Werden erstmalig Möbel benötigt oder entsteht ein Möbelbedarf aus einer Situation, die 520
einer Erstausstattung gleichzustellen ist, ist eine einmalige Beihilfe für Möbel zu gewähren. Die Erstausstattung von Möbeln und Elektrogeräten ist deutlich von der Ersatzbeschaffung zu unterscheiden, die über die Regelleistung abgedeckt ist.

Der Bedarf kann in folgenden Situationen entstehen: 521

- erstmaliger Bezug einer eigenen Wohnung
- Trennung vom Partner (anteiliger Erstausstattungsbedarf)
- Obdachlosigkeit (länger als ein Jahr)
- Bezug einer Wohnung nach einer länger als ein Jahr dauernden Inhaftierung
- Notfallsituation wie Brand oder Hochwasser
- Flucht aus dem Heimatland, die die Mitnahme von Möbeln unmöglich gemacht hat

Wird der Bedarf geltend gemacht, ist der Umfang des Bedarfs zu ermitteln. Oftmals 522
erfolgt dies durch Inaugenscheinnahme durch einen Mitarbeiter des Leistungsträgers (Außendienst). Umfasst von dem einmaligen Bedarf sind sowohl die Grundausstattung an Möbeln und Elektrogeräten, aber auch eine Grundausstattung an Hausrat (z. B. Besteck, Töpfe usw.).

4.4.8.2 Erstausstattung für Bekleidung und bei Geburt (§ 24 Abs. 3 Nr. 2 SGB II)

Erstausstattung für Bekleidung wird nicht laufend geleistet, sondern nur dann, wenn keine 523
Grundausstattung mehr vorhanden ist, z. B. wenn durch längere Inhaftierung nicht ausreichend Bekleidung vorhanden ist oder bei geflüchteten Menschen, die ihr Hab und Gut im Heimatland zurücklassen mussten. Der übliche anfallende Bekleidungsbedarf ist über den Regelbedarf pauschal abgedeckt und fällt nicht unter den Anspruch auf Erstausstattung.

524 Anlässlich einer Schwangerschaft und Geburt sind für die Bekleidung während der Schwangerschaft und für die Erstausstattung bei Geburt des Kindes einmalige Beihilfen zu gewähren. Darunter fallen auch das Babybett und der Kinderwagen.

4.4.8.3 Anschaffung und Reparatur von orthopädischen Schuhen und therapeutischen Geräten (§ 24 Abs. 3 Nr. 3 SGB II)

525 Die Anschaffung und Reparatur von orthopädischen Schuhen und therapeutischen Geräten stellt eher einen untypischen Bedarf dar. Er wird nur gewährt, wenn er ärztlich verordnet ist und die Krankenkassen diese Kosten nachweislich nicht übernehmen.

4.4.9 Sonderbedarfe

526 Für besondere Personengruppen und für besondere Umstände können neben den monatlichen Leistungen und den einmaligen Bedarfen auch Sonderbedarfe gewährt werden, die nicht Bestandteil des regulären Anspruchs auf Arbeitslosengeld II sind, z. B. Zuschüsse zur Krankenkasse oder Leistungen an eigentlich vom Leistungsbezug ausgeschlossene Auszubildende.

4.4.9.1 Zuschuss zu den Versicherungsbeiträgen (§ 26 SGB II)

527 Bezieht ein Leistungsberechtigter Arbeitslosengeld II wird er vom Leistungsträger in der gesetzlichen Krankenkasse seiner Wahl in der Kranken- und Pflegeversicherung pflichtversichert. Der Leistungsträger SGB II zahlt die Versicherungsbeiträge an die von ihm gewählte Krankenkasse.

528 Bezieher von Sozialgeld müssen sich, sofern keine anderweitige Familienversicherung oder Pflichtversicherung möglich ist, z. B. durch den Rentenbezug, entweder freiwillig gesetzlich oder privat krankenversichern. Das Gleiche gilt für Personen, die nicht in der gesetzlichen Krankenkasse versichert sind, z. B. Selbstständige oder Beamte.

529 Dieser Personenkreis kann zusätzlich einen Bedarf für die Bezuschussung der Beiträge geltend machen.

4.4.9.2 Leistungen für Auszubildende (§ 27 SGB II)

530 Auszubildende, die nach § 7 Abs. 5 SGB II vom Leistungsbezug ausgeschlossen sind, können Anspruch auf Leistungen nach § 27 SGB II haben. Diese Leistungen gelten nicht als Arbeitslosengeld II.

531 Der Auszubildende kann Anspruch auf bestimmte Mehrbedarfe haben, sofern diese nicht durch vorhandenes Einkommen und Vermögen gedeckt werden können. Diese Sonderregelung gibt es, weil die Höhe der Bundesausbildungsförderung nicht auf bestimmte Lebensumstände gezielt berechnet wird. Deshalb kann es in bestimmten Lebenssituationen zur Bedarfsunterdeckung beim Bezug von BAföG kommen.

532 Zu den zu gewährenden Mehrbedarfen gehören Mehrbedarfe für:

- Schwangerschaft
- Alleinerziehung
- kostenaufwendige Ernährung
- besondere, unabweisbare Bedarfe

Gemäß § 27 Abs. 2 SGB II gehören auch die einmaligen Bedarfe nach § 24 Abs. 3 Nr. 2 SGB II 533
zu den möglichen Leistungen, d. h. Erstausstattung für Bekleidung und bei Schwangerschaft und Geburt. Die anderen einmaligen Beihilfen sind ausgenommen.

Bedeutet der Leistungsausschluss nach § 7 Abs. 5 SGB II für den Auszubildenden eine be- 534
sondere Härte, so kann gemäß § 27 Abs. 3 SGB II der Regelbedarf, der Mehrbedarf für dezentrale Warmwassererzeugung, der Bedarf für Kosten für Unterkunft, Bedarf für Bildung und Teilhabe und Beiträge zur Kranken- und Pflegeversicherung als Darlehen erbracht werden.

Eine besondere Härte ist anzunehmen, wenn die Ausbildung bereits kurz vor dem erfolg- 535
reichen Abschluss ist und in kurzer absehbarer Zeit der Abschluss der Ausbildung zu erwarten ist. Müsste die Ausbildung durch fehlende Mittel abgebrochen werden, würde dies eine besondere Härte bedeuten, wenn der Auszubildende die Umstände des Wegfalls der Ausbildungsförderung nicht zu verantworten hat, z. B. Verzögerung der Ausbildungsdauer durch schwere Erkrankung.

Erhält der Auszubildende kein BAföG wegen Überschreitung des förderfähigen Alters und 536
ist die Ausbildung für die Eingliederung in Arbeit zwingend erforderlich oder alternativlos und ohne die Erbringung der Leistungen droht der Abbruch der Ausbildung, ist Arbeitslosengeld II im Einzelfall doch zu erbringen. In diesem besonderen Fall sind die Leistungen sogar als Zuschuss zu erbringen. Für die Beurteilung der Chancen auf dem Arbeitsmarkt ist zwingend der Berater aus dem Bereich Markt & Integration zu befragen.

Diese Regelung war im Gesetz vorerst zur Erprobung bis zum 31.12.2020 befristet. Mit 537
der Rechtsänderung zum 01.01.2021 wurde diese Befristung aus dem Gesetz gestrichen, so dass diese Regelung nun dauerhaft Anwendung finden kann.

4.4.10 Leistungen für Bildung und Teilhabe (§ 28 SGB II)

Neben dem gesetzlichen Regelbedarf war es bei Kindern notwendig, Bedarfe für Bildung und 538
Teilhabe für Kinder einkommensschwacher Familien über das Fürsorgesystem abzudecken. Die Leistungen sind zweckgebunden und sollen der Entwicklung und der Entfaltung der Persönlichkeit dienen und dafür Sorge tragen, dass aufgrund der Einkommenssituation keine Benachteiligung bei der Bildung und Entwicklung bei den betroffenen Kindern entsteht.

Bedarfe für Bildung und Teilhabe werden gemäß § 28 Abs. 1 SGB II an Kinder, Jugendliche 539
und junge Erwachsene bis zum 25. Lebensjahr erbracht, die eine allgemeine oder berufsbildende Schule besuchen und dafür keine Ausbildungsvergütung erhalten.

Durch das am 01.07.2019 in Kraft getretene Starke-Familien-Gesetz haben sich einige 540
Änderungen im Bereich Bildung und Teilhabe ergeben. Damit will die Bundesregierung gering verdienende Familien stärken und Chancengleichheit für die Kinder schaffen.

4.4.10.1 Schulausflüge und mehrtägige Klassenfahrten (§ 28 Abs. 2 SGB II)

Schulausflüge, die im Klassenverband im Rahmen der schulrechtlichen Bestimmungen 541
durchgeführt werden, werden in tatsächlicher Höhe anerkannt und als zusätzlicher Bedarf

erbracht. Dabei spielt insbesondere der Begriff der „Klasse“ eine entscheidende Rolle. Der Begriff ist weitläufig auch auf Studien-, Kurs- und Lehrgangsfahrten auszulegen, jedoch eindeutig von Fahrten von Interessengemeinschaften, z. B. Chorfahrten, abzugrenzen.

542 Der Leistungsträger entscheidet selbst, wie er die Leistungen erbringt. Überwiegend wird nach schulischer Bescheinigung eine Direktzahlung an die Schule oder an den Klassenlehrer vorgenommen, um die Bedarfsdeckung sicherzustellen. Eine Begrenzung in der Höhe gibt es nicht.

543 Anerkannt werden die Fahrt- und Übernachtungskosten, die Versorgung mit Mahlzeiten und Eintrittsgelder. Nicht berücksichtigt wird zusätzliches Taschengeld.

4.4.10.2 Persönlicher Schulbedarf (§ 28 Abs. 3 SGB II)

544 Um die Finanzierung von Schulmaterialien zu ermöglichen, erhalten Schülerinnen und Schüler einen gesonderten Bedarf, den Schulbedarf gemäß § 28 Abs. 3 SGB II. Nach dieser gesetzlichen Regelung werden am 01.08. eines jeden Jahres 100,00 € und am 01.02. eines Jahres 50,00 € Schulbedarf gewährt. Ab dem 01.01.2021 wird der Bedarf mit der Anpassung der Regelleistung dynamisiert.

545 Im Jahr 2021 wird für das erste Schulhalbjahr, also zum 01.08. eine Summe von 103,00 € gewährt. Für das zweite Schulhalbjahr, also zum 01.02. werden 51,50 € gewährt.

546 Die Aufteilung erfolgt bezogen auf das Schulhalbjahr. Die Auszahlung erfolgt pauschal, ohne dass Verwendungsnachweise vorgelegt werden müssen.

547 Es handelt sich um eine Stichtagsregelung, d. h., liegt zu dem jeweiligen benannten Datum Hilfebedürftigkeit vor, wird der Schulbedarf ohne gesonderte Antragstellung pauschal gewährt.

548 Ein darüber hinausgehender Bedarf, etwa bei Einschulung oder bei Anschaffung von technischen Hilfsmitteln, z. B. Taschenrechner, kann nicht zusätzlich geltend gemacht werden.

4.4.10.3 Schülerbeförderung (28 Abs. 4 SGB II)

549 Fallen aufgrund der Entfernung zwischen Wohnung und Schulstätte Schülerbeförderungskosten an, können diese als tatsächlicher Bedarf berücksichtigt werden, sofern sie nicht durch Dritte erstattet werden oder deren Bestreitung aufgrund der Geringfügigkeit durch den Regelsatz zuzumuten ist.

550 Berücksichtigt werden die tatsächlichen Kosten, die anfallen, um die nächstliegende Schulung des gewählten Bildungsgangs zu erreichen.

551 Dabei ist der Grundsatz der Wirtschaftlichkeit und Sparsamkeit zu beachten, d. h., übernommen werden nur die Kosten für das günstigste Verkehrsmittel, auch wenn damit vielleicht eine längere Fahrtzeit verbunden ist, sofern diese im zumutbaren Rahmen liegt.

4.4.10.4 Lernförderung (§ 28 Abs. 5 SGB II)

552 Erreicht ein Schüler sein Lernziel voraussichtlich nicht ohne zusätzliche Lernförderung, wird zusätzlich zum schulischen Angebot ein Bedarf für Lernförderung berücksichtigt, sofern dieser geeignet und zusätzlich erforderlich ist.

553 Dabei sollen die Kosten für Nachhilfe als Bedarf berücksichtigt werden, die Unterrichtsinhalte vertiefen, wiederholen, Arbeits- und Lerntechniken vermitteln.

Bis zur Einführung des Starke-Familien-Gesetzes war unter dem wesentlichen Lernziel vor allem die Versetzung in die nächste Klassenstufe zu verstehen. Eine Versetzungsgefährdung ist nach Einführung des Gesetzes nicht mehr zwingend notwendig. Ein von der Schule festgestelltes Lerndefizit ist ausreichend. 554

Ein zusätzlicher Bedarf ist nicht anzuerkennen, wenn das Lerndefizit durch vorwerfbares Verhalten des Schülers, z. B. durch unentschuldigte Fehlstunden, entstanden ist oder wenn bereits schulische kostenfreie Angebote zur Verfügung gestellt werden. 555

Die Form der Erbringung wählt der Leistungsträger selbst. Gängige Praxis ist es, den Bedarf über Gutscheine für externe Anbieter zu decken. 556

4.4.10.5 Gemeinschaftliche Mittagsverpflegung (§ 28 Abs. 6 SGB II)

Nehmen Schüler oder Kinder, die eine Tageseinrichtung besuchen, an einer gemeinschaftlichen Mittagsverpflegung teil, so werden die entstehenden Mehraufwendungen zusätzlich erbracht. 557

Bei der Mittagsverpflegung in Schulen muss das Mittagsangebot in schulischer Verantwortung liegen. Entsprechend der Anzahl der Schultage wird ein entsprechender Mehrbedarf erbracht. 558

Die Teilnahme an einer Verpflegung außerhalb der Bedarfsgemeinschaft muss gesondert bezahlt werden und stellt neben dem im Regelbedarf enthaltenen Ernährungsanteil eine Mehrbelastung dar. Durch die Übernahme solcher Zusatzkosten soll Ausgrenzung verhindert und soziale Teilhabe gesichert werden. 559

4.4.10.6 Teilhabe am sozialen und kulturellen Leben (§ 28 Abs. 7 SGB II)

Leistungsberechtigte Kinder erhalten bis zum 18. Lebensjahr zusätzliche Leistungen zur Teilhabe am sozialen und kulturellen Leben in Höhe von 15,00 € monatlich für Mitgliedsbeiträge in den Bereichen Sport, Spiel, Kultur und Geselligkeit oder in künstlerischen Bereichen oder bei Teilnahme an Freizeitaktivitäten. 560

Die Leistungen werden in der Praxis oft als Gutschein für den kompletten Bewilligungszeitraum erbracht, sodass auch eine Ansparung und einmalige Ausgabe z. B. für eine Jahresgebühr im Sportverein möglich ist. 561

4.4.10.7 Antragserfordernis (§ 37 Abs. 1 SGB II) und Form der Leistungserbringung (§ 29 SGB II)

Leistungen für Bildung und Teilhabe müssen gesondert geltend gemacht werden. Durch das Inkrafttreten des Starke-Familien-Gesetzes wurden die §§ 28 und 29 SGB II teilweise abgeändert. Wird der BuT Bedarf geltend gemacht, wird er für den laufenden Bewilligungsabschnitt geleistet, sofern ein Bedarf besteht. Wird der Bedarf durch Vorlage von Quittungen geltend gemacht, können diese auch rückwirkend durch die Auszahlung von Geldleistungen gedeckt werden. 562

Die Form der Leistungserbringung ist in § 29 SGB II geregelt. Die Leistungen können nach der Änderung durch das Starke-Familien-Gesetz als Sach- oder Dienstleistungen, durch Direktzahlung an den Anbieter, aber auch durch Zahlung von Geldleistungen erbracht werden. Mit dieser Neuregelung soll die Bürokratie für den Antragsteller, aber auch für die Leistungserbringer abgebaut und die Inanspruchnahme der Leistung vereinfacht werden. 563

Nur im Ausnahmefall (begründeter Einzelfall) kann ein zweckentsprechender Verwendungsnachweis angefordert werden.

564 Bei einer Erbringung mittels Gutschein kann dieser auf den gesamten Bewilligungszeitraum im Voraus ausgestellt werden.

565 Die nachfolgende Grafik soll ihnen einen Überblick über die Neuerungen im Bereich Bildung und Teilhabe durch das Starke-Familien-Gesetz geben.

Quelle: www.bmas.de

4.4.11 Übungsfall vollumfängliche Bedarfsermittlung

Die Lösung zum Übungsfall finden Sie in Kapitel 4.11.

566 <u>Fall 22</u>
Maik, 32 Jahre alt, wohnt mit Tina, 31 Jahre alt, zusammen in einer gemeinsamen angemessenen Wohnung in Essen. Für die Wohnung fallen folgende Kosten an:

567 Miete 400,00 € (davon 120,00 € Nebenkostenvorauszahlung), 80,00 € Heizkosten (Gasabschlag), 100,00 € Stromkosten, 30,00 € Sky-Fernsehgebühren und 40,00 € für den Festnetzanschluss Telefon und Internet. Tina ist in der 18. Woche schwanger. Sie besitzt zudem einen Schwerbehindertenausweis. Die Schwerbehinderung beträgt 60 %. Sie erhält laut vorliegendem Bescheid Eingliederungsleistungen für behinderte Menschen von der Agentur für Arbeit.

Nach der Geburt des Kindes ist die Wohnung der beiden mit 58 m^2 Wohnfläche zu klein. 568
Sie planen einen Umzug, wissen aber nicht, wie sie ihn finanzieren sollen.
Ermitteln Sie die Bedarfe personenbezogen, und benennen Sie eventuelle weitere Ansprü- 569
che, die Maik und Tina geltend machen können.

4.5 EINSATZVERPFLICHTETE PERSONEN, HILFEBEDÜRFTIGKEIT (§ 9 SGB II)

4.5.1 Bedarfsgemeinschaften (§ 9 Abs. 1 SGB II)

Bei der Prüfung der Hilfsbedürftigkeit sind vorrangig das Einkommen und das Vermögen 570
des Hilfebedürftigen zur Bedarfsdeckung zu berechnen. Aber auch die Möglichkeit der Bedarfsdeckung durch Hilfe von Angehörigen und durch die Leistung anderer Träger ist zu betrachten (§ 9 Abs. 1 SGB II). In dieser Norm werden die Selbsthilfeverpflichtung und der Nachranggrundsatz verdeutlicht.

Bei Personen, die mit dem Partner nach § 7 Abs. 3 Nr. 3a–c SGB II in Bedarfsgemeinschaft 571
leben, sind auch das Einkommen und Vermögen des Partners zu berücksichtigen (§ 9 Abs. 2 SGB II). Dazu zählen die nicht dauernd getrennt lebenden Ehegatten, die Lebenspartner und die Partner in Verantwortungs- und Einstehensgemeinschaften.

Bei unverheirateten Kindern in der Bedarfsgemeinschaft, die hilfebedürftig sind, sind das 572
Einkommen und Vermögen der Eltern oder des Elternteils auch bei dem Kind zu berücksichtigen. Auch das Einkommen und Vermögen des Partners des Elternteils sind bei dem Kind zu berücksichtigen. Die Einsatzverpflichtung ist jedoch einseitig.
Nicht zu berücksichtigen sind das nicht zur Bedarfsdeckung benötigte Einkommen und Vermögen des Kindes bei den Eltern.
Nur das zur Bedarfsdeckung nicht benötigte Kindergeld oder der Teil des Kindergeldes 573
kann dann beim kindergeldberechtigten Elternteil berücksichtigt werden. Es besteht also weder Einstandspflicht gegenüber den Geschwistern noch gegenüber den Eltern.

574

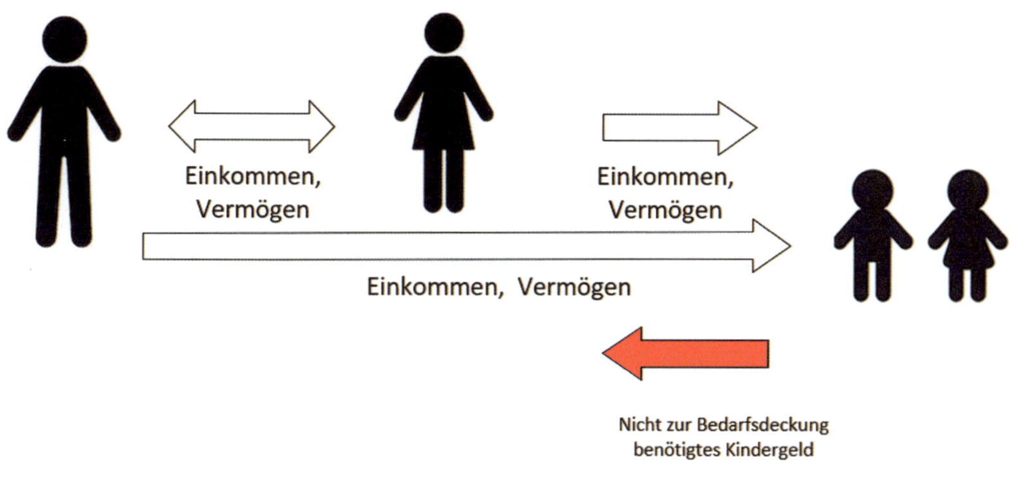

4.5.2 Haushaltsgemeinschaften (§ 9 SGB II)

575 Unter einer Haushaltsgemeinschaft ist die Gemeinschaft von Personen zu verstehen, die in einem Haushalt zusammenleben. Der Begriff geht also deutlich über den der Bedarfsgemeinschaft hinaus. Während die Bedarfsgemeinschaft nur mit einem eingeschränkten Personenkreis möglich ist, ist eine Haushaltsgemeinschaft ungeachtet der Beziehungen untereinander immer gegeben, wenn mehrere Personen in einem Haushalt zusammenwohnen. Eine deutliche Abgrenzung im SGB II ist wegen der Bedarfsermittlung, aber auch wegen der Einkommens- und Vermögensberechnung zwingend notwendig.

576 Das Einkommen und Vermögen von „bloßen" Haushaltsangehörigen sind nicht zu berücksichtigen, sofern sie in keinem Verwandtschaftsverhältnis zum Leistungsberechtigten stehen.

577 § 9 Abs. 5 SGB II stellt die gesetzliche Vermutung der gegenseitigen Unterstützung von Verwandten oder Verschwägerten im gleichen Haushalt auf. Auf eine gesetzliche Unterhaltsverpflichtung kommt es dabei nicht an. Der Leistungsberechtigte kann diese Vermutung widerlegen, wenn er Tatsachen vorträgt, die die Vermutung als unrichtig erweisen. Die Unterstützung kann in verschiedenen Formen erfolgen, z. B. durch mietfreies Wohnen.

4.6 BEDARFSZEIT, ABGRENZUNG EINKOMMEN UND VERMÖGEN

4.6.1 Antragsdatum – Antragsrückwirkung (§ 37 SGB II)

578 Um Einkommen und Vermögen voneinander abgrenzen zu können, ist es wichtig zu wissen, ab wann der Antrag wirkt, also ab wann die Bedarfszeit beginnt. Dies ist von besonderer Bedeutung, da Einkommen und Vermögen differenziert betrachtet werden und sich in der Anrechnung auf den Bedarf erheblich unterscheiden.

579 Gemäß § 37 Abs. 1 SGB II werden Leistungen auf Antrag erbracht. Der Antrag wirkt auf den 1. des Monats zurück (§ 37 Abs. 2 Satz 2 SGB II).

580 Im Gesetz eindeutig festgelegt ist auch, dass keine Leistungen vor Antragstellung erbracht werden. Bedarf, der vor der Antragstellung entstanden ist, ist also nicht zu berücksichtigen. Das ist auch der Grund, warum grundsätzlich keine Schulden in der SGB-II-Bedarfsberechnung berücksichtigt werden.

581 Bei der Antragsrückwirkung ist genau zu prüfen, ob die Anspruchsvoraussetzungen auch bereits am 1. des Monats, in dem der Antrag gestellt wurde, vorliegen. Es kann durchaus der Fall sein, dass zum Monatsersten noch Ausschlussgründe vorlagen, z. B. bei Inhaftierung und Haftentlassung im laufenden Monat. In einem solchen Fall wirkt der Antrag zwar zurück, ein Leistungsanspruch besteht jedoch erst ab dem Tag, ab dem die Voraussetzungen erfüllt sind. Für den Zeitraum, in dem kein Anspruch besteht, ist ein ablehnender Bescheid zu erlassen.

4.6.2 Definition Einkommen (§ 11 SGB II)

582 Einkommen und deren Anrechnung sind in den §§ 11, 11a und 11b des SGB II geregelt. Einkommen ist grundsätzlich alles, was in Geld während der Bedarfszeit zufließt, abzüglich der in § 11b SGB II abzusetzenden Beträge, sofern es sich nicht um gesetzlich geschütztes Einkommen aus § 11a SGB II handelt.

583 Auch Einkommen sind Einnahmen in Geldeswert (also Sachleistungen), die im Rahmen einer Erwerbstätigkeit, des Bundesfreiwilligen- oder Jugendfreiwilligendienstes

zufließen. Darunter zu verstehen sind z. B. Leistungen des Arbeitgebers in Form von Tankgutscheinen oder das Zurverfügungstellen von kostenfreien Mahlzeiten während der Arbeitszeit.

Wichtig ist, dass das Geld als Barmittel oder auf dem Konto tatsächlich zugeht und somit 584
auch tatsächlich zur Bedarfsdeckung eingesetzt werden kann.

Allein der Anspruch auf eine Geldleistung ist kein Einkommen, sofern es nicht tatsächlich 585
zufließt. Eine Anrechnung von fiktivem, nicht verfügbarem Einkommen ist nicht zulässig.

4.6.3 Definition Vermögen (§ 12 SGB II)

Vermögen i. S. d. § 12 SGB II sind alle verwertbaren Vermögensgegenstände, die bereits vor 586
Beginn des Bedarfszeitraums im Bestand des Leistungsberechtigten waren.

§ 12 SGB II sieht vor, dass Vermögen nur dann bei der Bedarfsberechnung zu berücksichti- 587
gen ist, sofern es nicht nach § 12 Abs. 3 SGB II gesetzlich geschützt ist, verwertbar ist und oberhalb der gesetzlich definierten Freibeträge liegt.

4.6.4 Zuflusstheorie

Maßgebliches Abgrenzungskriterium, ob etwas Einkommen oder Vermögen ist, ist der 588
Zeitpunkt des Zuflusses. Fließt etwas während der Bedarfszeit zu, ist es als Einkommen i. S. d. § 11 SGB II zu berücksichtigen. Dabei spielt es keine Rolle, ob die Einnahme auch für den Zeitraum bestimmt war.

Erfolgte der Zufluss vor der Bedarfszeit, so gehört es zum Bestand, und es ist als Vermögen 589
i. S. d. § 12 SGB II zu betrachten.

Beispiel: Am 15.01.2021 erfolgt die Antragstellung beim zuständigen Jobcenter. Der Antrag 590
wirkt auf den 1. des Monats zurück, in dem der Antrag gestellt wurde. Der Leistungsberechtigte hat bis einschließlich 31.12.2020 gearbeitet.

Fließt der Lohn am letzten des Monats zu, in dem gearbeitet wurde, also am 30.12.2020, 591
dann ist es bei Beginn des Bedarfszeitraums am 01.01.2021 bereits im Bestand des Leistungsberechtigten vorhanden. Es ist als Vermögen zu berücksichtigen.

Fließt der letzte Lohn aus Dezember 2020 jedoch erst im Januar 2021 zu, dann fließt es 592
innerhalb der Bedarfszeit zu. Es ist als Einkommen zu berücksichtigen.

593

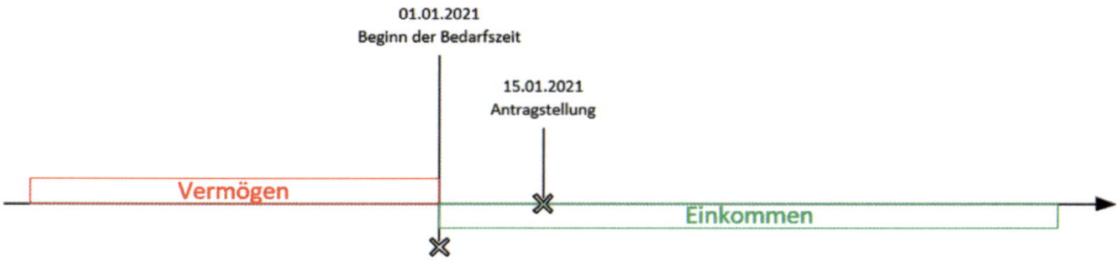

4.7 ERMITTLUNG DES EINZUSETZENDEN EINKOMMENS

4.7.1 Unterscheidung der Einkommensarten

594 Das Einkommen ist hinsichtlich seiner Zuflussart (einmalig oder laufend), aber auch hinsichtlich der Quelle, d. h. seiner Herkunft, zu unterscheiden. Die Unterscheidung ist für die richtige Anrechnung auf den Bedarf wichtig.

4.7.1.1 Unterscheidung nach der Zuflussart

595

	Einmaliges Einkommen	Laufendes Einkommen
Merkmale	fließt in größeren Abständen als monatlich zu	regelmäßig wiederkehrender Zufluss
Beispiele	Urlaubsgeld, Steuererstattung, Weihnachtsgeld …	Lohn, Kindergeld, Rente, UVG …
Besonderheit	§ 11 Abs. 3 SGB II – fällt bei Anrechnung im Zuflussmonat der Anspruch weg, ist die einmalige Einnahme auf sechs Monate aufzuteilen	Anrechnung im Zuflussmonat bei schwankenden Einnahmen – vorläufige Bewilligung nach § 41a SGB II

596 Laufende Einnahmen sind Einkünfte, die regelmäßig wiederkehrend zufließen. Dabei kann der Zeitabstand monatlich, aber auch in größeren Abständen sein. Darunter zählen das Erwerbseinkommen in Form von Lohn oder Gehalt, aber auch regelmäßig zufließende Sozialleistungen wie Arbeitslosengeld I, Kindergeld usw. Diese Einnahmen sind in dem Monat, in dem sie zufließen, anzurechnen.

597 Einmalige Einnahmen sind Einkünfte, die in größeren als monatlichen Abständen zufließen. Dazu zählen insbesondere einmal jährlich zufließende Einnahmen wie Urlaubs- oder Weihnachtsgeld, Einkommensteuererstattungen oder auch Erbschaften in bar.

598 Nach § 11 Abs. 3 SGB II sind einmalige Einnahmen in dem Monat zu berücksichtigen, in dem sie zufließen. Wenn im Monat des Zuflusses SGB-II-Leistungen bereits ausgezahlt wurden, können diese Leistungen auch im Monat nach Zufluss angerechnet werden.

599 Entfällt im Monat der Anrechnung der einmaligen Einnahme der Anspruch auf Leistungen der Bedarfsgemeinschaft, ist die einmalige Einnahme auf sechs Monate gleichmäßig aufzuteilen und monatlich anzurechnen.

600 Hierzu folgendes Beispiel:
Im Monat September 2020 fließt eine Steuererstattung in Höhe von 3.000,00 € aus dem Jahr 2019 zu. Dies teilt der Leistungsberechtigte dem Jobcenter am 10.09.20 mit. Der Bedarf im Monat September 2020 liegt bei 800,00 €.

601 Wird die Steuererstattung im Monat September 2020, also im Zuflussmonat, angerechnet, ergibt sich kein Leistungsanspruch.

602 Es greift die Regelung des § 11 Abs. 3 SGB II. Die einmalige Einnahme ist auf sechs Monate aufzuteilen, und da im Zuflussmonat die Grundsicherungsleistungen bereits ausgezahlt waren, beginnt man mit der Anrechnung im Folgemonat, hier Oktober 2020.

603 Ab dem Monat Oktober 2020 bis einschließlich März 2021 wird monatlich ein Sechstel der einmaligen Einnahme als Einkommen berücksichtigt, hier 500,00 €. Unter Anrechnung der einmaligen Einnahme verbleibt ein weiterer SGB-II-Anspruch. Die Aufteilung ist auch

vorzunehmen, wenn sich unter Anrechnung von einem Sechstel der einmaligen Einnahme kein Anspruch mehr ergeben würde.

4.7.1.2 Erwerbseinkommen

Erwerbseinkommen ist das Ergebnis beruflicher Tätigkeit. Es ist die Gegenleistung für die Erbringung einer Arbeitsleistung, sog. mühevolles Einkommen. 604

Erwerbstätigkeit kann in Teilzeit oder in Vollzeit ausgeübt werden. Bei Einkommen bis 450,00 € handelt es sich um Einkommen aus einer geringfügigen Beschäftigung, die nicht der Sozialversicherungspflicht unterliegt, d. h. kein Abzug für Krankenkassenbeiträge, Pflegeversicherungsbeiträge usw. 605

In der Regel bedeutet dies, dass das Nettoeinkommen gleich dem Bruttoeinkommen entspricht, sofern nicht freiwillig in die gesetzliche Rentenversicherung eingezahlt wird. 606

4.7.1.3 Einkommen aus selbstständiger Tätigkeit

Darunter sind Gewinne aus freiberuflicher oder gewerblicher Tätigkeit zu verstehen, aber auch Einkommen aus Land- und Forstwirtschaft. 607

Die Schwierigkeit bei diesem Einkommen liegt darin, dass es abhängig von Betriebseinnahmen und Betriebsausgaben ist und der Gewinn erst aus der betrieblichen Buchführung ermittelt werden muss. Dieser bildet die Berechnungsgrundlage im SGB II, ohne dass die steuerrechtlichen Grundlagen Anwendung finden. 608

Das Einkommen von Selbstständigen unterliegt stets Schwankungen und ist von der Auftragslage abhängig. 609

Die Leistungen werden aufgrund einer Einkommensschätzung für sechs Monate vorläufig bewilligt. Erst im Anschluss an den Bewilligungszeitraum kann das tatsächliche Einkommen aus Betriebseinnahmen unter Abzug der Betriebsausgaben ermittelt werden. 610

4.7.1.4 Sonstige Einnahmen

Zu den sonstigen Einnahmen zählen insbesondere Sozialleistungen, Vermietungs- und Verpachtungseinnahmen, aber auch Einkünfte aus Kapitalvermögen (z. B. Zinsen). 611

Dieses Einkommen wird auch als müheloses Einkommen bezeichnet.

4.7.2 Nicht zu berücksichtigende Einnahmen

Abweichend vom Grundsatz, dass alle Zuflüsse in Geld als Einnahme zu berücksichtigen sind, benennt § 11a SGB II Einnahmen, die nicht als solche zu berücksichtigen sind. 612

Keine Einnahmen sind demnach: 613

- Leistungen nach dem SGB II (ALG II, Sozialgeld oder auch Leistungen, die für Eingliederung gezahlt werden, z. B. Bewerbungskosten, Einstiegsgeld usw.)
- Grundrenten nach dem Bundesversorgungsgesetz (z. B. Entschädigungen für Opfer von Gewalttaten, Impfgeschädigte, Wehrdienstgeschädigte, Entschädigung für zu Unrecht verhaftete Personen)
- Renten und Beihilfen nach Bundesentschädigungsgesetz
- Entschädigungen, die nicht für Vermögensschäden gezahlt werden, z. B. Schmerzensgeld bei Unfällen

- zweckbestimmte Leistungen für Pflegeeltern, die vom Jugendamt zugeteilte Pflegekinder erziehen
- Zuwendungen der freien Wohlfahrtspflege

614 Weiterführend sind nicht anzurechnende Einnahmen in § 1 der ALG II-V aufgeführt. Dies sind insbesondere:
- Einnahmen von bis zu 10,00 € im Monat
- Einnahmen aus Kapitalvermögen bis 100,00 € im Kalenderjahr
- Einnahmen einer Pflegeperson, die Pflegegeld von der Krankenkasse für die Pflegeaufwendungen bekommt
- Kindergeld, wenn es an Kinder außerhalb des Haushalts weitergeleitet wird
- Einnahmen aus Erwerbstätigkeit von Sozialgeldempfängern unter 15 Jahren bis 100,00 €
- Geldgeschenke an Minderjährige anlässlich Firmung, Konfirmation, Kommunion oder Jugendweihe bis zum Freibetrag Vermögen, d.h. 3.100,00 €
- Einkommen aus Ferienjobs von Schülern bis 25, soweit die Erwerbstätigkeit höchstens vier Wochen in den Ferien ausgeübt wird, höchstens jedoch 1.200,00 € im Kalenderjahr.

4.7.3 Absetzbeträge (§ 11b Abs. 1 und 2 SGB II)

615 Auf den Bedarf wird das Einkommen angerechnet, was sich nach Abzug der in § 11b SGB II i.V.m. der in § 6 ALG II-V genannten Absetzbeträge ergibt.
Vom Einkommen abzusetzen sind gemäß § 11b Abs. 1 Satz 1 SGB II:

616 Nr. 1 – auf das Einkommen entrichtete Steuern
Einkommensteuer, Kirchensteuer und Solidaritätszuschlag sind in tatsächlicher Höhe abzusetzen (siehe Gehaltsbescheinigung).

617 Nr. 2 – Pflichtbeiträge zur Sozialversicherung
Dazu gehören die Beiträge zur Kranken-, Renten-, Arbeitslosen- und Pflegeversicherung. Diese Pflichtbeiträge sind nur bei sozialversicherungspflichtigen Beschäftigungen abzuführen, d.h. bei Einkommen, das mehr als 450,00 € brutto beträgt.

618 Nr. 3 – Beiträge zu öffentlichen und privaten Versicherungen, soweit gesetzlich vorgeschrieben oder nach Grund und Höhe angemessen

619 Gesetzlich vorgeschrieben ist insbesondere die Kfz-Haftpflichtversicherung, wenn ein Kfz im Besitz des Leistungsempfängers ist. Nicht dazu zählt hingegen ein eventuell über die Haftpflichtversicherung hinausgehender Versicherungsaufwand, z.B. Kasko- oder Teilkaskoversicherung.

620 Abzusetzen ist ein Zwölftel des Jahresbetrags (§ 6 Abs. 1 Nr. 3 ALG II-V).

621 Nicht gesetzlich vorgeschrieben, aber angemessen sind dabei Kranken- und Pflegeversicherung von Personen, die in der gesetzlichen Versicherung nicht versicherungspflichtig sind, und Beiträge zur Altersvorsorge bei Personen, die von der gesetzlichen Rentenversicherung befreit sind.

Für private Versicherungen ist bei Volljährigen vom Einkommen ein Pauschalbetrag von 30,00 € monatlich abzusetzen. Die Absetzung erfolgt unabhängig von der Einkommensart. Damit sind pauschal die privaten Versicherungen für Hausrat-, Haftpflicht- und Unfallversicherung abgegolten. Irrelevant ist dabei, ob private Versicherungsverträge bestehen und, wenn ja, in welcher Höhe. 622

Grundsätzlich erfolgt die Absetzung nur bei Volljährigen gemäß § 6 Abs. 1 Nr. 1 ALG II-V. Nur in Ausnahmefällen kann bei Vorlage von Versicherungsverträgen auch eine Absetzung vom Einkommen Minderjähriger erfolgen. 623

Nr. 4 – geförderte Altersvorsorgebeiträge 624

Darunter sind die Beiträge zur Riester-Rente oder zur Rürup-Rente zu verstehen, d. h. zertifizierte private Altersvorsorgebeiträge.

Gemäß § 6 Abs. 1 Nr. 4 ALG II-V sind vom Einkommen (egal, welche Art von Einkommen) 3 % des Bruttoeinkommens abzusetzen, sofern ein Altersvorsorgebeitrag besteht. Die Höhe des monatlichen Beitrags, den der Leistungsberechtigte tatsächlich zahlt, spielt dabei keine Rolle. 625

Befinden sich zulageberechtigte Kinder im Haushalt des Leistungsberechtigten, mindert sich der anzuerkennende Betrag um jeweils 1,5 %. 626

Das heißt, bei kinderlosen Leistungsberechtigten werden bei Vorliegen eines entsprechenden Vertrags pauschal 3 % vom Bruttoeinkommen abgesetzt. Bei Leistungsberechtigten mit einem Kind im Haushalt werden 1,5 % des Bruttoeinkommens pauschal berechnet, und ab zwei Kindern greift der gesetzlich geregelte Mindestabsetzbetrag von 5,00 €. 627

628

Anzahl der zulageberechtigten Kinder	Pauschaler Absetzungsbetrag
0	3 %
1	1,5 %
2 oder mehr Kinder	Mindestbetrag 5 €

Nr. 5 – mit der Erzielung des Einkommens verbundene notwendige Ausgaben (Werbungskosten) 629

Dazu gehören insbesondere Fahrtkosten gemäß § 6 Abs. 1 Nr. 5 ALG II-V. Bei Benutzung eines Kraftfahrzeugs sind für Wegstrecke zwischen Wohnung und Arbeitsstätte 0,20 € für jeden Entfernungskilometer der kürzesten Verbindung abzusetzen. Ist im Vergleich die Benutzung des öffentlichen Verkehrsmittels günstiger, so sind diese Kosten pauschal zu berücksichtigen. 630

Absetzbar sind gemäß § 6 Abs. 3 ALG II-V auch Verpflegungsmehraufwendungen, sofern der Leistungsberechtigte aufgrund seiner Erwerbstätigkeit länger als zwölf Stunden abwesend ist. 631

Nr. 6 – Freibetrag nach § 11b Abs. 3 SGB II speziell für Erwerbstätige 632

Nr. 7 – Aufwendungen, die tatsächlich erbracht werden und zu der ein Leistungsberechtigter im Rahmen seiner Unterhaltspflicht verpflichtet ist. 633

634 Nr. 8 – Aufwendungen, die ein Leistungsberechtigter an ein Kind hat, das BAföG oder BAB bezieht und dem bei dieser Leistung der zu leistende Unterhalt angerechnet wurde.

635 Bei der Einkommensbereinigung um die genannten Absetzbeträge ist Absatz 2 zu beachten, der eine generelle Regelung für **Erwerbs**einkommen bis 400,00 € trifft.

636 Bei Einkommen aus Erwerbstätigkeit ist anstelle der Absetzungen nach Nr. 3–5 bei einem Bruttobezug von maximal 400,00 € immer ein Grundfreibetrag von 100,00 € abzusetzen. Das bedeutet, dass Absetzungen, die geringer sind als 100,00 €, immer dazu führen, dass 100,00 € abgesetzt werden. Auch Absetzungen, die in tatsächlich höherer Summe nachgewiesen sind, werden in Höhe von 100,00 € berücksichtigt. Liegt das Bruttoeinkommen bei mehr als 400,00 €, können auch höhere Absetzungen berücksichtigt werden, jedoch mindestens immer der Grundfreibetrag von 100,00 €.

637 **§ 11b Abs. 1 – Prüfreihenfolge**

Grundlage **Brutto**einkommen
abzüglich

Nr. 1 Steuern
Nr. 2 Pflichtbeiträge zur Sozialversicherung

Nr. 3 Versicherungsbeiträge (Versicherungspauschale für private Versicherung, gesetzlich vorgeschriebene Versicherung – z. B. Kfz-Haftpflicht)
Nr. 4 geförderte Altersvorsorgebeiträge (z. B. Riester-Rente)
Nr. 5 Werbungskosten (z. B. Fahrtkosten)

Nr. 6 **Erwerbstätigen**freibetrag nach Abs. 3
Nr. 7/8 Unterhaltsverpflichtungen

ABER Abs. 2:
Bei **Erwerbs**einkommen bis 400,00 € brutto erfolgt anstatt der Absetzungen nach Nr. 3–5 immer die Absetzung des Grundfreibetrags von 100,00 €, egal wie hoch die nachgewiesenen Absetzungen tatsächlich wären.

638 Hierzu folgendes Beispiel:

1) Ein volljähriger Leistungsberechtigter erhält ALG I in Höhe von 420,00 € monatlich. Er lebt mit einem minderjährigem Kind im Haushalt. Er besitzt keinerlei Versicherungen außer eine KFZ Versicherung. Für diese bezahlt er jährlich 240,00 € Haftpflichtversicherung einschließlich 100,00 € Vollkaskoversicherungsbeitrag. Weiterhin weist er eine private Altersvorsorge in Form einer Riester-Rente nach. Diese bespart er mit 25,00 € monatlich.

§ 11b Abs. 1 – Prüfreihenfolge 639

Grundlage **Brutto**einkommen	420,00 €
abzüglich	
Nr. 1 Steuern	-0,00 €
Nr. 2 Pflichtbeiträge zur Sozialversicherung	-0,00 €
Nr. 3 Versicherungsbeiträge (Versicherungspauschale für private Versicherung, gesetzlich vorgeschriebene Versicherung – z. B. Kfz-Haftpflicht)	30,00 € -11,67 €
Nr. 4 geförderte Altersvorsorgebeiträge (z. B. Riester-Rente)	-6,30 €
Nr. 5 Werbungskosten (z. B. Fahrtkosten)	-0,00 €
Nr. 6 **Erwerbstätigen**freibetrag nach Abs. 3	-0,00 €
Nr. 7/8 Unterhaltsverpflichtungen	-0,00 €
abzurechnendes Einkommen	**372,03 €**

ABER Abs. 2 trifft nicht zu, da kein Erwebseinkommen
Bei **Erwerbs**einkommen bis 400,00 € brutto erfolgt anstatt der Absetzungen nach Nr. 3–5 immer die Absetzung des Grundfreibetrags von 100,00 €, egal wie hoch die nachgewiesenen Absetzungen tatsächlich wären.

2) Ein volljähriger Leistungsberechtigter übt einen Minijob aus und verdient monatlich 420,00 € brutto gleich netto. Er lebt mit einem minderjährigem Kind im Haushalt. Er besitzt keinerlei Versicherungen außer eine Kfz-Versicherung. Für diese bezahlt er jährlich 240,00 € Haftpflichtversicherung einschließlich 100,00 € Vollkaskoversicherungsbeitrag. Weiterhin weist er eine private Altersvorsorge in Form einer Riester-Rente nach. Diese bespart er mit 25,00 € monatlich. 640

§ 11b Abs. 1 – Prüfreihenfolge 641

Grundlage **Brutto**einkommen	420,00 €
abzüglich	
Nr. 1 Steuern	-0,00 €
Nr. 2 Pflichtbeiträge zur Sozialversicherung	-0,00 €
Nr. 3 Versicherungsbeiträge (Versicherungspauschale für private Versicherung, gesetzlich vorgeschriebene Versicherung – z. B. Kfz-Haftpflicht)	~~30,00 €~~ ~~-11,67 €~~
Nr. 4 geförderte Altersvorsorgebeiträge (z. B. Riester-Rente)	~~-6,30 €~~
Nr. 5 Werbungskosten (z. B. Fahrtkosten)	~~-0,00 €~~
Nr. 6 **Erwerbstätigen**freibetrag nach Abs. 3	-64,00 €
Nr. 7/8 Unterhaltsverpflichtungen	-0,00 €
abzurechnendes Einkommen	**256,00 €**

ABER Abs. 2
Bei **Erwerbs**einkommen bis 400,00 € brutto erfolgt anstatt der Absetzungen nach Nr. 3–5 immer die Absetzung des Grundfreibetrags von 100,00 €, egal wie hoch die nachgewiesenen Absetzungen tatsächlich wären.

Tatsächlich entspricht der Freibetrag 47,97 €, abzusetzen ist aber der Grundfreibetrag von 100,00 €, da es Erwerbseinkommen ist.

Nr. 6 Erwerbstätigenfreibetrag nach Abs. 3 Nr. 7/8 Unterhaltsverpflichtungen 642

643 Merke:
Absetzungen nach Nr. 1, 2, 5 und 6 sind nur bei Einkommen aus Erwerbstätigkeit abzusetzen. Die Absetzungen nach Nr. 3 und Nr. 4 werden auch bei „anderen" Einkommen, z. B. bei Transferleistungen wie Arbeitslosengeld I, abgesetzt.

4.7.3.1 Erwerbstätigenfreibetrag (§ 11 Abs. 3 SGB II)

644 Um einen Anreiz für die Arbeitsaufnahme zu schaffen, wurde u. a. ein zusätzlicher Freibetrag vom Erwerbseinkommen geregelt. Gemäß § 11b Abs. 3 SGB II wird ein Betrag in Höhe von 20 % des Einkommens, welches 100,00 € übersteigt und nicht mehr als 1.000,00 € beträgt, als Freibetrag abgesetzt. Liegt das Bruttoeinkommen höher als 1.000,00 €, wird für den Betrag von 1.000,00 € bis 1.200,00 € ein zusätzlicher Freibetrag von 10 % gewährt.

645 Lebt ein minderjähriges Kind in der Bedarfsgemeinschaft, sind die 10 % nicht nur bis zu einem Einkommen bis 1.200,00 € zu gewähren, sondern bis 1.500,00 €.

646

1.500,00 € bis 1.200,00 €	Freibetrag 10 % max. 300,00 € x 10 % = 30,00 €
1.200,00 € bis 1.000,00 €	Freibetrag 10 % max. 200,00 € x 10 % = 20,00 €
1.000,00 € bis 100,00 €	Freibetrag 20 % max. 900,00 € x 20 % = 180,00 €
0,00 – 100,00 €	kein Freibetrag
maximaler Freibetrag: 230,00 €	

Hierzu folgendes Beispiel:

647 1) Bruttoeinkommen 400,00 €, Nettoeinkommen 380,00 €, ein minderjähriges Kind in Bedarfsgemeinschaft

0,00 € bis 100,00 € kein Freibetrag
100,00 € bis 400,00 € Freibetrag 20 %, d. h. 300,00 € x 20 % = 60,00 €
Der Erwerbstätigenfreibetrag beträgt 60,00 €.

648 2) Bruttoeinkommen 1.100,00 €, Nettoeinkommen 780,00 €, kein Kind in Bedarfsgemeinschaft
0,00 € bis 100,00 € kein Freibetrag
100,00 € bis 1.000,00 € Freibetrag 20 %, d. h. 900,00 € x 20 % = 180,00 €
1.000,00 € bis 1.100,00 € Freibetrag 10 %, d. h. 100,00 € x 10 % = 10,00 €
Der Erwerbstätigenfreibetrag beträgt 190,00 €.

3) Bruttoeinkommen 1.400,00 €, Nettoeinkommen 1.100,00 €, kein Kind in Bedarfsgemeinschaft 649
0,00 € bis 100,00 € kein Freibetrag
100,00 € bis 1.000,00 € Freibetrag 20 %, d. h. 900,00 € x 20 % = 180,00 €
1.000,00 € bis 1.200,00 € Freibetrag 10 %, d. h. 200,00 € x 10 % = 20,00 €
Der Erwerbstätigenfreibetrag beträgt 200,00 €.

4) Bruttoeinkommen 1.400,00 €, Nettoeinkommen 1.100,00 €, ein minderjähriges Kind in Bedarfsgemeinschaft 650
0,00 € bis 100,00 € kein Freibetrag
100,00 € bis 1.000,00 € Freibetrag 20 %, d. h. 900,00 € x 20 % = 180,00 €
1.000,00 € bis 1.200,00 € Freibetrag 10 %, d. h. 200,00 € x 10 % = 20,00 €
1.200,00 € bis 1.400,00 € Freibetrag 10 %, d. h. 200,00 € x 10 % = 20,00 €
Der Erwerbstätigenfreibetrag beträgt 220,00 €.

4.7.4 Bedarfsanteilsmethode

Einkommen einzelner Bedarfsgemeinschaftsmitglieder wird bei Personen, die gegenseitig 651
zum Einkommenseinsatz verpflichtet sind, verteilt und angerechnet. Dazu gehören nach § 9 SGB II Partner sowie auch unverheiratete Kinder in der Bedarfsgemeinschaft. Das heißt, das Einkommen des erwerbsfähigen Leistungsberechtigten ist auch dem Partner und den im Haushalt lebenden unverheirateten Kindern unter 15 Jahren anzurechnen.
Das Einkommen der Kinder ist jedoch weder bei den Eltern oder Elternteilen noch bei den 652
Partnern der Elternteile zu berücksichtigen (siehe dazu Grafik unter 4.5.1).
Das Einkommen wird nach der Bedarfsanteilsmethode den anderen Bedarfsgemeinschaftsmitgliedern angerechnet.
Es wird bei dieser Methode der prozentuale Anteil des eigenen Bedarfs am Gesamtbedarf 653
der Bedarfsgemeinschaft ermittelt. Entsprechend dieses prozentualen Anteils wird dann auch das Einkommen verteilt.

<u>Beispiel:</u> 654
Frau M. lebt mit ihrem Ehemann zusammen und bezieht 600,00 € ALG I (bereits nach § 11b bereinigt).
Die Kosten für Unterkunft betragen 400,00 €. 655

656

	Frau M.	Herr M.		Gesamt
Regelbedarfe	401,00 €	401,00 €		802,00 €
Kosten der Unterkunft	200,00 €	200,00 €		400,00 €
Gesamt	601,00 €	601,00 €		1.202,00 €
Kindergeld				
Restbedarf	601,00 €	601,00 €		1.202,00 €
Bedarfsanteile am Gesamtbedarf	50,00 %	50,00 %		100,00 %
Anzur. EK nach Bedarfsanteilsmethode	300,00 €	300,00 €		600,00 €
SGB-II-Anspruch	301,00 €	301,00 €		602,00 €

657 Frau M. lebt mit ihrem Ehemann und ihrem Kind, 12 Jahre alt, zusammen. Das Kind bezieht Kindergeld in Höhe von 219,00 €. Frau M. bezieht 600,00 € ALG I (bereits bereinigt).

658

	Frau M.	Herr M.	Kind M.	Gesamt
Regelbedarfe	401,00 €	401,00 €	309,00 €	1.111,00 €
Kosten der Unterkunft	100,00 €	100,00 €	100,00 €	300,00 €
Gesamt	501,00 €	501,00 €	409,00 €	1.411,00 €
Kindergeld			219,00 €	
Restbedarf	501,00 €	501,00 €	190,00 €	1.192,00 €
Bedarfsanteile am Gesamtbedarf	42,03 %	42,03 %	15,94 %	100,00 %
Anzur. EK nach Bedarfsanteilsmethode	252,18 €	252,18 €	95,64 €	600,00 €
SGB-II-Anspruch	248,82 €	248,82 €	94,36 €	592,00 €

4.7.5 Übungsfälle zum Einkommen

Die Lösungen zu den Übungsfällen finden Sie in Kapitel 4.11.

659 Fall 23

Rosi, 52 Jahre alt, beantragt Leistungen zur Sicherung des Lebensunterhalts beim zuständigen Jobcenter. Sie weist folgendes Einkommen nach:
Arbeitslosengeld I mtl. 380,00 €, Witwenrente 120,00 €
Sie hat folgende monatlichen Ausgaben:
Kfz-Versicherung 32,00 € inkl. 6,00 € für Teilkaskoversicherung
Parteibeitrag 12,00 €
Hausratversicherung 8,00 €
Haftpflichtversicherung 12,00 €
Sterbeversicherung 4,50 €

Berechnen Sie das anzurechnende Einkommen.

660 Fall 24

Markus ist 48 Jahre alt und ledig. Er pflegt seine Mutter Hildegard und erhält dafür ein Pflegegeld von 320,00 €. Markus übt dazu noch einen Minijob aus und verdient dabei 450,00 € Bruttoeinkommen gleich Nettoeinkommen. Er hat außer einem Ticket für den öffentlichen Personennahverkehr in Höhe von 32,00 € monatlich keine Ausgaben.

Berechnen Sie das anzurechnende Einkommen.

661 Fall 25

Ingrid ist 37 Jahre alt und wohnt mit ihrer Tochter Emma, 7 Jahre alt, zusammen. Für Emma erhält Ingrid 219,00 € Kindergeld von der Familienkasse und 100,00 € Unterhalt vom leiblichen Vater. Ingrid arbeitet bei der Agentur für Arbeit in Teilzeit und erhält ein monatliches Einkommen von 900,00 € brutto. Das Nettoeinkommen beträgt nach Abzug der Steuern und Sozialabgaben 670,00 €. Ingrid weist folgende Ausgaben nach:

- monatlicher Beitrag zur Riester-Rente 25,00 €
- Kfz-Haftpflichtversicherung 48,00 €
- Handykosten 42,00 €
- Hausrat-/Haftpflichtversicherung 22,00 €
- Fahrtkosten – Entfernung Wohnung Arbeitsstätte 32 km

Berechnen Sie personenbezogen das Einkommen ohne Berücksichtigung der Bedarfsanteilsmethode. Gehen Sie von 15 Arbeitstagen im Monat aus.

Fall 26 662
Viktoria, 38 Jahre alt, lebt mit ihrem Partner Frank, 45 Jahre alt, und ihrem Sohn Julian, 16 Jahre alt, in einer Bedarfsgemeinschaft. Für die gemeinsame Wohnung fallen insgesamt 600,00 € Miete an. Davon entfallen 420,00 € auf die Grundmiete, 80,00 € Nebenkostenvorauszahlung sowie 100,00 € Heizkostenvorauszahlung.
Folgende Einkünfte sind in der Bedarfsgemeinschaft vorhanden: 663
Kindergeld für Julian 219,00 €, Opferentschädigungsrente für Viktoria 120,00 €, Erwerbseinkommen Frank 1.300,00 € Bruttoeinkommen (950,00 € Nettoeinkommen)
Ausgaben werden keine nachgewiesen.

Berechnen Sie das Einkommen nach der Bedarfsanteilsmethode.

4.8 ERMITTLUNG DES EINZUSETZENDEN VERMÖGENS (§ 12 SGB II)

Vermögen ist der Bestand an messbaren Gütern, der vor der Bedarfszeit bereits vorhanden ist. Zum Vermögen gehören alle verwertbaren Gegenstände wie Geld oder Geldwerte (sofern sie aufgrund ihres Zeitpunkts des Zuflusses nicht dem Einkommen zuzuordnen sind), bewegliche und unbewegliche Sachen (z. B. Immobilien, Schmuck, Kfz usw.), Forderungen (Wertpapiere, Versicherungen, Bausparguthaben usw.), aber auch vermögenswerte Rechte. 664
Nach § 9 SGB II ist neben dem Einkommen auch das Vermögen vorrangig zur Deckung des Lebensunterhalts einzusetzen. Welches Vermögen von welchen Personen einzusetzen ist, bestimmt sich wie beim Einkommen. Es ist also auch Vermögen des Partners zu berücksichtigen und bei den Kindern auch das Vermögen des Elternteils oder des Partners des Elternteils. Eine Verteilung des Vermögens der Kinder bei den Eltern hingegen findet wie beim Einkommen nicht statt. 665
Sind unverheiratete Kinder in der Bedarfsgemeinschaft vermögend, ist das Vermögen der Kinder jedoch nur zur Deckung der Hilfebedürftigkeit auf den Bedarf des Kindes anzurechnen, nicht bei den Eltern/Elternteilen. 666
Vermögende Kinder scheiden aus der Bedarfsgemeinschaft aus. 667

Was Vermögen ist und wie es zu berücksichtigen ist, bestimmt § 12 SGB II. 668
Das Vermögen ist mit seinem Verkehrswert zum Zeitpunkt der Antragstellung zu berücksichtigen. Wenn Vermögen nicht oder derzeit nicht verwertbar ist, wegen Fremdfinanzierung oder Pfändung oder Kündigungsfristen o. Ä., ist es als Vermögen nicht zu berücksichtigen, da es zur Bedarfsdeckung nicht zur Verfügung steht. 669

4.8.1 Nicht zu berücksichtigendes Vermögen (§ 12 Abs. 3 SGB II)

670 § 12 Abs. 3 SGB II benennt Vermögensgegenstände, die zwar Vermögen sind, aber bei der Bedarfsprüfung nicht zu berücksichtigen sind. Nachfolgend werden diese Vermögensgegenstände benannt und beschrieben.

671 Nicht als Vermögen zu berücksichtigen, ist angemessener Hausrat.
672 Unter angemessenem Hausrat sind die üblichen Wirtschaftsgüter eines Haushalts zu verstehen, die benötigt werden, um menschenwürdig zu leben und wohnen zu können, und die in Haushalten üblicherweise vorhanden sind. Dabei soll großzügig geprüft werden, ob ein Haushaltsgegenstand tatsächlich über das „normale Maß" an Hab und Gut im Haushalt hinausgeht und deshalb als Vermögen anzusehen ist.

673 Auch ein angemessenes Kfz ist nicht als Vermögen zu berücksichtigen. Dabei ist jedoch die Einschränkung des § 12 Abs. 3 Nr. 2 SGB II zu beachten. Ein angemessenes Kfz darf nur bei erwerbsfähigen Personen nicht als Vermögen berücksichtigt werden, d. h., bei Sozialgeldempfängern in der Bedarfsgemeinschaft wäre der Pkw nicht geschützt. Als angemessen ist nach Rechtsprechung des Bundessozialgerichts ein Kfz bis 7.500,00 € anzusehen.
674 Liegt der aktuelle Wert des Pkw höher, ist der über 7.500,00 € hinausgehende Wert bei der Vermögensprüfung als nicht geschützt anzusehen und zu berücksichtigen.

675 Ist ein Leistungsberechtigter oder dessen Partner von der gesetzlichen Versicherungspflicht in der Rentenversicherung befreit und wird diese Befreiung nachgewiesen, so kann ein bezeichneter Vermögensgegenstand im angemessenen Umfang für die Altersvorsorge nach § 12 Abs. 3 Nr. 3 SGB II unberücksichtigt bleiben. Die Befreiung wird durch den gesetzlichen Rentenversicherungsträger ausgestellt und kann u. a. von Selbstständigen oder Gewerbetreibenden beansprucht werden.
676 Wenn aufgrund dieser vorliegenden Befreiung private Vorsorge durch den Leistungsberechtigten betrieben wurde, so ist dieser Vermögensgegenstand, der für das Rentenalter angeschafft oder angespart wurde, nicht als Vermögen zur Bedarfsdeckung zu berücksichtigen.

677 Von der Verwertung einer selbst genutzten Immobilie (Haus oder Eigentumswohnung) von angemessener Größe wird aufgrund des Grundbedürfnisses des Wohnens abgesehen (§ 12 Abs. 3 Nr. 4 SGB II). Bei der Beurteilung der Angemessenheit kommt es auf die Größe des Hauses oder der Wohnung an und darauf, ob es mit dem Hauptwohnsitz selbst bewohnt ist. Das Bundessozialgericht hat dazu folgende Größen anhand der Personenanzahl als angemessen angesehen:

Personenanzahl	Eigenheim	Eigentumswohnung
1–2 Personen	90 m^2	80 m^2
3 Personen	110 m^2	100 m^2
4 Personen	130 m^2	120 m^2

Für jede weitere Person werden 20 m^2 als geschütztes Vermögen berücksichtigt. Diese Grö- 678
ßen dienen nur der Prüfung der Vermögensverhältnisse. Sie sind großzügiger und weichen auch von den angemessenen Wohnraumgrößen bei der Beurteilung der angemessenen Kosten der Unterkunft als Bedarf ab.
Das zum Eigentum gehörende Grundstück ist gesondert zu betrachten. Als angemessen 679
werden im ländlichen Bereich 800 m^2 Grundstücksfläche angesehen, im städtischen Bereich 500 m^2.

Soll nachweislich aus vorhandenem Vermögen zeitnah ein Hausgrundstück von angemesse- 680
ner Größe für Menschen mit Behinderung oder für pflegebedürftige Menschen angeschafft oder zu deren Erhaltung eingesetzt werden, so ist dies bei der Beurteilung der Vermögenswerte nicht zu berücksichtigen.
Sachen und Rechte sind nicht als Vermögen zu berücksichtigen, wenn ihre Verwertung 681
unwirtschaftlich ist. Das heißt nicht, dass ein Leistungsberechtigter, z. B. beim vorzeitigen Kündigen einer Lebensversicherung oder eines Rentenvertrags, keinen Verlust machen darf. Ein geringer Verlust muss in Kauf genommen werden. Ein offensichtlicher Verlust liegt nach herrschender Meinung und gängiger Rechtsprechung dann vor, wenn der Verlust für den Leistungsberechtigten, berechnet aus den bisher eingezahlten Beiträgen und dem aktuellen Rückkaufswert bei tagesaktueller Kündigung, größer ist als 10 %.
Ist der Verlust höher, liegt zwar Vermögen vor, ist aber aufgrund der Unwirtschaftlichkeit 682
bei Verwertung nicht in der Bedarfsermittlung zu berücksichtigen.

Ein Vermögensgegenstand bleibt bei der Vermögensbewertung unberücksichtigt, wenn 683
die Verwertung für den Betroffenen eine besondere Härte bedeuten würde.
Eine besondere Härte kann nur im Ausnahmefall vorliegen und muss durch den Leistungs- 684
berechtigten vorgetragen und nachgewiesen werden.
Dabei sind auch die Gesichtspunkte der Herkunft des Vermögens, die Bedeutung für den 685
Leistungsberechtigten, die voraussichtliche Dauer des Leistungsbezugs und besondere Lebensumstände zu berücksichtigen.
Denkbar wäre dies u. a. bei besonderen Erbstücken. 686

§ 7 Abs. 1 ALG II-V bestimmt darüber hinaus, dass ein Vermögenswert dann nicht zu be- 687
rücksichtigen ist, wenn er zur Aufnahme oder Fortsetzung einer Erwerbstätigkeit oder Ausbildung unentbehrlich ist. Damit wird das Ziel der bald möglichen Integration in Arbeit und der eigenständigen Bedarfsdeckung in den Fokus gerückt.

4.8.2 Absetzbeträge (§ 12 Abs. 2 SGB II)

688 Vom vorhandenen, nicht geschützten Vermögen sind die in § 12 Abs. 2 Nr. 1–4 SGB II aufgeführten Freibeträge abzusetzen.

689 Für jedes Lebensjahr wird ein Grundfreibetrag von 150,00 € pro vollendeten Lebensjahr für jede volljährige in der Bedarfsgemeinschaft lebende Person abgesetzt, mindestens jedoch 3.100,00 €. Ausschlaggebend ist dabei das Lebensalter bei Antragstellung.
Leistungsberechtigte minderjährige Kinder erhalten gemäß § 12 Abs. 2 Nr. 1a SGB II einen Grundfreibetrag von 3.100,00 €.

690 Absetzbar sind als Altersvorsorge geförderte Vermögen und deren Erträge, d.h. Riester- und Rürup-Renten. Dabei muss es sich ausdrücklich um eine gesetzlich geförderte Altersvorsorge handeln, die nicht vor Renteneintritt verwendet wird.
691 Handelt es sich um eine andere Altersvorsorge, so kann diese gemäß § 12 Abs. 2 Nr. 3 SGB II abgesetzt werden, sofern eine vorzeitige Verwertung unwiderruflich vertraglich ausgeschlossen wurde (Verwertungsausschluss) und sofern der Betrag 750,00 € je Lebensjahr nicht übersteigt.

692 Für jede in der Bedarfsgemeinschaft lebende Person ist zusätzlich ein Freibetrag in Höhe von 750,00 € für notwendige Anschaffungen abzusetzen. Dieser Freibetrag wird gewährt, um eine Ansparung für die aus der Regelleistung zu finanzierenden Anschaffungen zu ermöglichen. Mit den Ansparungen sollen Rücklagen gebildet und geschützt werden, die für notwendige Ersatzbeschaffungen und Reparaturen benötigt werden.
693 Nicht genutzte Freibeträge können auf den Partner übertragen werden. Deshalb ist es üblich, bei Partnern das Vermögen und deren Absetzbeträge zusammenzufassen und zu prüfen. Nicht genutzte Freibeträge nach den Vorschriften § 12 Abs. 2 Nr. 1 bis 3 SGB II lassen sich nicht von den Eltern auf im Haushalt lebende Kinder übertragen und umgekehrt.
694 Der Freibetrag nach § 12 Abs. 2 Nr. 4 SGB II für notwendige Anschaffungen kann übertragen werden, wenn er nicht ausgeschöpft wird.

4.8.3 Prüfraster

Prüfschema Vermögen 695

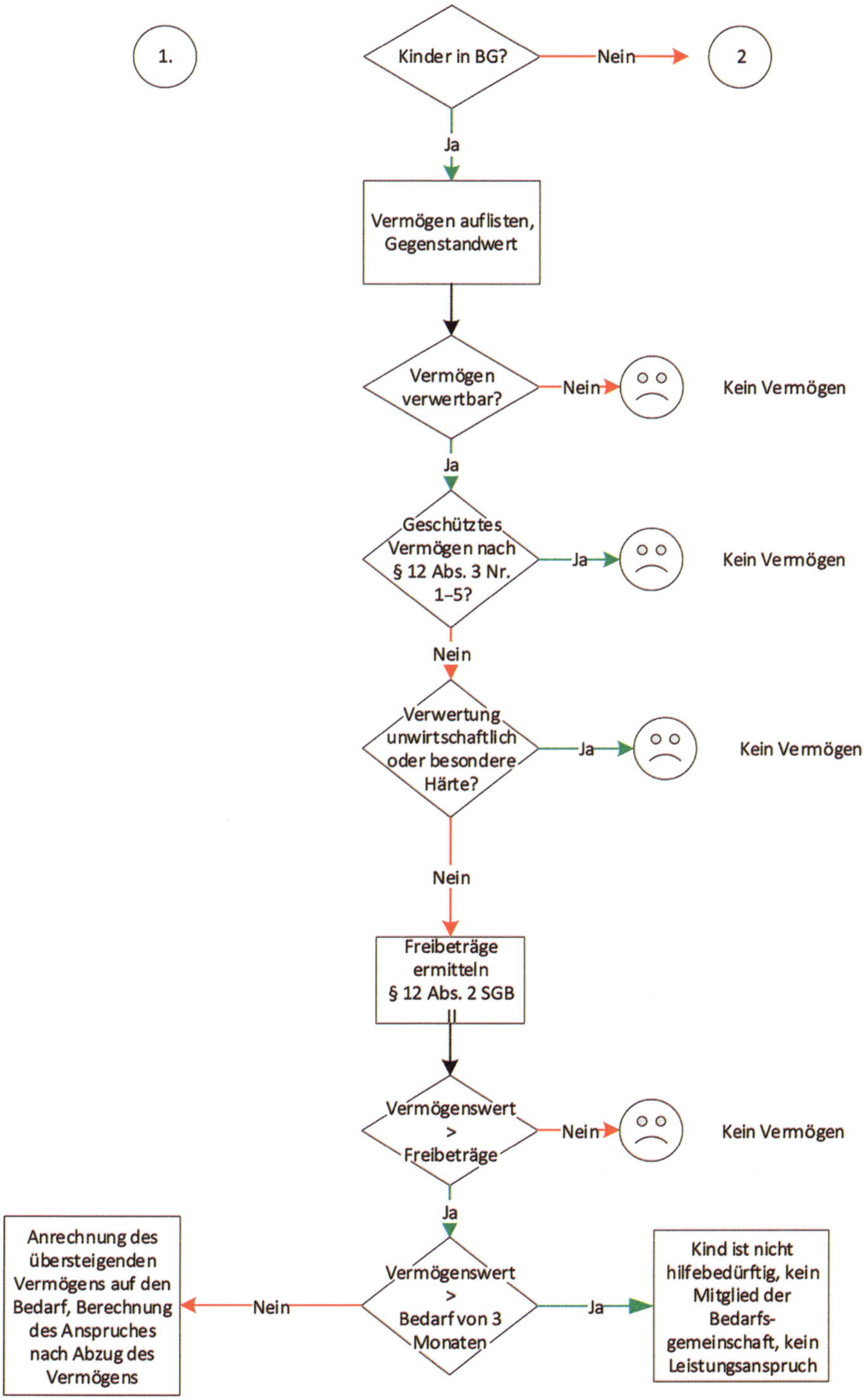

696

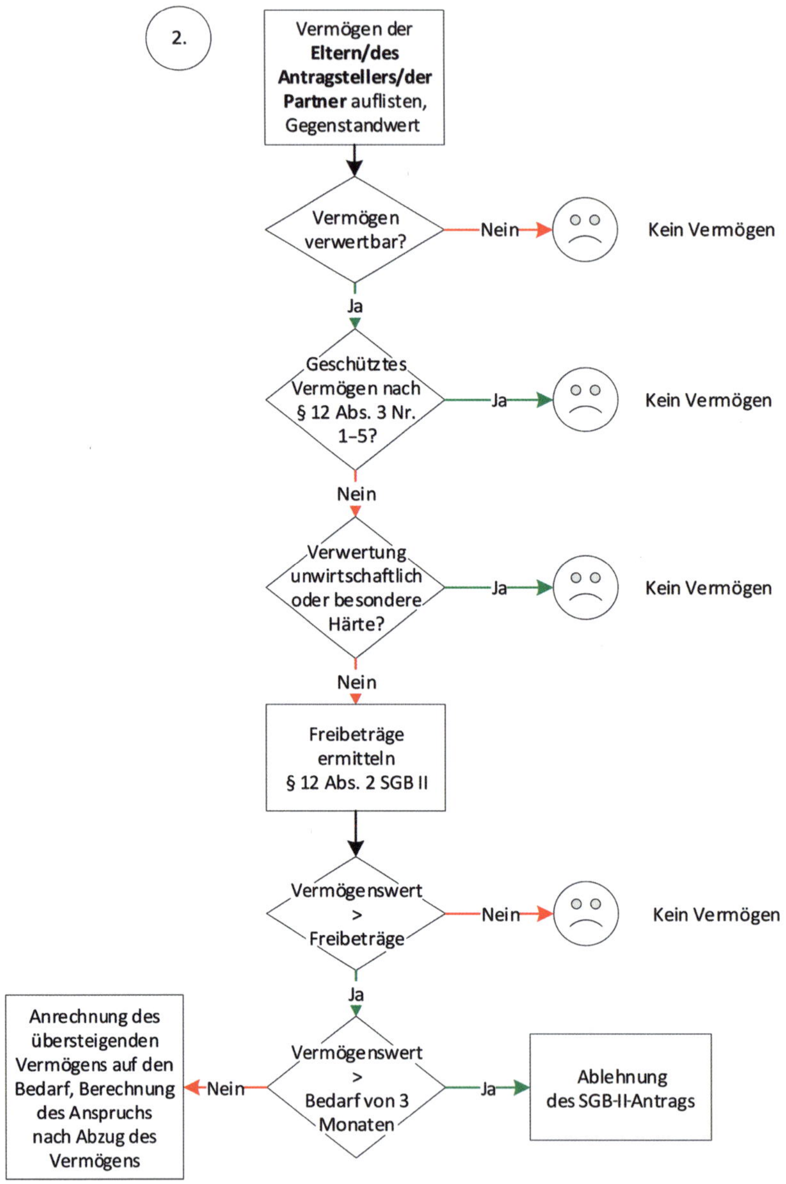

4.8.4 Übungsfall zum Vermögen

697 Die Lösung zum Übungsfall finden Sie in Kapitel 4.11.

698 Fall 27

Andrea, 64 Jahre, erwerbsfähig, lebt mit Bernhard, 57 Jahre alt, voll erwerbsgemindert, auf Zeit zusammen. Im Haushalt lebt auch noch Michael, Sohn von Bernhard, 17 Jahre alt, ausbildungssuchend.

Vorhandenes Vermögen: 699
Andrea: Opel Corsa Wert 3.600,00 €, Motorrad Wert 4.600,00 € – gepfändet durch das Finanzamt, Bargeld 1.050,00 €
Bernhard: BMW Wert 12.500,00 €, Guthaben auf einem Tagesgeldkonto 4.650,00 €
Michael: Sparbuch Guthaben 2.170,00 €

Ermitteln Sie das Vermögen, das zur Bedarfsdeckung berücksichtigt werden muss.

4.9 AKTIVE LEISTUNGEN/EINSATZ DER ARBEITSKRAFT/SANKTIONEN (§ 2 ABS. 3 SGB II)

4.9.1 Selbsthilfeverpflichtung

Die Selbsthilfeverpflichtung konkretisiert den Grundsatz des Forderns. Für den erwerbsfähigen Leistungsberechtigten besteht die gesetzliche Verpflichtung, alle Möglichkeiten zur Beendigung oder Verringerung der Hilfebedürftigkeit auszuschöpfen und aktiv an allen Maßnahmen zur Eingliederung in Arbeit mitzuwirken. 700

Die Verpflichtung wird in § 2 Abs. 3 SGB II konkretisiert. Erwerbsfähige Leistungsberechtigte sollen dabei insbesondere ihre Arbeitskraft zur Beschaffung des Lebensunterhalts einsetzen. 701

Die Selbsthilfeverpflichtung ist so weitgehend, dass jede zumutbare Tätigkeit angenommen werden muss oder auch zumutbare Arbeitsgelegenheiten, sofern eine Eingliederung in den Arbeitsmarkt in absehbarer Zeit nicht möglich ist. 702

4.9.2 Zumutbare Arbeit (§ 10 SGB II)

Grundsätzlich ist jede Arbeit zumutbar. Ausnahmen von der Zumutbarkeit sind in § 10 Abs. 1 SGB II geregelt. 703

Es müssen jedoch beachtet werden: 704

- das Leistungsvermögen des Erwerbsfähigen
- die Rückkehr zu einer bisher überwiegend ausgeübten Tätigkeit, die besondere körperliche Anforderungen stellte, darf nicht wesentlich erschwert werden
- die Erziehung eines Kindes in der BG darf nicht gefährdet werden
- die Arbeit muss mit einer notwendigen Pflege eines Angehörigen vereinbar sein
- sonstige wichtige Gründe, die gegen die Aufnahme einer Tätigkeit sprechen

Eine Arbeit ist jedenfalls zumutbar wenn, 705

- die Arbeit nicht der Ausbildung oder dem bisher ausgeübten Beruf entspricht,
- die Arbeit im Hinblick auf die Ausbildung geringwertiger erscheint,
- die Arbeitsstätte weiter entfernt ist als in der Vergangenheit,
- die Arbeitsbedingungen zur bisherigen Beschäftigungen ungünstig sind,
- sie mit der Beendigung einer Erwerbstätigkeit verbunden ist, es sei denn, die bisherige Tätigkeit kann künftig zur Beendigung der Hilfebedürftigkeit führen.

4.9.3 Eingliederungsvereinbarung (§ 15 SGB II)

706 Der für den Leistungsberechtigten zuständige Berater für die Integration soll unverzüglich mit dem Leistungsberechtigten eine Potenzialanalyse durchführen. Dabei sollen die persönlichen Merkmale, die beruflichen Fähigkeiten und die Eignung des Leistungsberechtigten als Potenzial analysiert werden, und es sollen Erkenntnisse darüber gewonnen werden, durch welche Umstände ggf. die Integration in den Arbeitsmarkt erschwert wird (§ 15 Abs. 1 SGB II).

707 Im Einvernehmen mit dem Leistungsberechtigten sollen die für die Eingliederung notwendigen Leistungen in einem öffentlich-rechtlichen Vertrag, der Eingliederungsvereinbarung, vereinbart werden.

708 In dieser Vereinbarung kann insbesondere das Integrationsziel benannt werden, d. h., auf welche Tätigkeiten und in welchen Tätigkeitsbereich vermittelt werden sollte. Geregelt werden sollen auch die Leistungen, die die leistungsberechtigte Person durch den Leistungsträger hinsichtlich der Integration erhält, welche Bemühungen und in welcher Häufigkeit der Leistungsberechtigte Bemühungen zur Eingliederung nachweisen muss.

709 Diese Vereinbarung soll regelmäßig, spätestens nach sechs Monaten, überprüft, fortgeschrieben und ggf. angepasst werden. Bis zur Fortschreibung gewonnene Erkenntnisse sind zu berücksichtigen.

710 Ist ein Abschluss als Vertrag nicht möglich, z. B. weil sich der Leistungsberechtigte weigert, diesen abzuschließen und zu unterschreiben, kann die Eingliederungsvereinbarung auch als Verwaltungsakt erlassen werden (§ 15 Abs. 3 Satz 3 SGB II).

4.9.3.1 Anreize/Unterstützungsmöglichkeiten

711 Um eine Integration in den Arbeitsmarkt und eine Verringerung oder Beendigung der Hilfebedürftigkeit herbeizuführen, wurden im SGB II finanzielle Anreize geschaffen. Neben den Anreizen wurden jedoch auch gesetzlich Sanktionen, also Rechtsfolgen, geregelt, die bei bestimmten Pflichtverletzungen zu finanziellen Kürzungen für bestimmte Zeiten führen.

712 Als finanzieller Anreiz kann Einstiegsgeld nach § 16b SGB II gezahlt werden. Entfällt durch die Aufnahme einer sozialversicherungspflichtigen Tätigkeit oder durch eine selbstständige Tätigkeit die Hilfebedürftigkeit, kann sog. Einstiegsgeld für die Dauer von maximal 24 Monaten erbracht werden. Die Höhe liegt im Ermessen des Leistungsträgers, sie soll jedoch die vorherige Dauer der Arbeitslosigkeit und die Größe der Bedarfsgemeinschaft berücksichtigen.

713 Ein weiterer finanzieller Anreiz ist auch die Absetzung des Erwerbstätigenfreibetrags nach § 11b Abs. 1 Nr. 6 i. V. m. Abs. 3 SGB II. Die Absetzung des Freibetrags bewirkt, dass ein Teil des Erwerbseinkommens nicht auf den monatlichen Bedarf angerechnet wird.

4.9.4 Sanktionen

714 Wirken erwerbsfähige Leistungsberechtigte ohne wichtigen Grund nicht oder nicht ausreichend aktiv bei ihrer Integration in den Arbeitsmarkt und somit an der Beseitigung oder Verringerung der Hilfebedürftigkeit mit, so haben sie mit Sanktionen in Form von Minderung oder Wegfall des Arbeitslosengeldes II zu rechnen.

4.9.4.1 Sanktionen wegen Pflichtverletzungen (§ 31 SGB II)

§ 31 SGB II enthält Tatbestände, die definieren, wann pflichtwidriges Verhalten in Form von Pflichtverletzungen vorliegt. Einen weiteren Sanktionstatbestand enthält auch § 32 SGB II, das Meldeversäumnis. Die Meldeversäumnisse unterscheiden sich vor allem in der Höhe der Minderung und bei den Folgen von wiederholtem pflichtwidrigem Verhalten. 715

Eine Pflichtverletzung nach § 31 Abs. 1 SGB II liegt vor, wenn der erwerbsfähige Leistungsberechtigte trotz schriftlicher Belehrung über die Rechtsfolgen oder deren Kenntnis 716
- Pflichten aus der Eingliederungsvereinbarung nicht erfüllt, insbesondere Eigenbemühungen (z. B. Bewerbungsbemühungen) nicht nachweist,
- zumutbare Arbeit, Ausbildung oder Arbeitsgelegenheit nicht aufnimmt, nicht fortführt oder deren Aufnahme durch sein Verhalten verhindert (z. B. durch sein Verhalten und Auftreten beim Vorstellungsgespräch),
- zumutbare Eingliederungsmaßnahmen nicht antritt, abbricht oder Anlass für den Abbruch gibt,
- Einkommen oder Vermögen in der Absicht vermindert, um den SGB-II-Anspruch zu erhöhen oder herbeizuführen (nach Vollendung des 18. Lebensjahres),
- unwirtschaftliches Verhalten trotz Belehrung fortsetzt,
- Anspruch auf ALG I bei der Agentur für Arbeit ruht oder erloschen ist (Grund: Sperrzeit),
- Sperrzeitvoraussetzungen des SGB III erfüllt, die zum Ruhen oder Erlöschen des ALG-I-Anspruchs führen würden (z. B. eigene Kündigung des Arbeitsverhältnisses ohne wichtigen Grund, verhaltensbedingte Kündigung).

Hat der Leistungsberechtigte einen wichtigen Grund für sein Verhalten und kann er diesen glaubhaft nachweisen und belegen, liegt zwar pflichtwidriges Verhalten vor, aber es führt zu keiner Sanktion. Eine Sanktionsentscheidung stellt einen belastenden Verwaltungsakt dar. Eine Anhörung nach § 24 SGB X ist stets vorzunehmen, da der Bescheid in die Rechte des Betroffenen eingreift. 717

Eine Pflichtverletzung führt erst zur Sanktion, wenn der Leistungsberechtigte über die Rechtsfolgen seines Handelns frühzeitig, verständlich, nachweislich und vollständig belehrt wurde. 718

Die Rechtsfolgebelehrung muss deshalb folgenden Anforderungen entsprechen: 719
- richtig
- verständlich (abgestellt auf den Empfängerhorizont)
- rechtzeitig (er muss Gelegenheit gehabt haben, die Rechtsfolge abzuwenden)
- vollständig
- konkret (was genau passiert, wenn ...)
- individuell
- schriftlich

Fehlerhafte und unvollständige Rechtsfolgebelehrungen führen dazu, dass Sanktionen nicht ausgesprochen werden können oder bei gerichtlicher Überprüfung nicht standhalten und für rechtswidrig erklärt werden. Der Leistungsträger ist in der Nachweispflicht. 720

721 Hat der Leistungsberechtigte für sein Verhalten einen wichtigen Grund, tritt aus der Pflichtverletzung keine Rechtsfolge ein. „Wichtiger Grund" ist ein unbestimmter Rechtsbegriff und ist durch den Leistungsträger auszulegen. Vorgetragene Gründe sind unter Abwägung des individuellen Grundes gegen die Interessen der Allgemeinheit abzuwägen. Dabei ist zu beachten, dass unter der Allgemeinheit der Steuerzahler zu verstehen ist, dessen Interesse ein besonderes Gewicht hat. Bei der Würdigung der Gründe ist ein strenger Maßstab an die Zumutbarkeit einer Erwerbstätigkeit anzulegen. Auch sollte der Leistungsberechtigte einen zumutbaren Versuch zur Beseitigung des wichtigen Grundes unternommen haben, sofern dies nicht offensichtlich von Anfang an aussichtslos war.

722 Ein wichtiger Grund bei der Beendigung eines Arbeitsverhältnisses kann z. B. sein: gesetzeswidrige Beschäftigung, psychischer Druck, Mobbing, sexuelle Belästigung, nachgewiesene gesundheitliche Gründe.

723 Bei der ersten Pflichtverletzung mindert sich das Arbeitslosengeld II im ersten Schritt um 30 % des maßgebenden Regelbedarfs, bei wiederholter erster Pflichtverletzung innerhalb eines Jahres um 60 % des maßgebenden Regelbedarfs, und bei einer zweiten wiederholten Pflichtverletzung innerhalb der Zählwirkung entfällt das Arbeitslosengeld II vollständig (§ 31a Abs. 1 SGB II). Unter Arbeitslosengeld II sind die Regelleistung, die Mehrbedarfe und die Kosten der Unterkunft zu verstehen.

724 Die Sanktion wird ab dem Kalendermonat wirksam, der dem folgt, in dem die Sanktionsentscheidung wirksam bekannt gegeben wurde. Die Minderung beträgt drei Monate und kann in besonderen Einzelfällen verkürzt werden.

725 Diese gesetzlichen Regelungen haben derzeit jedoch nur bedingt noch Wirksamkeit. Am 05.11.2019 urteilte das Bundesverfassungsgericht darüber, ob diese Regelungen verfassungsgemäß sind.

726 Ein Eingriff in die existenzsichernden Leistungen in Form dieser gesetzlichen Sanktionsregelung löste viel Kritik und erhebliche rechtliche Bedenken aus, vor allem stellte sich die Frage, ob ein solcher Eingriff mit den Werten unserer Verfassung im Einklang steht. Dem Gericht lag ein Fall zur Entscheidung vor, in dem der Kläger über 25 Jahre alt war und eine wiederholte Pflichtverletzung nach § 31 SGB II zu einer Minderung des Leistungsanspruches von mehr als 30 % geführt hat.

727 Das Bundesverfassungsgericht erklärte die Regelung als teilweise verfassungswidrig. Folgende allgemeine Aussagen traf das Verfassungsgericht in seinem Urteil mit dem Aktenzeichen 1 BvL 7/16:

a) Im SGB II gibt es keinen Berufsschutz, geringwertigere Tätigkeiten als in dem ursprünglich erlernten Beruf sind zumutbar.
b) Mitwirkungspflichten, die der § 31 SGB II indirekt zu verstehen gibt, verstoßen nicht gegen das Verbot der Zwangsarbeit.
c) Vermittlungsvorschläge seitens der Jobcenter müssen nicht dem Berufswunsch entsprechen.

d) Es ist grundsätzlich legitim und verfassungskonform Pflichten mit Sanktionen umzusetzen. Dabei muss jedoch ein strenger Maßstab an die Verhältnismäßigkeit solcher Eingriffe angesetzt werden.

Zu den Pflichtverletzungen, die in § 31 SGB II geregelt sind, nahm das Verfassungsgericht differenziert Stellung. 728

Sanktionen bis zu einer Höhe sind grundsätzlich nicht zu beanstanden. Im Gesetz fehle jedoch eine Regelung dazu, dass wenn eine Sanktion Kraft Gesetz wegen einer Pflichtverletzung die ohne wichtigen Grund begangen wurde eintritt, es die Möglichkeit geben müsse, in bestimmten außergewöhnlichen Härtefällen von einer Minderung des Leistungsanspruches Abstand zu nehmen. Die Prüfung, ob eine außergewöhnliche Härte vorliegt ist immer eine Einzelfallentscheidung. Eine außergewöhnliche Härte liegt vor, wenn eine Minderung untragbar scheint. Dies können nur Ausnahmesituationen sein, in der die Mitwirkung zwar grundsätzlich zumutbar gewesen ist, eine Sanktion aber den Zielen des Gesetzes (Eingliederung in Arbeit, Beendigung der Hilfebedürftigkeit) entgegensteht. Das heißt, im Einzelfall muss die Härte der Minderung größer sein als das bei anderen gleichgelagerten Fällen üblich ist. 729

Weiterhin beanstandete das Verfassungsgericht die im Gesetz starr geregelte Sanktionsdauer von 3 Monaten. Um dem Grundsatz der Verhältnismäßigkeit gerecht zu werden, müsse es die Möglichkeit geben, die Sanktionsdauer durch Nachholung der Mitwirkung oder durch Erklärung der Bereitschaft zur Mitwirkung zu verkürzen. 730

Sanktionen, die mehr als 30 Prozent betragen sind verfassungswidrig, da der Eingriff enorm ist und es keine Erkenntnisse über die Geeignetheit dieses Mittels gibt und keine Alternativen seitens des Gesetzgebers erforscht wurden. 731

Das Gericht hat keine Aussagen darüber getroffen, ob es verhältnismäßig ist, Leistungsberechtigte unter 25 Jahren anders zu behandeln und stärker zu sanktionieren. Ebenso wurden keine Aussagen zu Meldeversäumnissen getroffen, die addiert auch über 30 % Leistungsminderung ergeben können. 732

In Auslegung des Urteils ist jedoch eine Differenzierung der Personengruppen nach Alter und damit eine höhere Sanktionierung als 30 % offensichtlich rechtlich nicht zulässig. 733

Die Rechtsprechung führt dazu, dass der Gesetzgeber nun beauftragt ist eine neue verfassungskonforme Regelung zu schaffen. Bis zum Inkrafttreten einer neuen gesetzlichen Regelung ist eine Sanktion unter Beachtung der Hinweise aus dem urteil möglich. So muss bei jeder Pflichtverletzung im Rahmen des Anhörungsverfahren nicht nur geprüft werden, ob es für das Verhalten was zur Pflichtverletzung führte ein wichtiger Grund vorliegt, sondern auch, ob eine Sanktion eine besondere Härte bedeuten würde. 734

735
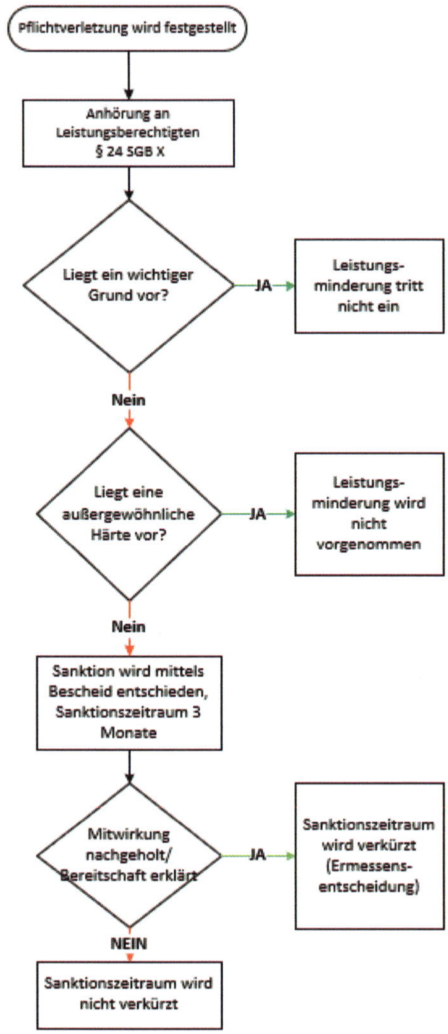

4.9.4.2 Besonderheiten bei Personen unter 25 Jahren (§ 31a Abs. 2 SGB II)

736 Bei erwerbsfähigen Leistungsberechtigten, die das 25. Lebensjahr noch nicht vollendet haben, mindert sich bei einer Pflichtverletzung nach § 31 SGB II das Arbeitslosengeld II nicht um 30 %, sondern der Anspruch begrenzt sich während des Sanktionszeitraums auf den Anspruch auf Kosten für Unterkunft nach § 22 SGB II. Das bedeutet, dass bei einer erstmaligen Pflichtverletzung der Anspruch auf die Regelleistung und auf die Mehrbedarfe vollständig entfällt.

737 Bei wiederholter Pflichtverletzung entfällt der gesamte Anspruch auf Arbeitslosengeld II für den Sanktionszeitraum.

738 Erklären sich die Leistungsberechtigten bereit, ihren Pflichten nachträglich nachzukommen, kann der Träger die Kosten für Unterkunft im Einzelfall erbringen.

An der Sanktionierung in gesetzlicher Höhe bestehen erhebliche rechtliche Bedenken.Eine Leistungsminderung von bis zu 30 % ist verfassungskonform. Eine darüberhinausgehende Leistungsminderung ist unter Beachtung des Urteils des Bundesverfassungsgerichtes gerichtlich kaum haltbar. Nähere Ausführungen siehe Kapitel 4.9.4.1. 739

4.9.4.3 Ergänzende Sachleistungen (§ 31 Abs. 3 SGB II)

Gemäß § 31a Abs. 3 SGB II können bei Minderungen von mehr als 30 % des Arbeitslosengeldes II ergänzende Sachleistungen (z. B. Lebensmittelgutscheine) erbracht werden. Diese Entscheidung liegt im Ermessen des Leistungsträgers. 740
Das heißt, ab 40 % Sanktion kann ein Antrag auf ergänzende Sachleistungen gestellt werden. Der Leistungsträger kann im Ermessen entscheiden, ob er diese Leistungen erbringt. Er hat kein Ermessen, d. h., der Leistungsberechtigte hat einen Rechtsanspruch auf eine ergänzende Sachleistung, wenn in seinem Haushalt minderjährige Kinder leben. 741

Diese Regelung ist unter Beachtung der Rechtsprechung des Bundesverfassungsgerichtes obsolet, da Leistungsminderungen mit bis zu maximal 30 % nur umgesetzt werden dürfen. 742

4.9.4.4 Zählwirkung

Unter Zählwirkung ist die gesetzlich definierte Jahresfrist zu verstehen, die in § 31a Abs. 1 Satz 4 und 5 SGB II geregelt ist. Demnach liegt eine wiederholte Pflichtverletzung dann vor, wenn eine gleichartige Pflichtverletzung innerhalb eines Jahres seit Beginn des letzten Minderungszeitraums festgestellt wird und der erste Minderungsbescheid auch wirksam den Leistungsberechtigten zugestellt wurde. 743
Mit dieser Regelung will man bewirken, dass die Rechtsfolgen einer wiederholten Pflichtverletzung erst dann greifen, wenn der Leistungsberechtigte die Folgen seiner ersten Pflichtverletzung bereits kannte und Zeit und Möglichkeit hatte, eine wiederholte Pflichtverletzung abzuwenden. 744

Das Bundesverfassungsgericht schließt wiederholende Pflichtverletzung nicht aus. Diese können auch festgestellt werden, aber mit der Rechtsfolge das eine Leistungsminderung max. 30 % beträgt und nicht 60 % oder die Leistung vollständig wegfällt. Nähere Ausführungen zum Urteil finden Sie unter 4.9.4.1. 745

<u>Beispiel</u>: Der Leistungsträger erlässt einen Sanktionsbescheid wegen nicht ausreichend nachgewiesener Eigenbemühungen, also Pflichtverletzung aus einer gültigen Eingliederungsvereinbarung (§ 31 Abs. 1 Satz 1 Nr. 1 SGB II). 746
Zu der vorher erstellten Anhörung hat sich der Leistungsberechtigte nicht geäußert. Der Minderungszeitraum beginnt bei Erlass des Verwaltungsaktes am 06.03.2020 ab 01.04.2020 und dauert drei Monate, also bis 30.06.2020, an. 747
Das Ende der Zählwirkung wäre der 31.03.2021. Das heißt, alle gleichartigen Pflichtverletzungen im Zeitraum 09.03.2020 bis 31.03.2021 wären als wiederholte Pflichtverletzung zu beurteilen. 748

4.9.5 Meldeversäumnisse (§ 32 SGB II)

749 Kommt ein Leistungsberechtigter ohne wichtigen Grund und trotz schriftlicher Belehrung (oder Kenntnis) über die Rechtsfolgen einer Aufforderung zum persönlichen Erscheinen (Einladung) beim zuständigen Träger oder bei einem ärztlichen oder psychologischen Untersuchungstermin nicht nach, liegt ein sog. Meldeversäumnis nach § 32 SGB II vor.

750 § 32 Abs. 2 Satz 2 SGB II besagt, dass für Meldeversäumnisse die Regelungen des § 31a Abs. 3 und § 31b SGB II anzuwenden sind.

751 Das heißt, die Minderungsdauer beträgt auch hier drei Monate, und sie beginnt im Monat nach wirksamer Bekanntgabe des Sanktionsbescheids. Die Minderung beträgt 10 % der maßgebenden Regelleistung.

752 Anders als bei den Pflichtverletzungen nach § 31 SGB II gibt es bei den Meldeversäumnissen keine Regelung zu wiederholten Meldeversäumnissen und keine Unterscheidung zwischen unter 25-jährigen Leistungsberechtigten und Leistungsberechtigten, die das 25. Lebensjahr schon vollendet haben. Jedes Meldeversäumnis führt zu einer Minderung um 10 %.

753 Ein Meldeversäumnis führt nur dann zu einer Leistungsminderung, wenn der Leistungsberechtigte keinen wichtigen Grund für sein Verhalten darlegen und nachweisen kann (§ 32 Abs. 1 Satz 2 SGB II).

754 Zu dem Vorliegen eines wichtigen Grundes ist der Leistungsberechtigte zu befragen. Er ist vor Erlass des Sanktionsbescheids gemäß § 24 SGB X anzuhören (belastender Verwaltungsakt).

755 Wichtige Gründe können sein:

- Arbeitsunfähigkeit aufgrund von Krankheit (Nachweis über ärztliches Attest)
- unvorhersehbarer Ausfall öffentlicher Verkehrsmittel
- Vorstellungsgespräch bei einem Arbeitgeber
- Termin liegt nachweislich während der Arbeitszeit

756 Meldeversäumnisse können kumulativ eintreten, d. h., die Sanktionsbeträge mehrerer Meldeversäumnisse werden addiert. Treffen Meldeversäumnisse mit Pflichtverletzungen zusammen, sind die Sanktionsbeträge in Überschneidungsmonaten zu addieren.

757 Auch hier sind die Auswirkungen des Urteils des Bundesverfassungsgerichts zu beachten. Das heißt, liegt ein außergewöhnlicher Härtefall vor, ist keine Leistungsminderung vorzunehmen. Auch die Regelungen zur Verkürzung des Sanktionszeitraumes sind zu beachten. Nähere Ausführungen zum Urteil finden sie unter 4.9.4.1.

758 Beispiel:
Meldeversäumnis zum Termin am 03.01.2020
Sanktionsbescheid wird nach Anhörung am 20.01.2020 erstellt.
Sanktionszeitraum Februar 2020 bis April 2020
Weiteres Meldeversäumnis am 22.01.2020
Sanktionsbescheid wird nach Anhörung am 03.02.2020 erstellt.
Sanktionszeitraum März 2020 bis Mai 2020

In den Monaten März und April 2019 überschneiden sich die Meldeversäumnisse. Es werden zwei wirksame Sanktionen mit jeweils 10 %, gesamt 20 % der Regelleistung umgesetzt.

4.10 GANZHEITLICHE FALLBETRACHTUNG/-LÖSUNG

4.10.1 Prüfschema

Für die Fallbearbeitung gibt es keinen einzig richtigen Weg. Nachfolgend wird aufgezeigt, wie eine Lösung aufgebaut sein kann. Die Lösung orientiert sich dabei an der Gesetzesfolge. 759

1. Prüfen Sie, welche Leistungen überhaupt infrage kommen. 760
- Arbeitslosengeld nach § 19 Abs. 1, 7 Abs. 1 SGB II
- Sozialgeld nach § 19 Abs. 1 Satz 2 SGB II

oder
- Grundsicherung nach dem 4. Kapitel § 19 Abs. 2, 41 SGB XII

oder
- Hilfe zum Lebensunterhalt § 19 Abs. 1, 27 Abs. 1 SGB XII

Zu prüfen sind insbesondere die Anspruchsvoraussetzungen nach § 7 Abs. 1 SGB II sowie das Vorliegen eventueller Ausschlusstatbestände. 761
Bilden Sie die Bedarfsgemeinschaft gemäß § 7 Abs. 3 SGB II!

2. Prüfen Sie das Antragsdatum. Legen Sie die Bedarfszeit fest. 762

3. Ermitteln Sie den individuellen Bedarf (personenbezogen). 763
- Regelbedarf § 20 SGB II
- Mehrbedarfe § 21 SGB II
- Kosten der Unterkunft § 22 SGB II
- Bedarfe für Bildung und Teilhabe § 28 SGB II
- einmalige Bedarfe, Sonderbedarfe

4. Grenzen Sie nach der Zuflusstheorie ab, was Einkommen und Vermögen ist. 764

5. Ermitteln Sie das anzurechnende Einkommen individuell (§ 11, 11 a, 11b SGB II). 765
- Welches Einkommen muss unberücksichtigt bleiben?
- Wann fließt das Einkommen zu und in welcher Häufigkeit?
- Welche Art von Einkommen liegt vor?
- Einkommensbereinigung nach § 11b SGB II in Verbindung mit der ALG II-V

6. Ermitteln Sie das anzurechnende Vermögen individuell (§ 12 SGB II), beginnen Sie mit Kindern in der Bedarfsgemeinschaft. 766
- geschütztes Vermögen?
- verwertbar?
- Ermittlung der Freibeträge

767 7. Stellen Sie den Bedarf und das Einkommen und Vermögen gegenüber, und ermitteln Sie den SGB-II-Anspruch.
- individuelle Anspruchsermittlung
- Berechnung nach Bedarfsanteilsmethode

4.10.2 Klausurbeispiel

768 Emma, 24 Jahre alt, hat am 24.05.2016 ihr erstes Kind Kilian zur Welt gebracht. Emma ist am Boden zerstört, denn ihr bisheriger Lebensgefährte Tom ist vor zwei Monaten ausgezogen, weil er eine neue Frau kennengelernt hat.

769 Nicht nur der Herzschmerz bereitet Emma Sorgen, sondern auch die finanzielle Situation. Sie wohnt mit ihrem Sohn in einer 60 m^2 großen (angemessenen) Wohnung in Düsseldorf und zahlt dafür 250,00 € Grundmiete und 60,00 € monatliche Betriebskostenvorauszahlung.

770 An den örtlichen Energieversorger muss sie monatlich 150,00 € zahlen, 70,00 € für Gas und 80,00 € für Strom.

771 Beim Blick in das von ihr geführte Haushaltsbuch sind weitere feste und monatlich wiederkehrende Ausgaben zu erkennen. So muss monatlich die Kreditrate für ihr Auto beglichen werden. Die Kosten dafür betragen 140,00 €. Sie finanziert einen Kleinwagen, den sie für 5.000,00 € im Januar 2017 erworben hat.

772 Außerdem zahlt sie monatlich 40,00 € für die Kfz-Haftpflichtversicherung.

773 Als Einnahmen stehen ihr derzeit nur 300,00 € Elterngeld und 219,00 € Kindergeld für Kilian zur Verfügung. Ihr Ex-Freund Tom kann derzeit keinen Unterhalt für Kilian zahlen, da er arbeitslos geworden ist.

774 Emma spricht deshalb am 20.02.2021 im zuständigen Jobcenter vor und beantragt finanzielle Unterstützung.

775 Aufgabe: Prüfen Sie ob und in welcher Höhe Emma und ihr Sohn Kilian Anspruch auf Leistungen nach dem Zweiten Buch Sozialgesetzbuch (SGB II) haben. Nehmen Sie Bezug auf die Antragswirkung und die Bewilligungsdauer.

776 Könnte Emma Anspruch auf vorrangige Leistungen haben?

777 Lösungsvorschlag:
Zu prüfen ist, ob Emma und ihr Sohn Kilian einen Anspruch auf Grundsicherungsleistungen nach dem SGB II haben und, wenn ja, in welcher Höhe.

778 Zu prüfen ist, welche Art von Hilfe von Emma beansprucht werden kann. Neben den Grundsicherungsleistungen für Arbeitsuchende nach § 19 Abs. 1 SGB II könnten auch die Grundsicherungsleistungen nach dem 4. Kapitel SGB XII oder nach dem 3. Kapitel SGB XII, Hilfe zum Lebensunterhalt, infrage kommen.

779 Emma könnte Anspruch auf Arbeitslosengeld II gemäß § 19 Abs. 1 SGB II haben. Emma wäre berechtigt, Arbeitslosengeld II zu beziehen, wenn sie die Anspruchsvoraussetzungen nach § 7 Abs. 1 SGB II erfüllt und keinem Ausschlusstatbestand unterliegt. Anspruchsberechtigt ist demnach, wer das 15. Lebensjahr vollendet, aber noch nicht die Altersgrenze nach § 7 SGB II erreicht hat, erwerbsfähig und hilfebedürftig ist und seinen gewöhnlichen Aufenthalt in der Bundesrepublik Deutschland hat.

780 Emma ist 24 Jahre alt. Sie hat demnach das 15. Lebensjahr vollendet, aber die Altersgrenze nach § 7a SGB II (gesetzliches Renteneintrittsalter) noch nicht erreicht. Erwerbsfähig i. S. d.

§ 8 SGB II ist, wer mindestens drei Stunden täglich unter den üblichen Bedingungen des allgemeinen Arbeitsmarkts erwerbstätig sein kann. Da im Sachverhalt keine gegenteiligen Angaben zu finden sind, wird die Erwerbsfähigkeit unterstellt.

Hilfebedürftig i. S. d. § 9 SGB II ist, wer seinen Lebensunterhalt nicht oder nicht ausreichend aus vorhandenem Einkommen und Vermögen sicherstellen kann. 781

Emma macht Hilfebedürftigkeit geltend. Ob sie wirklich hilfebedürftig ist, ist noch zu ermitteln. Dabei wird der individuelle Bedarf ermittelt und dem vorhandenen zu berücksichtigenden Einkommen und Vermögen gegenübergestellt. Hilfebedürftigkeit wird vorbehaltlich der weiteren Prüfung unterstellt. 782

Zu prüfen wäre jetzt noch, ob Emma ihren gewöhnlichen Aufenthalt in der Bundesrepublik Deutschland hat. Den gewöhnlichen Aufenthalt hat eine Person dort, wo ihr Lebensmittelpunkt ist. In der Regel ist dies dort, wo jemand eine Wohnung angemietet hat und auch bewohnt. Emma wohnt laut Sachverhalt in Düsseldorf, einer Stadt in Nordrhein-Westfalen. Der gewöhnliche Aufenthalt von Emma ist deshalb in der Bundesrepublik Deutschland. Emma erfüllt alle Anspruchsvoraussetzungen des § 7 Abs. 1 SGB II und hat deshalb einen Anspruch auf Arbeitslosengeld II dem Grunde nach. 783

Vom Leistungsbezug ausgeschlossen sind gemäß § 7 Abs. 4–6 SGB II Anspruchsberechtigte jedoch dann, wenn sie entweder in einer stationären Einrichtung untergebracht oder inhaftiert sind, Altersrente beziehen, sich unerlaubt ortsabwesend aufhalten oder Auszubildende sind, die dem Grunde nach ausgeschlossen sind. Emma erfüllt keinen dieser Tatbestände und ist deshalb nicht vom Leistungsbezug ausgeschlossen. 784

Fraglich ist, ob ihr Sohn Kilian ebenfalls anspruchsberechtigt ist. Kilian ist bei Antragstellung 4 Jahre alt und erfüllt die Anspruchsvoraussetzung nicht, da er mindestens 15 Jahre alt sein muss. Gemäß § 7 Abs. 2 SGB II erhalten Leistungen auch Personen, die mit dem erwerbsfähigen Leistungsberechtigten in Bedarfsgemeinschaft leben. Kilian könnte einen Anspruch auf Sozialgeld gemäß § 19 Abs. 1 Satz 2 SGB II haben. Dafür müsste er mit einem erwerbsfähigen Leistungsberechtigten in Bedarfsgemeinschaft leben, und er darf keinen Anspruch nach dem 4. Kapitel SGB XII haben. 785

Zur Bedarfsgemeinschaft gehören u. a. dem Haushalt des Leistungsberechtigten angehörige unverheiratete Kinder, wenn sie das 25. Lebensjahr noch nicht vollendet haben und ihren Lebensunterhalt aus eigenem Einkommen und Vermögen nicht decken können. 786

Kilian ist 4 Jahre alt und unverheiratet. Hilfebedürftigkeit wird vorerst unterstellt, da aus dem Sachverhalt nichts Gegenteiliges zu entnehmen ist. Kilian erfüllt die Tatbestandsvoraussetzungen gemäß § 7 Abs. 3 Nr. 4 SGB II und gehört deshalb zur Bedarfsgemeinschaft von Emma. 787

Um Sozialgeld beziehen zu können, darf Kilian nicht anspruchsberechtigt nach dem 4. Kapitel SGB XII sein. Anspruchsberechtigt in der Grundsicherung nach 4. Kapitel SGB XII ist, wer die Altersgrenze (Renteneintrittsalter) erreicht hat oder wer das 18. Lebensjahr vollendet hat und dauerhaft voll erwerbsgemindert ist. Keine dieser Voraussetzungen des § 41 Abs. 1 SGB XII ist erfüllt, deshalb besteht kein Anspruch. 788

Kilian gehört zur Bedarfsgemeinschaft einer erwerbsfähigen Leistungsberechtigten und hat keinen Anspruch auf Leistungen nach dem 4. Kapitel SGB XII. Er hat deshalb dem Grunde nach Anspruch auf Sozialgeld gemäß § 19 Abs. 1 Satz 2 SGB II. 789

790 Emma beantragt die Leistungen mit Vorsprache am 20.02.2021. Leistungen werden gemäß § 37 Abs. 1 SGB II auf Antrag erbracht. Der Antrag wirkt auf den 1. des Monats zurück, in dem der Antrag gestellt wurde (§ 37 Abs. 2 Satz 2 SGB II). Der von Emma am 20.02.2021 gestellte Antrag wirkt deshalb auf den 01.02.2021 zurück. An diesem Tag beginnt die Bedarfszeit. Die Leistungen werden für den Kalendermonat (mit 30 Tagen) berechnet. In der Regel ist über den Anspruch für die Dauer von einem Jahr zu entscheiden (Bewilligungszeitraum § 41 Abs. 3 SGB II).

791 Die Bedarfszeit beginnt im vorliegenden Fall am 01.02.2021 und ist für den Regelbewilligungszeitraum von einem Jahr, also bis 31.01.2021, zu prüfen.

792 Emma könnte einen Anspruch auf Leistungen haben, wenn sie ihren Bedarf und den von Kilian nicht oder nicht ausreichend aus vorhandenem Einkommen und Vermögen, mit vorrangigen Sozialleistungen oder durch Hilfe von Verwandten decken kann (Bedarfsdeckungsprinzip). Im ersten Schritt ist deshalb der individuelle Bedarf zu ermitteln. Der monatliche Bedarf setzt sich aus der Regelleistung, den evtl. Mehrbedarfen und den Kosten für Unterkunft zusammen.

793 Der Regelbedarf nach § 20 SGB II umfasst insbesondere Ernährung, Kleidung, Körperpflege und Haushaltsenergie. Er wird pauschal gewährt. Die Höhe wird nach Regelbedarfsstufen gemäß § 28 SGB XII in Verbindung mit dem Regelbedarfsermittlungsgesetz bestimmt.

794 Emma ist seit dem Auszug des Kindesvaters alleinerziehend. Gemäß § 20 Abs. 2 SGB II erhalten Alleinerziehende den Regelbedarf nach Regelbedarfsstufe 1 (446,00 €).

795 Kilian ist 4 Jahre alt. Gemäß § 23 Nr. 1 SGB II erhalten Personen, die das sechste Lebensjahr noch nicht vollendet haben, Sozialgeld nach Regelbedarfsstufe 6 (283,00 €).

796 Emma könnte Anspruch auf den Mehrbedarf für Alleinerziehende gemäß § 21 Abs. 3 Nr. 1 SGB II haben. Mehrbedarfe umfassen Bedarfe für gewisse Lebensumstände, die nicht über die Regelleistung abgedeckt sind.

797 Für Personen, die mit einem oder mehreren minderjährigen Kinder zusammenleben und allein für deren Erziehung und Pflege sorgen, muss ein Mehrbedarf gewährt werden. Emma lebt mit ihrem Sohn allein und sorgt auch allein für ihn. Sie hat Anspruch auf einen Mehrbedarf nach § 23 Abs. 3 Nr. 1 SGB II in Höhe von 36 % der maßgeblichen Regelleistung, da sie mit einem Kind unter sieben Jahren zusammenlebt. Der Mehrbedarf beträgt 160,56 € (446,00 € × 36 %). Weitere Tatbestände für Mehr- oder Sonderbedarfe ergeben sich aus dem Sachverhalt nicht.

798 Zum monatlichen Bedarf gehören auch die Kosten für Unterkunft. Die Kosten für Unterkunft und Heizung werden in tatsächlicher Höhe berücksichtigt, sofern diese angemessen sind (§ 22 Abs. 1 Satz 1 SGB II).

799 Emma könnte Anspruch auf Berücksichtigung der Kosten für ihre Wohnung haben. Zu den Kosten i. S. d. § 22 SGB II zählen alle Aufwendungen, die zum Decken des Bedürfnisses Wohnen zählen und die anfallen, um in einer zumutbaren Unterkunft wohnen zu können. In einer Mietwohnung werden die Kosten für die reine Anmietung, d. h. die Grundmiete, berücksichtigt, die Nebenkosten sowie die angemessenen Heizkosten.

800 Emma hat Aufwendungen in Höhe von insgesamt 310,00 € Kosten der Unterkunft und 70,00 € Heizkosten. Stromkosten sind bereits pauschal über die Regelleistung abgedeckt und zählen nicht zu den Kosten für Unterkunft. Laut Sachverhalt ist die Wohnung angemessen. Die tatsächlichen Kosten sind kopfanteilig bei allen im Haushalt lebenden Personen zu berücksichtigen. Bei der individuellen Bedarfsermittlung werden sowohl bei Emma als auch bei Kilian monatlich 155,00 € Kosten für Unterkunft und 35,00 € für Heizkosten berücksichtigt.

Der Bedarf ermittelt sich also wie folgt: 801

	Emma	Kilian
Regelbedarf	446,00 €	283,00 €
Mehrbedarf	160,56 €	
Kosten der Unterkunft	155,00 €	155,00 €
Kosten für Heizung	35,00 €	35,00 €
	796,56 €	473,00 €

Die Gewährung von Grundsicherungsleistungen ist nachrangig. Vorrangig sind vorhandenes Einkommen und Vermögen zu berücksichtigen. 802

Unter Einkommen sind alle Einnahmen in Geld zu verstehen, die während der Bedarfszeit zufließen abzüglich der Absetzbeträge des § 11b SGB II, sofern die Einnahme nicht unter die in § 11a SGB II genannten Einnahmen fällt, die grundsätzlich nicht als Einkommen zu berücksichtigen sind. 803

Emma bezieht Elterngeld. Elterngeld könnte Einkommen i. S. d. § 11 SGB II sein. Dafür dürfte Elterngeld kein Einkommen i. S. d. § 11 SGB II sein. Elterngeld fällt nicht unter die Tatbestände und ist somit grundsätzlich Einkommen. Das Einkommen ist um die Absetzbeträge nach § 11b SGB II zu bereinigen. Elterngeld ist kein Erwerbseinkommen. Es fallen keine Steuern und keine Sozialversicherungsbeiträge an. Nach § 11 Abs. 1 Nr. 3 SGB II sind vom Einkommen Beiträge zu gesetzlichen Versicherungen und Beiträge zu angemessenen privaten Versicherungen in Abzug zu bringen. Emma hat eine Kfz-Haftpflichtversicherung nachgewiesen. Diese Versicherung ist eine Pflichtversicherung, wenn man im Besitz eines Kfz ist. Abzusetzen sind somit die nachgewiesenen 40,00 € monatlich. Für private Versicherungen ist gemäß § 6 Abs. 1 Nr. 1 ALG II-V für volljährige Leistungsberechtigte ein Pauschbetrag von 30,00 € monatlich abzusetzen. Da Emma bereits das 18. Lebensjahr vollendet hat, kann dieser Pauschbetrag in Abzug gebracht werden. Weiterhin könnte der Beitrag für geförderte Altersvorsorge in Abzug gebracht werden. Sie hat jedoch keine Nachweise erbracht, dass sie eine solche besitzt. Weitere Absetzbeträge kommen nur bei Erwerbseinkommen in Betracht. Das bereinigte Einkommen beträgt demnach 230,00 € (300,00 € - 40,00 € - 30,00 €). Die Kreditrate für das Kfz kann nicht abgesetzt werden. 804

Das Kindergeld, das Emma für Kilian erhält, könnte auch Einkommen sein. Kindergeld ist Einkommen des Kindes, wenn dieses das Kindergeld zur Bedarfsdeckung benötigt. Das ist hier der Fall. Kindergeld fällt auch nicht unter nicht zu berücksichtigendes Einkommen i. S. d. § 11a SGB II. Das Einkommen wäre wiederum um die Absetzbeträge des § 11b SGB II zu bereinigen. Kindergeld ist eine Sozialleistung und kein Erwerbseinkommen. Es fließt monatlich zu. Es kommt wie bei Emmas Einkommen auch nur die Absetzung der Freibeträge nach § 11b Nr. 3–5 SGB II in Betracht. Im vorliegenden Fall weist Emma keine Ausgaben für Kilian nach. Es könnte lediglich der Pauschbetrag für Versicherungen gemäß § 6 Abs. 1 Nr. 1 ALG II-V in Betracht kommen. Der setzt jedoch voraus, dass der Leistungsberechtigte, dessen Einkommen bereinigt werden soll, volljährig ist. Kilian ist minderjährig. Die Absetzung des Pauschbetrags kommt demnach nicht in Betracht. Das Einkommen kann um keinen Betrag bereinigt werden und ist in voller Höhe auf den Bedarf von Kilian anzurechnen. 805

Zur Bedarfsdeckung muss vorrangig auch Vermögen eingesetzt werden. Vermögen i. S. d. § 12 SGB II sind alle verwertbaren Vermögensgegenstände, die bereits vor der Bedarfs- 806 zeit im Bestand des Leistungsberechtigten vorhanden waren und die nicht nach § 12 Abs. 3 SGB II geschütztes Vermögen sind. Als Vermögen käme laut Sachverhalt der Pkw von Emma in Betracht.

807 Gemäß § 12 Abs. 3 Nr. 2 SGB II ist ein angemessenes Kraftfahrzeug für jeden erwerbsfähigen Leistungsberechtigten in der Bedarfsgemeinschaft nicht als Vermögen zu berücksichtigen. Als angemessen ist ein Pkw bis zu einem Wert von 7.500,00 € anzusehen. Der Opel Corsa von Emma hat einen Wert von 5.000,00 € und ist damit ein angemessenes Kraftfahrzeug. Emma ist erwerbsfähig. Der Pkw fällt damit unter den Tatbestand des § 12 Abs. 3 Nr. 2 SGB II. Er ist als Vermögen nicht zu berücksichtigen. Zudem ist er fremdfinanziert. Emma hat ihn für 5.000,00 € erworben. Sie hat im Februar 2017 lediglich eine Kreditrate getilgt, sodass ihr bei einem Verkauf kein nennbares Barvermögen übrig bliebe.

808 Weiteres Vermögen ist im Sachverhalt nicht benannt.
809 Es ist kein Vermögen bei der Bedarfsberechnung zu berücksichtigen.
810 Es berechnet sich folgender Leistungsanspruch.

811

	Emma	Kilian	Gesamt
Regelbedarfe	446,00 €	283,00 €	729,00 €
Mehrbedarf	160,56 €		160,56 €
Kosten der Unterkunft	155,00 €	155,00 €	310,00 €
Kosten für Heizung	35,00 €	35,00 €	70,00 €
Gesamt	796,56 €	473,00 €	1.269,56 €
Kindergeld		219,00 €	
Restbedarf	796,56 €	254,00 €	1.050,56 €
Bedarfsanteile am Gesamtbedarf	75,82 %	24,18 %	100,00 %
Anzur. EK nach Bedarfsanteilsmethode	174,39 €	55,61 €	230,00 €
SGB-II-Anspruch	622,17 €	198,39 €	820,56 €

812 Emma hat einen monatlichen Anspruch auf Arbeitslosengeld II in Höhe von 622,17 €. Kilian hat Anspruch auf 198,39 € Sozialgeld.

813 Emma sollte zum Jugendamt verwiesen werden. Sie könnte Anspruch auf Unterhaltsvorschussleistungen (UVG) haben, da der Vater von Kilian nicht in der Lage ist, Unterhalt zu leisten.

4.11 LÖSUNGEN ZU DEN ÜBUNGSFÄLLEN

814 <u>Fall 1</u>

Anspruch auf Arbeitslosengeld II gemäß § 19 Abs. 1 Satz 1 i. V. m. § 7 Abs. 1 SGB II?

- 15. Lebensjahr vollendet (ja), Altersgrenze nach §7a SGB II nicht erreicht (ja)
- erwerbsfähig (ja)
- hilfebedürftig (wird unterstellt)
- g. A. in der Bundesrepublik Deutschland (ja)

815 ➧ Matthias hat dem Grunde nach Anspruch auf Arbeitslosengeld II.

Fall 2 816
Anspruch auf Arbeitslosengeld II gemäß § 19 Abs. 1 Satz 1 i. V. m. § 7 Abs. 1 SGB II?
- 15. Lebensjahr vollendet (ja), Altersgrenze nach § 7a SGB II nicht erreicht (ja)
- erwerbsfähig (nein)

➡ Ella hat dem Grunde nach keinen Anspruch auf Arbeitslosengeld II (Prüfung der weiteren Voraussetzungen nicht mehr erforderlich). 817

Anspruch auf Sozialgeld gemäß § 19 Abs. 1 Satz 2 i. V. m. § 7 Abs. 3 SGB II? 818
- nicht erwerbsfähig (ja)
- kein Anspruch auf Grundsicherung im Alter und bei Erwerbsminderung (ja)
- BG mit erwerbsfähigem Leistungsberechtigten (nein)

Ella lebt alleine und ist selber nicht erwerbsfähig. Zur Begründung einer BG ist mindestens ein erwerbsfähiger Leistungsberechtigter erforderlich. 819

➡ Ella hat dem Grunde nach keinen Anspruch auf Sozialgeld. 820

Anspruch auf Grundsicherung im Alter und bei Erwerbsminderung gemäß § 19 Abs. 2 i. V. m. § 41 Abs. 1 SGB XII? 821
- Altersgrenze nach § 41 Abs. 2 erreicht (nein)
- Ella ist erst 58 Jahre alt; die Altersgrenze würde sie frühestens mit 65 Jahren erreichen ⇨ kein Anspruch auf Grundsicherung im Alter

- 18. Lebensjahr vollendet (ja)
- dauerhaft voll erwerbsunfähig (§ 41 Abs. 3 SGB XII) (nein)
- laut Sachverhalt wurde die Rente wegen voller Erwerbsminderung befristet bewilligt ⇨ kein Anspruch auf Grundsicherung bei dauerhaft voller Erwerbsminderung (das Vorliegen des g. A. im Inland muss nicht mehr geprüft werden, da der Anspruch schon ausgeschlossen ist)

➡ Ella hat dem Grunde nach keinen Anspruch auf Grundsicherung im Alter und bei Erwerbsminderung. 822

Anspruch auf Hilfe zum Lebensunterhalt? 823
- kein Anspruch auf Grundsicherung im Alter und bei Erwerbsminderung, Arbeitslosengeld II oder Sozialgeld (ja)
- hilfebedürftig (ja, wird unterstellt)

➡ Ella hat dem Grunde nach Anspruch auf Hilfe zum Lebensunterhalt. 824

Fall 3 825
Anspruch auf Arbeitslosengeld II gemäß § 19 Abs. 1 Satz 1 i. V. m. § 7 Abs. 1 SGB II?
- 15. Lebensjahr vollendet (ja), aber Altersgrenze nach § 7a SGB II erreicht

➡ Günther hat dem Grunde nach keinen Anspruch auf Arbeitslosengeld II (Prüfung der weiteren Voraussetzungen nicht mehr erforderlich). 826

827 Anspruch auf Sozialgeld gemäß § 19 Abs. 1 Satz 2 SGB II?
- Nicht erwerbsfähig? (nein)

828 ➡ Günther hat dem Grunde nach keinen Anspruch auf Sozialgeld (Prüfung der weiteren Voraussetzungen nicht mehr erforderlich).

829 Anspruch auf Grundsicherung im Alter und bei Erwerbsminderung gemäß § 19 Abs. 2 i.V.m. § 41 Abs. 1 SGB XII?
- Altersgrenze nach § 41 Abs. 2 erreicht (ja)

830 ➡ Günther hat dem Grunde nach Anspruch auf Grundsicherung im Alter und bei Erwerbsminderung.

831 Fall 4
Anspruch auf Arbeitslosengeld II gemäß § 19 Abs. 1 Satz 1 i.V.m. § 7 Abs. 1 SGB II?
- 15. Lebensjahr vollendet (ja), Altersgrenze nach § 7a SGB II nicht erreicht (ja)
- erwerbsfähig (nein)

832 ➡ Mike hat keinen nach Anspruch auf Arbeitslosengeld II.

833 Anspruch auf Sozialgeld gemäß § 19 Abs. 1 Satz 2 i.V.m. § 7 Abs. 3 SGB II?
- nicht erwerbsfähig (ja)
- kein Anspruch auf Grundsicherung im Alter und bei Erwerbsminderung (nein)

834 Anspruch auf Grundsicherung im Alter und bei Erwerbsminderung gemäß § 19 Abs. 2 i.V.m. § 41 Abs. 1 SGB XII?
- Altersgrenze nach § 41 Abs. 2 erreicht (nein)
- Mike ist erst 32 Jahre alt; die Altersgrenze würde er frühestens mit 65 Jahren erreichen ⇨ kein Anspruch auf Grundsicherung im Alter
- 18. Lebensjahr vollendet (ja)
- dauerhaft voll erwerbsunfähig (§ 41 Abs. 3 SGB XII) (ja)
- laut Sachverhalt wurde die Rente wegen voller Erwerbsminderung unbefristet bewilligt ⇨ Anspruch auf Grundsicherung bei dauerhaft voller Erwerbsminderung und damit keinen Anspruch auf Sozialgeld

835 ➡ Mike hat dem Grunde nach Anspruch auf Grundsicherung im Alter und bei Erwerbsminderung.

836 Fall 5
Anspruch auf Arbeitslosengeld II gemäß § 19 Abs. 1 Satz 1 i.V.m. § 7 Abs. 1 SGB II?
- 15. Lebensjahr vollendet (ja) , Altersgrenze nach §7a SGB II noch nicht erreicht (ja)
- erwerbsfähig (nein)

837 ➡ Gustel hat keinen Anspruch auf Arbeitslosengeld II.

Anspruch auf Sozialgeld gemäß § 19 Abs. 1 Satz 2 i. V. m. § 7 Abs. 3 SGB II? 838
- nicht erwerbsfähig (ja)
- kein Anspruch auf Grundsicherung im Alter und bei Erwerbsminderung (ja)
- BG mit erwerbsfähigem Leistungsberechtigten (ja)

Gustel lebt mit Ines zusammen, die erwerbsfähig ist und die Anspruchsvoraussetzungen nach § 7 Abs. 1 SGB II erfüllt. Selber ist er nicht erwerbsfähig. Zur Begründung einer BG ist mindestens ein erwerbsfähiger Leistungsberechtigter erforderlich. Dies ist in diesem Fall Ines. Gustel ist gemäß § 7 Abs. 3 Nr. 3 SGB II der Partner in Bedarfsgemeinschaft. 839

➡ Gustel hat dem Grunde nach Anspruch auf Sozialgeld. 840

Fall 6 841
Mohammed: 842
Anspruch auf Arbeitslosengeld II gemäß § 19 Abs. 1 Satz 1 i. V. m. § 7 Abs. 1 SGB II?
- 15. Lebensjahr vollendet (ja), Altersgrenze §7a SGB II noch nicht erreicht (ja)
- erwerbsfähig (ja), wenn auch nur eingeschränkt
- hilfebedürftig (wird unterstellt)
- g. A. in der Bundesrepublik Deutschland (ja)

➡ Mohammed hat Anspruch auf Arbeitslosengeld II. 843

Enya: 844
Anspruch auf Arbeitslosengeld II gemäß § 19 Abs. 1 Satz 1 i. V. m. § 7 Abs. 1 SGB II?
- 15. Lebensjahr vollendet (ja), Altersgrenze nach § 7a noch nicht erreicht (ja)
- erwerbsfähig (nein)

➡ Enya hat keinen Anspruch auf Arbeitslosengeld II. 845

Anspruch auf Sozialgeld gemäß § 19 Abs. 1 Satz 2 i. V. m. § 7 Abs. 3 SGB II? 846
- nicht erwerbsfähig (ja)
- kein Anspruch auf Grundsicherung im Alter und bei Erwerbsminderung (ja)

Anspruch auf Grundsicherung im Alter und bei Erwerbsminderung gemäß § 19 Abs. 2 i. V. m. § 41 Abs. 1 SGB XII? 847
- Altersgrenze nach § 41 Abs. 2 erreicht (nein)
- Enya ist erst 37 alt; die Altersgrenze würde er frühestens mit 65 Jahren erreichen
  ⇨ kein Anspruch auf Grundsicherung im Alter

- 18. Lebensjahr vollendet (ja)
- dauerhaft voll erwerbsunfähig (§ 41 Abs. 3 SGB XII) (nein)
- laut Sachverhalt wurde die Rente wegen voller Erwerbsminderung befristet bewilligt´
  ⇨ Anspruch auf Grundsicherung bei dauerhaft voller Erwerbsminderung besteht nicht

- BG mit erwerbsfähigem Leistungsberechtigten (ja)

848 Enya lebt mit ihren Ehemann Mohammed zusammen, der erwerbsfähig ist und die Anspruchsvoraussetzungen nach § 7 Abs. 1 SGB II erfüllt. Selber ist sie nicht erwerbsfähig. Zur Begründung einer BG ist mindestens ein erwerbsfähiger Leistungsberechtigter erforderlich. Dies ist in diesem Fall Mohammed. Enya ist gemäß § 7 Abs. 3 Nr. 3a SGB II die Partnerin in Bedarfsgemeinschaft.

849 ➡ Enya hat dem Grunde nach Anspruch auf Sozialgeld.

850 **Sarah:**

Anspruch auf Arbeitslosengeld II gemäß § 19 Abs. 1 Satz 1 i. V. m. § 7 Abs. 1 SGB II?

- 15. Lebensjahr vollendet (ja), Altersgrenze §7a SGB II noch nicht erreicht (ja)
- erwerbsfähig (ja), wenn auch derzeit im zeitlich befristeten Beschäftigungsverbot
- hilfebedürftig (wird unterstellt)
- g. A. in der Bundesrepublik Deutschland (ja)

851 ➡ Sarah hat Anspruch auf Arbeitslosengeld II. (Hinweis: Sie bildet keine BG mit Mohammed und Enya, da sie nicht unverheiratet ist § 7 Abs. 3 Nr. SGB II)

852 **Fine:**

Anspruch auf Arbeitslosengeld II gemäß § 19 Abs. 1 Satz 1 i. V. m. § 7 Abs. 1 SGB II?

- 15. Lebensjahr vollendet (ja), aber Altersgrenze nach § 7a SGB II erreicht

853 ➡ Fine hat dem Grunde nach keinen Anspruch auf Arbeitslosengeld II (Prüfung der weiteren Voraussetzungen nicht mehr erforderlich).

854 Anspruch auf Sozialgeld gemäß § 19 Abs. 1 Satz 2 SGB II?

- Nicht erwerbsfähig? (nein)

855 ➡ Fine hat dem Grunde nach keinen Anspruch auf Sozialgeld (Prüfung der weiteren Voraussetzungen nicht mehr erforderlich).

856 Anspruch auf Grundsicherung im Alter und bei Erwerbsminderung gemäß § 19 Abs. 2 i. V. m. § 41 Abs. 1 SGB XII?

- Altersgrenze nach § 41 Abs. 2 erreicht (ja)

857 ➡ Fine hat dem Grunde nach Anspruch auf Grundsicherung im Alter und bei Erwerbsminderung. (Hinweis: Fine gehört nicht zur BG von Mohammed und Enya, da eine BG Bildung über 3 Generationen nicht möglich ist. Eine solche Konstellation lässt § 7 Abs. 3 SGB II nicht zu.)

858 **Max:**

Anspruch auf Arbeitslosengeld II gemäß § 19 Abs. 1 Satz 1 i. V. m. § 7 Abs. 1 SGB II?

- 15. Lebensjahr vollendet (nein)

859 ➡ Max hat dem Grunde nach keinen Anspruch auf Arbeitslosengeld II (Prüfung der weiteren Voraussetzungen nicht mehr erforderlich).

Anspruch auf Sozialgeld gemäß § 19 Abs. 1 Satz 2 i. V. m. § 7 Abs. 3 SGB II? 860
- nicht erwerbsfähig (ja)
- kein Anspruch auf Grundsicherung im Alter und bei Erwerbsminderung (ja)
- BG mit erwerbsfähigem Leistungsberechtigten (nein)

Max kann nicht nach § 7 Abs. 3 Nr. 4 SGB II eine BG mit Mohammed und Enya bilden, da er weder das leibliche Kind von einen der beiden ist, noch adoptiert wurde. 861

➧ Max hat dem Grunde nach keinen Anspruch auf Sozialgeld. 862

Anspruch auf Grundsicherung im Alter und bei Erwerbsminderung gemäß § 19 Abs. 2 i. V. m. § 41 Abs. 1 SGB XII? 863
- Altersgrenze nach § 41 Abs. 2 erreicht
- Max ist erst 10 Jahre alt; die Altersgrenze würde sie frühestens mit 65 Jahren erreichen
  ⇨ kein Anspruch auf Grundsicherung im Alter

- 18. Lebensjahr vollendet (nein) 864
- dauerhaft voll erwerbsunfähig (§ 41 Abs. 3 SGB XII) (nein)
  ⇨ kein Anspruch auf Grundsicherung bei dauerhaft voller Erwerbsminderung

➧ Max hat dem Grunde nach keinen Anspruch auf Grundsicherung im Alter und bei Erwerbsminderung. 865

Anspruch auf Hilfe zum Lebensunterhalt? 866
- kein Anspruch auf Grundsicherung im Alter und bei Erwerbsminderung, Arbeitslosengeld II oder Sozialgeld (+)
- hilfebedürftig (wird unterstellt)

➧ Max hat dem Grunde nach Anspruch auf Hilfe zum Lebensunterhalt. 867

Fall 7 868

Anspruchsvoraussetzung § 7 Abs. 1 SGB II:
- 15. Lebensjahr vollendet, Altersgrenze nicht erreicht (ja)
- erwerbsfähig (wird unterstellt)
- hilfebedürftig (wird unterstellt)
- g. A. in der Bundesrepublik Deutschland (ja)

Aber: Ausschlussgrund Inhaftierung gemäß § 7 Abs. 4 Satz 2 SGB II 869

Fall 8 870

Anspruchsvoraussetzung § 7 Abs. 1 SGB II:
- 15. Lebensjahr vollendet, Altersgrenze nicht erreicht (ja)
- erwerbsfähig (ja)
- hilfebedürftig (wird unterstellt)
- g. A. in der Bundesrepublik Deutschland

871 Matthias ist zwar in seiner Erwerbsfähigkeit eingeschränkt. Es gibt jedoch kein ärztliches Gutachten, das ihm die Erwerbsfähigkeit von weniger als drei Stunden täglich (§ 8 SGB II) attestiert. Deshalb ist Matthias erwerbsfähig.

872 Matthias ist Anspruchsberechtigter i. S. d. § 7 Abs. 1 SGB II. Ausschlussgründe liegen nicht vor.

873 ➡ Matthias hat Anspruch auf Arbeitslosengeld II.

874 Fall 9

Anspruchsvoraussetzung § 7 Abs. 1 SGB II:

- 15. Lebensjahr vollendet, Altersgrenze nicht erreicht (ja)
- erwerbsfähig (ja)
- hilfebedürftig (wird unterstellt)
- g. A. in der Bundesrepublik Deutschland

875 Marta darf aufgrund eines gesetzlichen Beschäftigungsverbots derzeit nicht arbeiten. Das ändert aber nichts an ihrer grundsätzlichen Erwerbsfähigkeit. Ihr wird nur zum Schutz ihrer Gesundheit und der Gesundheit des Kindes, zeitlich begrenzt, eine Erwerbstätigkeit untersagt. Im Anschluss an die Geburt und nach Ablauf des Mutterschutzes darf sie auch wieder erwerbstätig sein.
Marta ist Anspruchsberechtigte i. S. d. § 7 Abs. 1 SGB II. Ausschlussgründe liegen nicht vor.

876 ➡ Marta hat Anspruch auf Arbeitslosengeld II.

877 Fall 10

Anspruchsvoraussetzung § 7 Abs. 1 SGB II:

- 15. Lebensjahr vollendet, Altersgrenze nicht erreicht (ja)
- erwerbsfähig (ja)
- hilfebedürftig (wird unterstellt)
- g. A. in der Bundesrepublik Deutschland

878 Bei der Beurteilung der Erwerbsfähigkeit kommt es rein auf den gesundheitlichen Zustand an, nicht auf den Willen. Es liegt kein Gutachten vor, das eine Erwerbsminderung feststellt. Daniela ist Anspruchsberechtigte i. S. d. § 7 Abs. 1 SGB II. Ausschlussgründe liegen nicht vor.

879 ➡ Daniela hat Anspruch auf Arbeitslosengeld II.

880 Fall 11

Anspruchsvoraussetzung § 7 Abs. 1 SGB II:

- 15. Lebensjahr vollendet, Altersgrenze nicht erreicht (ja)
- erwerbsfähig (wird unterstellt)
- hilfebedürftig (wird unterstellt)
- g. A. in der Bundesrepublik Deutschland

Vasile könnte unter den Ausschluss § 7 Abs. 1 Satz 2 SGB II fallen, da er ein Ausländer ist und erst vor zwei Monaten eingereist ist. Dies gilt jedoch nicht für Arbeitnehmer i. S. d. Freizügigkeitsgesetzes. Nach der Definition des Europäischen Gerichtshofs ist ein Unionsbürger dann Arbeitnehmer, wenn er einer tatsächlichen, echten Arbeit nachgeht und diese von nicht völlig untergeordneter Bedeutung ist. 881

Vasile kommt aus Rumänien. Rumänien gehört zur Europäischen Union. Zweifel an der Echtheit des Arbeitsverhältnisses bestehen nicht. Bei einer sozialversicherungspflichtigen Tätigkeit liegt auch kein Arbeitsverhältnis von untergeordneter Bedeutung vor. 882

Vasile ist Anspruchsberechtigter i. S. d. § 7 Abs. 1 SGB II. Ausschlussgründe liegen nicht vor. 883

➡ Vasile hat Anspruch auf Arbeitslosengeld II. 884

Fall 12 885

Anspruchsvoraussetzung § 7 Abs. 1 SGB II:
- 15. Lebensjahr vollendet, Altersgrenze nicht erreicht (wird unterstellt)
- erwerbsfähig (wird unterstellt)
- hilfebedürftig (wird unterstellt)
- g. A. in der Bundesrepublik Deutschland

Mira könnte unter den Ausschluss § 7 Abs. 1 Satz 2 SGB II fallen, da sie Ausländerin ist und erst vor zwei Monaten eingereist ist. Dies gilt jedoch nicht für Arbeitnehmer und deren Familienangehörige. 886

Mira fällt unter die Definition eines Familienangehörigen und unterliegt aufgrund der festgestellten Arbeitnehmereigenschaft von Vasile keinem Leistungsausschluss. 887

Mira ist Anspruchsberechtigte i. S. d. § 7 Abs. 1 SGB II. Ausschlussgründe liegen nicht vor.

➡ Mira hat Anspruch auf Arbeitslosengeld II. 888

Fall 13 889

Anspruchsvoraussetzung § 7 Abs. 1 SGB II:
- 15. Lebensjahr vollendet, Altersgrenze nicht erreicht (ja)
- erwerbsfähig (wird unterstellt)
- hilfebedürftig (wird unterstellt)
- g. A. in der Bundesrepublik Deutschland

Aber: Mohamad ist noch kein anerkannter Flüchtling und bezieht Asylbewerberleistungen. Leistungsberechtigte nach dem Asylbewerberleistungsgesetz sind gemäß § 7 Abs. 1 Satz 1 Nr. 3 SGB II vom Leistungsbezug SGB II ausgeschlossen. 890

891 Fall 14

Anspruchsvoraussetzung § 7 Abs. 1 SGB II:
- 15. Lebensjahr vollendet, Altersgrenze nicht erreicht (ja)
- erwerbsfähig (wird unterstellt)
- hilfebedürftig (wird unterstellt)
- g. A. in der Bundesrepublik Deutschland

892 Esma unterliegt auch keinem Ausschlussgrund, da der Ausschluss gemäß § 7 Abs. 5 SGB II nur für BAB-Bezieher gilt, die in Vollzeit in einem Heim oder Internat untergebracht sind. Esma erfüllt die Anspruchsvoraussetzungen aus Absatz 1 und kann trotz ihrer Ausbildung und BAB-Leistungen nach dem SGB II beziehen.

893 ➡ Esma hat Anspruch auf Arbeitslosengeld II.

894 Fall 15

Anspruchsvoraussetzung § 7 Abs. 1 SGB II:
- 15. Lebensjahr vollendet, Altersgrenze nicht erreicht (ja)
- erwerbsfähig (wird unterstellt)
- hilfebedürftig (wird unterstellt)
- g. A. in der Bundesrepublik Deutschland

895 Aber: Martin ist gemäß § 7 Abs. 5 SGB II vom Leistungsbezug ausgeschlossen, weil er eine förderfähige Ausbildung besucht, aber tatsächlich kein BAföG bezieht, weil er die persönlichen Voraussetzungen dafür nicht erfüllt. Gründe für einen Härtefall liegen nicht vor.

896 Fall 16

Zur Bedarfsgemeinschaft gehören:
Herr Müller ist erwerbsfähiger Leistungsberechtigter (§ 7 Abs. 3 Nr. 1 SGB II).
Ella ist die nicht dauernd getrennt lebende Ehefrau, also die Partnerin des Herrn Müller (§ 7 Abs. 3 Nr. 3a SGB II).
Moritz ist das zur BG gehörende Kind, da er unter 25, unverheiratet und hilfebedürftig ist (§ 7 Abs. 3 Nr. 4 SGB II).

897 Fall 17

Zur Bedarfsgemeinschaft gehören:
Silke ist erwerbsfähige Leistungsberechtigte (§ 7 Abs. 3 Nr. 1 SGB II).
Niklas ist das Kind und gehört zur BG, weil er unter 25, unverheiratet und selbst hilfebedürftig ist (§ 7 Abs. 3 Nr. 4 SGB III).
Nicht zur Bedarfsgemeinschaft, aber zur Haushaltsgemeinschaft gehören Christel und Jürgen D.

898 Fall 18

Zur Bedarfsgemeinschaft gehören:
Rene ist erwerbsfähiger Leistungsberechtigter (§ 7 Abs. 3 Nr. 1 SGB II).

Marc Andre ist der nicht dauernd getrennt lebende Lebenspartner von Rene (§ 7 Abs. 3 Nr. 3b SGB II).
Nicht zur Bedarfsgemeinschaft von Rene gehören Esra und ihr Sohn Moritz. Die beiden können eine eigene Bedarfsgemeinschaft bilden.
Zur Bedarfsgemeinschaft von Esra gehören:
Esra ist erwerbsfähiger Leistungsberechtigter (§ 7 Abs. 3 Nr. 1 SGB II).
Moritz ist das zur BG gehörende Kind, da er unter 25, unverheiratet und hilfebedürftig ist (§ 7 Abs. 3 Nr. 4 SGB II).
Im Haushalt leben zwei Bedarfsgemeinschaften in einer Haushaltsgemeinschaft.

Fall 19 899
Annett: Alleinerziehende – Regelbedarfsstufe 1 = 446,00 € (§ 20 Abs. 2 Satz 1 SGB II)
Mehrbedarf für Alleinerziehende in Höhe von 36 % von Regelbedarfsstufe 1 (446,00 €) = 160,56 € (§ 21 Abs. 3 Nr. 1 SGB II)
Mehrbedarf für werdende Mütter in Höhe von 17 % von Regelbedarfsstufe 1 (446,00 €) = 75,82 € (§ 21 Abs. 2 SGB II)
Mehrbedarfe werden nebeneinander gewährt, da der Höchstbetrag nach § 21 Abs. 8 SGB II nicht überschritten wird.

Kilian: Regelbedarfsstufe 6 = 283,00 € Sozialgeld (§ 23 Nr. 1 SGB II). 900

Fall 20 901
Sylvia: Regelbedarfsstufe 2 = 401,00 € als Partner in gemeinsamer Wohnung (§ 20 Abs. 4 SGB II)
Kein Mehrbedarf bei Diabetes und kein Mehrbedarf für nicht gesundheitlich bedingte Ernährungsformen, z. B. vegane oder vegetarische Ernährung.

Detlef: Regelbedarfsstufe 2 = 401,00 € als Partner in gemeinsamer Wohnung (§ 20 Abs. 4 902
SGB II)
Kein Mehrbedarf für Behinderung, weil keine Leistungen zur Teilhabe am Arbeitsleben 903
gezahlt werden.

Fall 21 904
Chantal: Alleinerziehende – Regelbedarfsstufe 1 = 446,00 € (§ 20 Abs. 2 Satz 1 SGB II)
Mehrbedarf für Alleinerziehende in Höhe von 48 % von Regelbedarfsstufe 1 (446,00 €) = 214,08 € (§ 21 Abs. 3 Nr. 2 SGB II)

Hinweis: Eigentlich wäre auch der Tatbestand nach § 21 Abs. 3 Nr. 1 SGB II erfüllt. 905
Demnach würde Chantal 36 % des maßgebenden Regelsatzes als Mehrbedarf bekommen, weil sie sowohl ein Kind unter 7 als auch zwei oder drei Kinder unter 16 Jahren hat. Mit der Regelung der Nr. 2 bekommt sie jedoch für jedes Kind 12 % und ist damit aufgrund der Anzahl der Kinder bessergestellt. Somit ist der höhere Mehrbedarf zu berücksichtigen.
Mehrbedarf für dezentrale Warmwassererzeugung: 2,3 % von Regelbedarfsstufe 1 906
(446,00 €) =10,26 €.

907 Kevin: Regelbedarfsstufe 5 = 309,00 € Sozialgeld (§ 23 Nr. 1 SGB II)
Mehrbedarf für dezentrale Warmwassererzeugung 1,2 % von 309,00 € = 3,71 €

908 Elias: Regelbedarfsstufe 5 = 309,00 € Sozialgeld (§ 23 Nr. 1 SGB II)
Mehrbedarf für dezentrale Warmwassererzeugung 1,2 % von 309,00 € = 3,71 €

909 Emma: Regelbedarfsstufe 6 = 283,00 € Sozialgeld (§ 23 Nr. 1 SGB II)
Mehrbedarf für dezentrale Warmwassererzeugung 0,8 % von 283,00 € = 2,26 €

910 Jona: Regelbedarfsstufe 6 = 283,00 € Sozialgeld (§ 23 Nr. 1 SGB II)
Mehrbedarf für dezentrale Warmwassererzeugung 0,8 % von 283,00 € = 2,26 €

911 Fall 22

912

Bedarf	Maik	Tina
Regelbedarf (RBS 2 PTR) § 20 Abs. 4	401,00 €	401,00 €
Mehrbedarf Schwangerschaft § 21 Abs. 2 = 17 %		68,17 €
Mehrbedarf Behinderung § 21 Abs. 4 = 35 %		140,35 €
Kosten der Unterkunft		
Grundmiete	140,00 €	140,00 €
Nebenkosten	60,00 €	60,00 €
Heizkosten	40,00 €	40,00 €
Gesamt	641,00 €	849,52 €

913 Zusätzlich könnte Anspruch auf einmalige Beihilfen gemäß § 24 Abs. 3 Nr. 2 SGB II-Bekleidung bei Schwangerschaft und Erstausstattung bei Geburt, bestehen. Bei einem Umzug können bei vorheriger Zusicherung angemessene Umzugskosten und Wohnungsbeschaffungskosten als Bedarf berücksichtigt werden (§ 22 Abs. 6 SGB II).

914 Fernsehgebühren, Festnetzkosten und Stromkosten sind über den Regelbedarf pauschal abgedeckt und finden keine gesonderte Berücksichtigung.

915 Fall 23

Anzurechnendes Einkommen ist Einkommen, das nicht nach § 11a SGB II geschützt ist. Weder Arbeitslosengeld I noch Witwenrente sind geschütztes Einkommen und sind somit als Transferleistungen grundsätzlich auf den Bedarf anzurechnen.

916 Vom Einkommen = 500,00 € (380,00 € + 120,00 €) abzusetzen sind:

§ 11b Abs. 1 Satz 1

Nr. 1	Steuern	=	0,00 €
Nr. 2	Pflichtbeiträge zur Sozialversicherung	=	0,00 €
Nr. 3	Beiträge zu Pflichtversicherung und	=	26,00 €
	privaten Versicherungen § 6 Abs. 1 Nr. 2 ALG II-V	=	30,00 €
Nr. 4	geförderte Altersvorsorgebeiträge	=	0,00 €
Anzurechnendes Einkommen		=	444,00 €

Die Absetzbeträge nach § 11b Abs. 1 Satz 1 Nr. 5 und 6 sind nur vom Erwerbseinkommen 917
abzusetzen. Ebenso gelten die Regelungen des Absatzes 2 nicht, da es sich nicht um Erwerbseinkommen handelt.

Der Parteibeitrag und die Sterbeversicherung finden bei den Absetzungen keine Berück- 918
sichtigung. Die Hausrat- und Haftpflichtversicherung werden pauschal über die Versicherungspauschale nach § 6 Abs. 1 Nr. 2 der ALG II-V abgesetzt. Die tatsächliche Höhe ist nicht relevant.

Der Beitrag zur Teilkaskoversicherung für das Kfz bleibt auch unberücksichtigt, weil dies 919
keine gesetzlich vorgeschriebene Versicherung ist.

Fall 24 920

Pflegegeld ist nicht als Einkommen zu berücksichtigen (§ 1 Abs. 1 Nr. 4 der ALG II-V). Das Erwerbseinkommen aus dem Minijob ist monatlich zufließendes Erwerbseinkommen und nach § 11b Abs. 1 Satz 1 SGB II, um folgende Absetzbeträge zu bereinigen:

Bruttoeinkommen 450,00 € 921

Nr. 1	Steuern	=	0,00 €
Nr. 2	Pflichtbeiträge zur Sozialversicherung	=	0,00 €
Nr. 3	Beiträge zu Pflichtversicherung und	=	0,00 €
	privaten Versicherungen § 6 Abs. 1 Nr. 2 ALG II-V	=	30,00 €
Nr. 4	geförderte Altersvorsorgebeiträge	=	0,00 €
Nr. 5	mit der Erzielung verbundene Ausgaben		
	Fahrtkosten	=	32,00 €

Die Absetzungen nach Nr. 3–5 betragen 62,00 €. Zu berücksichtigen ist bei Erwerbsein- 922
kommen der Absatz 2, der einen Grundfreibetrag von 100,00 € anstelle der Absetzungen nach Nr. 3–5 als Absetzung festlegt.

Freibetrag 923

Nr. 6 i. V. m. Absatz 3 (Erwerbstätigenfreibetrag)

0–100,00 € Einkommen = 0 % Freibetrag

100,00–450,00 € = 20 %

d. h. 20 % von 350,00 € = 70,00 € 924

Hinweis: Kein Freibetrag auf die ersten 100,00 €, da dem Wortlaut des Gesetzes Folgendes 925
zu entnehmen ist: „der Teil des Einkommens, der 100,00 € übersteigt".

Das anzurechnende Einkommen beträgt somit 280,00 € (450,00 € - 100,00 € - 70,00 €).

Fall 25 926

Bei Emma ist das Kindergeld sowie der Unterhalt des Vaters zur berücksichtigen.

Vom Einkommen 319,00 € (219,00 € + 100,00 €) € abzusetzen sind: 927

§ 11b Abs. 1 Satz 1

Nr. 1	Steuern	=	0,00 €
Nr. 2	Pflichtbeiträge zur Sozialversicherung	=	0,00 €
Nr. 3	Beiträge zu Pflichtversicherung und	=	0,00 €
	privaten Versicherungen § 6 Abs. 1 Nr. 2 ALG II-V	=	0,00 €
Nr. 4	geförderte Altersvorsorgebeiträge	=	0,00 €
Anzurechnendes Einkommen		=	319,00 €

928 Bei Emma ist das Einkommen ohne Absetzungen zu berücksichtigen. Auch die Pauschale für private Versicherungen nach § 6 Abs. 1 Nr. 1 SLG II-VO ist nicht abzusetzen, da nach dem Wortlaut des Gesetzes dies nur bei Volljährigen möglich ist.
Ingrid geht einer Erwerbstätigkeit nach und verdient ein monatliches Einkommen von 900,00 € brutto (670,00 € netto).

929 Bruttoeinkommen 900,00 €

Nr. 1	Steuern sowie		
Nr. 2	Pflichtbeiträge zur Sozialversicherung	=	230,00 € (Differenz Brutto – Netto)
Nr. 3	Beiträge zu Pflichtversicherung und	=	48,00 €
	privaten Versicherungen § 6 Abs. 1 Nr. 2 ALG II-V	=	30,00 €
Nr. 4	geförderte Altersvorsorgebeiträge (§ 6 Abs. 1 Nr. 4 ALG II-V 900,00 € × 1,5 %)	=	13,50 €
Nr. 5	mit der Erzielung verbundene Ausgaben		
	Fahrtkosten (32 km × 0,20 € × 15 Arbeitstage) § 6 Abs. 1 Nr. 5 ALG II-V	=	96,00 €

930 Die Absetzungen nach Nr. 3–5 betragen 187,50 €. Zu berücksichtigen ist bei Erwerbseinkommen der Absatz 2, der einen Grundfreibetrag von 100,00 € anstelle der Absetzungen nach Nr. 3–5 bei einem Einkommen bis 400,00 € regelt. Bei Erwerbseinkommen über 400,00 € können auch Absetzungen über 100,00 € berücksichtigt werden. Die Summe der Absetzungen beträgt in diesem Fall mehr als 100,00 € und das Einkommen ist größer als 400,00 €, demnach können 187,50 € abgesetzt werden.

931 Freibetrag
Nr. 6 i. V. m. Abs. 3 (Erwerbstätigenfreibetrag)
0–100,00 € Einkommen = 0 % Freibetrag
100,00–900,00 € = 20 %

932 d. h. 20 % von 800,00 € = 160,00 €

933 Hinweis: Kein Freibetrag auf die ersten 100,00 €, da dem Wortlaut des Gesetzes Folgendes zu entnehmen ist: „der Teil des Einkommens, der 100,00 € übersteigt“.

934 Das anzurechnende Einkommen beträgt somit:
Bruttoeinkommen: 900,00 €

Nettoeinkommen:	670,00 €
Abzgl. Nr. 3–5	187,50 €
Abzgl. Freibetrag nach Abs. 3	160,00 €

Bedarfsminderndes Einkommen beträgt 322,50 €. 935

Fall 26 936
Einkommen Julian: 219,00 € Kindergeld = anzurechnendes Einkommen, keine Absetzungen u. a., weil er minderjährig ist

Einkommen Viktoria: Opferentschädigungsrente = § 11a Abs. 1 Nr. 3 SGB II nicht zu berücksichtigendes Einkommen 937

Einkommen Frank: Erwerbseinkommen 1.300,00 € brutto = 950,00 € Nettoeinkommen 938
Bruttoeinkommen 1.300,00 €
§ 11b Abs. 1 Satz 1 SGB II

Nr. 1	Steuern sowie		
Nr. 2	Pflichtbeiträge zur Sozialversicherung	=	350,00 € (Differenz Brutto – Netto)
Nr. 3	Beiträge zu Pflichtversicherung und	=	0,00 €
	privaten Versicherungen, § 6 Abs. 1 Nr. 2 ALG II-V	=	30,00 €
Nr. 4	geförderte Altersvorsorgebeiträge	=	0,00 €
Nr. 5	mit der Erzielung verbundene Ausgaben	=	0,00 €

Die Absetzungen nach Nr. 3–5 betragen 30,00 €. Zu berücksichtigen ist bei **Erwerbs**einkommen der Absatz 2, der regelt, dass ein Grundfreibetrag von 100,00 € anstelle der Absetzungen nach Nr. 3–5 abzusetzen ist. 939

Freibetrag 940
Nr. 6 i. V. m. Abs. 3 (Erwerbstätigenfreibetrag)

0–100,00 € Einkommen	= 0 % Freibetrag
100,00–1.000,00 €	= 20 %
1.000,00–1.200,00 €	= 10 %
1.200,00–1.300,00 €	= 10 % (da minderjähriges Kind in BG)

d. h. 941

20 % von 900,00 €	=	180,00 €
10 % von 200,00 €	=	20,00 €
10 % von 100,00 €	=	10,00 €
Der Freibetrag nach Abs. 3 beträgt		210,00 €

Hier greifen auch die Freibeträge nach § 11b Abs. 3 Satz 2 Nr. 3 und Satz 3 SGB II, weil das Bruttoeinkommen über 1.000,00 € liegt und zudem ein minderjähriges Kind in der Bedarfsgemeinschaft lebt. 942

Das anzurechnende Einkommen beträgt somit 640,00 € (950,00 € – 100,00 € – 210,00 €). 943

944

	Frank	Viktoria	Julian	Gesamt
Regelbedarfe	401,00 €	401,00 €	373,00 €	1.175,00 €
Kosten der Unterkunft	200,00 €	200,00 €	200,00 €	600,00 €
Gesamt	601,00 €	601,00 €	573,00 €	1.775,00 €
Kindergeld			219,00 €	
Restbedarf	601,00 €	601,00 €	354,00 €	1.556,00 €
Bedarfsanteile am Gesamtbedarf	38,62 %	38,62 %	22,76 %	100,00 %
Anzur. EK nach Bedarfsanteilsmethode	247,17 €	247,17 €	145,66 €	640,00 €
SGB-II-Anspruch	353,83 €	353,83 €	208,34 €	916,00 €

945 Fall 27
Anzurechnendes Vermögen:
Michael: Sparbuch = Barvermögen, verwertbar
Absetzbeträge nach § 12 Abs. 2 Nr. 1a = 3.100,00 € und Freibetrag nach Nr. 4 = 750,00 €, gesamter Freibetrag 3.850,00 €.
Vorhandenes Vermögen liegt unter dem Absetzungsbetrag, es ergibt sich kein zu berücksichtigendes Vermögen

946 Andrea:
Opel Corsa – geschütztes Vermögen, da Andrea erwerbsfähig und der Wert des Fahrzeugs unter 7.500,00 € liegt (§ 12 Abs. 3 Nr. 2 SGB II)
Motorrad – nicht verwertbar, da gepfändet
Zu berücksichtigen bleibt das Bargeld in Höhe von 1.050,00 €.

947 Bernhard:
Kfz mit Wert 12.500,00 € ist kein geschütztes Vermögen, da Bernhard nicht erwerbsfähig ist – Kfz ist mit seinem Wert zu berücksichtigen
Tagesgeldkonto Guthaben 4.650,00 €, kein geschütztes Vermögen, verwertbar

948 Vermögen gesamt Andrea und Bernhard
Bargeld 1.050,00 €
Kfz Wert 12.500,00 €
Tagesgeld 4.650,00 € = 18.200,00 € gesamt

949 Abzusetzende Beträge nach § 12 Abs. 2

Nr. 1	Grundfreibetrag Andrea	= 64 × 150,00 €	=	9.600,00 €
Nr. 2	Grundfreibetrag Bernhard	= 57 × 150,00 €	=	8.550,00 €
Nr. 4	Freibetrag notwendige Anschaffungen		=	1.500,00 €
				19.650,00 €

950 Das Vermögen von Andrea und Bernhard übersteigt den Gesamtfreibetrag nicht und ist deshalb nicht als Vermögen anzurechnen.

DRITTER TEIL
SOZIALHILFE NACH DEM SGB XII

Im dritten Teil des Buchs geht es schwerpunktmäßig um die Leistungen nach dem SGB XII. 951
Dieser Teil kann unabhängig vom zweiten Teil – SGB II – genutzt werden. Bei Interesse an weitergehenden Informationen zu Leistungen nach dem SGB II kann selbstverständlich auf den zweiten Teil zurückgegriffen werden. Die Inhalte sind jedoch nicht Voraussetzung, um diesen Teil nutzen und verstehen zu können.

5 Abgrenzung der leistungsberechtigten Personen nach SGB II und SGB XII

5.1 LEISTUNGEN ZUM LEBENSUNTERHALT NACH SGB II UND SGB XII

5.1.1 Übersicht der Leistungen zum Lebensunterhalt

Nach SGB II und SGB XII gibt es insgesamt vier Leistungen, die dazu dienen, den laufenden 952
Lebensunterhalt zu sichern:

- Arbeitslosengeld II (§ 19 Abs. 1 Satz 1 SGB II)
- Sozialgeld (§ 19 Abs. 1 Satz 2 SGB II)
- Hilfe zum Lebensunterhalt (§ 19 Abs. 1 SGB XII)
- Grundsicherung im Alter und bei Erwerbsminderung (§ 19 Abs. 2 SGB XII)

Die persönlichen Voraussetzungen der leistungsberechtigten Personen sind für alle vier 953
Leistungen zum Lebensunterhalt unterschiedlich und werden in den Kapiteln 5.2 bis 5.5 näher beschrieben.

5.1.2 Rangfolge der Leistungen zum Lebensunterhalt/Leistungsausschlüsse

Die vier Leistungen zum Lebensunterhalt stehen zueinander in einem Vor- und Nach- 954
rangverhältnis. Sie schließen sich gegenseitig aus, d. h., jede Person kann nur eine der vier Leistungen erhalten.

Die Rangfolge der Leistungen ergibt sich aus folgenden Vorschriften:

§ 19 Abs. 1 S. 2 SGB II ⇨ Leistungen nach dem 4. Kapitel SGB XII (= Grundsicherung im 955
Alter und bei Erwerbsminderung) haben Vorrang vor Sozialgeld.

§ 5 Abs. 2 SGB II ⇨ Der Anspruch auf Leistungen zur Sicherung des Lebens- 956
unterhalts nach diesem Buch (= Arbeitslosengeld II, Sozialgeld) schließt Leistungen nach dem 3. Kapitel SGB XII (= Hilfe zum

Lebensunterhalt) aus. Leistungen nach dem 4. Kapitel SGB XII (= Grundsicherung im Alter und bei Erwerbsminderung) haben Vorrang vor Sozialgeld.

957 § 19 Abs. 2 S. 2 SGB XII ⇨ Die Leistungen der Grundsicherung im Alter und bei Erwerbsminderung gehen der Hilfe zum Lebensunterhalt vor.

958 § 21 S. 1 SGB XII ⇨ Personen, die nach dem Zweiten Buch dem Grunde nach leistungsberechtigt sind, erhalten keine Leistungen für den Lebensunterhalt (nach dem SGB XII).

959 **Dem Grunde** nach hat jemand Anspruch auf Leistungen zum Lebensunterhalt, wenn er die persönlichen Voraussetzungen erfüllt. Das heißt aber nicht automatisch, dass er auch tatsächlich Leistungen, insbesondere Geld, erhält. Ist nämlich z. B. ausreichendes Einkommen vorhanden, um den Bedarf des Lebensunterhalts zu decken, besteht **der Höhe nach** kein Anspruch auf Leistungen, und die Person bekommt kein Geld vom Sozialhilfeträger. Ob der Höhe nach ein Anspruch besteht, kann erst festgestellt werden, wenn der Bedarf sowie das zur Bedarfsdeckung einzusetzende Einkommen und Vermögen ermittelt wurden (Kapitel 6.3).

960 Zusammenfassend ist festzustellen, dass die Leistungen der Grundsicherung im Alter und bei Erwerbsminderung nach dem SGB XII gegenüber den drei anderen Leistungen zum Lebensunterhalt vorrangig sind. Die Leistungen nach dem SGB II sind vorrangig gegenüber der Hilfe zum Lebensunterhalt nach SGB XII.

961 Daraus ergibt sich die **Reihenfolge**, in der man prüft, welche Leistungen zum Lebensunterhalt nach SGB II oder SGB XII infrage kommen:

1. Grundsicherung im Alter und bei Erwerbsminderung
2. Arbeitslosengeld II
3. Sozialgeld
4. Hilfe zum Lebensunterhalt

962 Häufig wird auch die Meinung vertreten, dass zuerst zu prüfen ist, ob ein Anspruch auf Leistungen zum Lebensunterhalt nach dem SGB II besteht, und erst danach, ob Leistungen zum Lebensunterhalt nach SGB XII infrage kommen. Dann wäre zunächst ein möglicher Anspruch auf Arbeitslosengeld II zu prüfen, anschließend auf Sozialgeld, dann auf Grundsicherung im Alter und bei Erwerbsminderung und schließlich auf Hilfe zum Lebensunterhalt.

963 Beide Varianten sind möglich und führen zum gleichen Ergebnis. Es ist letztlich Geschmackssache, für welche der beiden Möglichkeiten man sich entscheidet. In diesem Teil des Lehrbuchs erfolgt die Prüfung in der zuerst genannten Reihenfolge, da diese aus Sicht der Autorin die schnellste Möglichkeit darstellt, die richtige Leistungsart festzustellen. Sobald man festgestellt hat, dass alle persönlichen Voraussetzungen für eine der Leistungsarten erfüllt sind, ist eine Prüfung der nachrangigen Leistungen nicht mehr erforderlich.

Mehrere Familienangehörige oder Personen, die zusammen in einem Haushalt leben, können durchaus Anspruch auf unterschiedliche Leistungen zum Lebensunterhalt haben. **Die Voraussetzungen sind immer für jede Person einzeln zu prüfen!** 964

5.2 PERSÖNLICHE VORAUSSETZUNGEN FÜR EINEN ANSPRUCH AUF GRUNDSICHERUNG IM ALTER UND BEI ERWERBSMINDERUNG (§§ 19 ABS. 2, 41 SGB XII)

Nach § 19 Abs. 2 SGB XII ist Grundsicherung im Alter und bei Erwerbsminderung an Personen zu leisten, die 965
- die Altersgrenze nach § 41 Abs. 2 erreicht haben oder
- das 18. Lebensjahr vollendet haben und dauerhaft voll erwerbsgemindert sind,

sofern sie ihren notwendigen Lebensunterhalt nicht oder nicht ausreichend aus eigenen Kräften und Mitteln, insbesondere aus ihrem Einkommen und Vermögen, bestreiten können. Ob jemand seinen notwendigen Lebensunterhalt aus eigenen Kräften und Mitteln bestreiten kann, kann erst beantwortet werden, wenn die Höhe des Bedarfs sowie des vorhandenen Einkommens und Vermögens bekannt sind. Hier werden zunächst die persönlichen – nicht finanziellen – Voraussetzungen überprüft. 966

In § 41 Abs. 1 SGB XII werden die Voraussetzungen des § 19 Abs. 2 SGB XII zum Teil wiederholt und erweitert. Danach sind Personen mit gewöhnlichem Aufenthalt im Inland, die ihren notwendigen Lebensunterhalt nicht oder nicht ausreichend aus eigenem Einkommen und Vermögen bestreiten können, leistungsberechtigt für die Leistungen der Grundsicherung im Alter und bei Erwerbsminderung, wenn sie die Voraussetzungen nach Absatz 2, 3 oder 3a erfüllen. Die v. g. Formulierung des Absatzes 1 wird durch das Angehörigen-Entlastungsgesetz, das zum Zeitpunkt der Überarbeitung dieses Buchs noch im Beratungsvorgang war, eingeführt. 967

Es gibt also drei verschiedene Personengruppen, die Grundsicherung beziehen können. Diese sollen nachfolgend näher betrachtet werden. Zu welcher Personengruppe jemand gehört, hat keinen Einfluss auf die Höhe der Sozialhilfeleistungen, die ggf. zu gewähren sind. 968

5.2.1 Leistungsberechtigung wegen Alters (§§ 19 Abs. 2, 41 Abs. 1 und 2 SGB XII)

Eine Leistungsberechtigung wegen Alters besteht nach § 19 Abs. 2 SGB XII sowie nach § 41 Abs. 1 und 2 SGB XII für Personen, die die Altersgrenze erreicht haben. 969

Früher lag die Altersgrenze für alle Personen bei 65 Jahren. Durch die Anhebung des Renteneintrittsalters auf bis zu 67 Jahre verschiebt sich auch die Altersgrenze für Leistungen der Grundsicherung im Alter. Entsprechend der Tabelle in § 41 Abs. 2 SGB XII erreichen alle Personen, die vor dem 01.01.1947 geboren sind, die Altersgrenze auch weiterhin mit 65 Jahren. Für alle, die ab dem 01.01.1947 geboren sind, steigt die Altersgrenze je späterem Geburtsjahr um einen bzw. zwei Monate an. Personen, die ab dem 01.01.1964 geboren sind, erreichen die Altersgrenze erst mit 67 Jahren. 970

971 Zusammenfassend müssen Personen, um Grundsicherung im Alter beziehen zu können, folgende persönliche Voraussetzungen erfüllen:

- Erreichen der Altersgrenze des § 41 Abs. 2 SGB XII
- gewöhnlicher Aufenthalt im Inland, also in Deutschland

972 Der Begriff **„gewöhnlicher Aufenthalt“** ist in § 30 Abs. 3 Satz 2 SGB I definiert. Danach hat jemand seinen gewöhnlichen Aufenthalt dort, wo er sich unter Umständen aufhält, die erkennen lassen, dass er an diesem Ort (...) nicht nur vorübergehend verweilt. Das ist dort, wo jemand seinen Lebensmittelpunkt, also in der Regel seinen Wohnort, hat. Der gewöhnliche Aufenthalt bleibt auch dann bestehen, wenn man sich vorübergehend woanders aufhält, z. B. während einer Urlaubsreise oder während seiner Arbeitszeit.

973 Vom gewöhnlichen Aufenthalt unterscheidet man den **tatsächlichen Aufenthalt**. Den tatsächlichen Aufenthalt hat man dort, wo man sich gerade im Moment aufhält, also z. B. am Arbeitsplatz, im Supermarkt, am Urlaubsort oder bei Freunden.

5.2.2 Leistungsberechtigung wegen dauerhaft voller Erwerbsminderung (§§ 19 Abs. 2, 41 Abs. 1 und 3 SGB XII)

974 Nach § 19 Abs. 2 SGB XII sind neben den Personen, die die Altersgrenze erreicht haben, auch diejenigen leistungsberechtigt für die Grundsicherung im Alter und bei Erwerbsminderung, die das 18. Lebensjahr vollendet haben, dauerhaft voll erwerbsgemindert sind und ihren gewöhnlichen Aufenthalt im Inland haben. § 41 Abs. 3 SGB XII konkretisiert diese Vorschrift dahingehend, dass leistungsberechtigt wegen einer dauerhaft vollen Erwerbsminderung ist, wer das 18. Lebensjahr vollendet hat, unabhängig von der jeweiligen Arbeitsmarktlage voll erwerbsgemindert i. S. d. § 43 Abs. 2 SGB VI ist und bei dem unwahrscheinlich ist, dass die volle Erwerbsminderung behoben werden kann.

975 Ob jemand auf Dauer voll erwerbsgemindert ist, kann nur der Rententräger feststellen. Kann jemand einen Bescheid der Rentenversicherung vorlegen, aus dem sich ergibt, dass er eine Rente wegen voller Erwerbsminderung bezieht und dass diese Rente zeitlich nicht oder bis zum Erreichen der Altersgrenze befristet ist, ist er dauerhaft voll erwerbsgemindert i. S. d. § 41 SGB XII. Wenn weder ein solcher Rentenbescheid noch eine sonstige Entscheidung des Rententrägers vorliegen, der Sozialhilfeträger aber davon ausgeht, dass eine Person auf Dauer voll erwerbsgemindert ist, wird nach § 45 SGB XII der Rententräger beauftragt, die Voraussetzungen der dauerhaft vollen Erwerbsminderung zu überprüfen.

976 Keinen Anspruch auf Grundsicherung bei Erwerbsminderung haben im Umkehrschluss Personen, die nur vorübergehend und/oder nur teilweise erwerbsgemindert sind. Folgende Voraussetzungen müssen also für eine Leistungsberechtigung für Grundsicherung bei Erwerbsminderung erfüllt sein:

- Vollendung des 18. Lebensjahres
- Feststellung der dauerhaft vollen Erwerbsminderung
- gewöhnlicher Aufenthalt im Inland (siehe 5.2.1)

5.2.3 Leistungsberechtigung von Menschen mit Behinderungen (§§ 19 Abs. 3, 41 Abs. 1 und 3a SGB XII)

Zum 13.12.2019 neu eingefügt durch das Angehörigen-Entlastungsgesetz wurde Abs. 3a in § 41 SGB XII. Dieser besagt, dass Personen, die das 18. Lebensjahr vollendet haben, auch dann einen Anspruch auf Leistungen der Grundsicherung im Alter und bei Erwerbsminderung haben, wenn sie 977
1. in einer Werkstatt für behinderte Menschen oder bei einem anderen Leistungsanbieter das Eingangsverfahren und den Berufsbildungsbereich durchlaufen oder
2. in einem Ausbildungsverhältnis stehen, für das sie ein Budget für Ausbildung nach § 61a SGB IX erhalten.

Auch diese Personen müssen, um Leistungen beziehen zu können, ihren gewöhnlichen Aufenthalt in Deutschland haben. 978

In der Vergangenheit haben die in Absatz 3a genannten Personen Hilfe zum Lebensunterhalt erhalten, und erst nach Abschluss der in Nr. 1 und 2 genannten Zeiträume wurde geprüft, ob eine dauerhaft volle Erwerbsminderung vorlag. Diese wurde dann auch regelmäßig festgestellt, weshalb verschiedene Sozialgerichte mehrfach entschieden haben, dass die Personen auch schon während der genannten Zeiträume einen Anspruch auf Grundsicherung im Alter und bei Erwerbsminderung haben. Dies wird nun auch in § 41 Abs. 3a SGB XII geregelt. 979

5.2.4 Leistungsausschluss (§ 41 Abs. 4 SGB XII)

Nach § 41 Abs. 4 SGB XII hat jemand keinen Anspruch auf Grundsicherung im Alter und bei Erwerbsminderung, wenn er die Bedürftigkeit in den letzten zehn Jahren vorsätzlich oder grob fahrlässig herbeigeführt hat. Denkbar wäre ein solcher Fall beispielsweise, wenn jemand sein gesamtes Vermögen verschenken würde, um dann Leistungen der Grundsicherung im Alter und bei Erwerbsminderung zu erhalten. 980

In der Praxis sind diese Fälle äußerst selten. Um die Leistungen tatsächlich versagen zu können, muss der Sozialhilfeträger beweisen können, dass die Person die Bedürftigkeit vorsätzlich oder grob fahrlässig, also bewusst und absichtlich, herbeigeführt hat. 981

Ausgeschlossen sind in solchen Fällen auch nur die Leistungen der Grundsicherung im Alter und bei Erwerbsminderung. Dennoch kann die Person ggf. Hilfe zum Lebensunterhalt bekommen. Der Sozialhilfeträger hat dann mehr Möglichkeiten, Ansprüche gegen andere Personen geltend zu machen. 982

5.3 PERSÖNLICHE VORAUSSETZUNGEN FÜR EINEN ANSPRUCH AUF ARBEITSLOSENGELD II (§§ 19 ABS. 1 SATZ 1, 7 ABS. 1 SGB II)

Nach § 19 Abs. 1 Satz 1 SGB II erhalten erwerbsfähige Leistungsberechtigte Arbeitslosengeld II. § 7 Abs. 1 Satz 1 SGB II enthält die Legaldefinition des Begriffs „erwerbsfähige Leistungsberechtigte“. Danach müssen erwerbsfähige Leistungsberechtigte insgesamt vier Voraussetzungen erfüllen, und zwar 983

1. das 15. Lebensjahr vollendet und die Altersgrenze nach § 7a SGB II noch nicht erreicht haben,
2. erwerbsfähig sein,
3. hilfebedürftig sein,
4. ihren gewöhnlichen Aufenthalt in der Bundesrepublik Deutschland haben.

5.3.1 Alter

984 Das 15. Lebensjahr vollendet man an dem Tag, an dem man 15 Jahre alt wird. Ist jemand also am 13.12.2001 geboren, vollendet er das 15. Lebensjahr am 13.12.2016 um 0.00 Uhr. Die Altersgrenze nach § 7a SGB II entspricht grundsätzlich der in § 41 Abs. 2 SGB XII geregelten Altersgrenze. Es wird daher auf die Ausführungen in Kapitel 5.2.1 verwiesen.

985 Jedoch wird im SGB XII auf den Ablauf des Tages Bezug genommen, an dem die Altersgrenze erreicht wird. Dies entspricht den Regelungen im SGB VI. Nach § 7a SGB II wird die Altersgrenze erst mit Ablauf des Monats, in dem man das jeweilige Alter vollendet, erreicht. Die abweichende Regelung im SGB II führt dazu, dass für den vollen Monat, in dem man die Altersgrenze erreicht, ein Leistungsanspruch besteht. Da die Altersrenten erst zum Monatsende gezahlt werden und auch erst ab dem Monat, in dem die Voraussetzungen am 1. des Monats bereits erfüllt waren, sollen so finanzielle Lücken zwischen SGB-II- und Rentenbezug vermieden bzw. verringert werden.

5.3.2 Erwerbsfähigkeit

986 Aus § 8 Abs. 1 SGB II ergibt sich, dass erwerbsfähig ist, wer nicht wegen Krankheit oder Behinderung auf absehbare Zeit außerstande ist, unter den üblichen Bedingungen des allgemeinen Arbeitsmarktes mindestens drei Stunden täglich erwerbstätig zu sein.

987 Personen, die nicht mindestens drei Stunden täglich erwerbstätig sein können, gelten im Sinne der Rentenversicherung (SGB VI) als voll erwerbsgemindert. Erhält also eine Person eine Rente wegen voller Erwerbsminderung – egal, ob befristet oder auf Dauer –, ist sie nicht erwerbsfähig i. S. d. § 8 SGB II. Ist eine Person in der Lage, zwischen drei und sechs Stunden täglich erwerbstätig zu sein, ist sie teilweise erwerbsgemindert (§ 43 Abs. 1 SGB VI). Sie gilt dann als erwerbsfähig i. S. d. § 8 SGB II. Die Feststellung, ob jemand teilweise oder voll erwerbsgemindert ist, kann nur der Rententräger abschließend treffen.

5.3.3 Hilfebedürftigkeit

988 Die Definition der Hilfebedürftigkeit findet sich in § 9 SGB II. Danach ist hilfebedürftig, wer seinen Lebensunterhalt nicht oder nicht ausreichend aus dem zu berücksichtigenden Einkommen oder Vermögen sichern kann und die erforderliche Hilfe nicht von anderen, insbesondere von Angehörigen oder Trägern anderer Sozialleistungen, erhält.

989 Hier geht es also insbesondere um die Frage, ob jemand genug Geld zur Verfügung hat, um seinen Lebensunterhalt sicherzustellen, oder ob er das Geld ggf. von anderen erhalten kann. Da für die Beantwortung dieser Frage zunächst geklärt werden müsste, wie hoch der

Bedarf „Lebensunterhalt“ überhaupt ist und wie viel Einkommen und Vermögen jemand hat, kann die Prüfung der Hilfebedürftigkeit als persönliche Anspruchsvoraussetzung grundsätzlich erst zu einem viel späteren Zeitpunkt erfolgen. In diesem Teil des Buchs ist sie zu vernachlässigen und wird in den Übungsfällen unterstellt.

5.3.4 Gewöhnlicher Aufenthalt in der Bundesrepublik Deutschland

Wie § 41 Abs. 1 SGB XII als Voraussetzung den gewöhnlichen Aufenthalt im Inland als 990
Anspruchsvoraussetzung für Grundsicherung im Alter und bei Erwerbsminderung nennt, fordert § 7 Abs. 1 Satz 1 SGB II einen gewöhnlichen Aufenthalt in der BRD als Voraussetzung für einen Anspruch auf Arbeitslosengeld II. Zur Vermeidung von Wiederholungen kann auf die Ausführungen in Kapitel 5.2.1 verwiesen werden. Wenn in einem Übungs-/Klausurfall der gewöhnliche Aufenthalt im Inland gemäß § 41 Abs. 1 SGB XII bereits überprüft wurde, kann das Ergebnis in die Prüfung eines Anspruchs auf Arbeitslosengeld II übernommen werden.

5.3.5 Leistungsausschlüsse

Nach § 7 Abs. 1 Satz 2 SGB II sind bestimmte ausländische Staatsangehörige von einem 991
Leistungsbezug nach dem SGB II insgesamt ausgeschlossen. Auf diese Personengruppen wird, da in diesem Kapitel der Schwerpunkt auf den Leistungen nach SGB XII liegt, hier jedoch nicht näher eingegangen.

5.4 PERSÖNLICHE VORAUSSETZUNGEN FÜR EINEN ANSPRUCH AUF SOZIALGELD (§§ 19 ABS. 1 SATZ 2, 7 ABS. 2 UND 3 SGB II)

Nach § 19 Abs. 1 Satz 2 SGB II erhalten **nicht erwerbsfähige Leistungsberechtigte**, die mit 992
erwerbsfähigen Leistungsberechtigten in einer Bedarfsgemeinschaft (BG) leben, Sozialgeld, soweit sie keinen Anspruch auf Leistungen nach dem 4. Kapitel des Zwölften Buchs haben.

Ausgehend von der o.g. Prüffolge (Kapitel 5.1.2) ist, wenn man die Voraussetzungen für 993
einen Anspruch auf Sozialgeld prüft, bereits geklärt, dass
1. kein Anspruch auf Leistungen nach dem 4. Kapitel SGB XII (Grundsicherung im Alter und bei Erwerbsminderung, Kapitel 5.2) besteht und
2. die Person nicht erwerbsfähig ist, denn sonst hätte sie einen Anspruch auf Arbeitslosengeld II (Kapitel 5.3).

Es ist also (nur) noch zu prüfen, ob die nicht erwerbsfähige Person in einer Bedarfsgemein- 994
schaft mit einem erwerbsfähigen Leistungsberechtigten lebt.

5.4.1 Bedarfsgemeinschaft (§ 7 Abs. 3 SGB II)

Wer zu einer Bedarfsgemeinschaft gehört, ergibt sich aus § 7 Abs. 3 SGB II. Zunächst ist 995
festzuhalten, dass eine Bedarfsgemeinschaft, auch wenn es der Begriff nicht vermuten

lässt, auch aus einer einzigen Person bestehen kann. Eine Obergrenze, wie viele Personen zu einer Bedarfsgemeinschaft gehören können, gibt es nicht.

996 Für die Begründung einer Bedarfsgemeinschaft ist aber, wie sich aus § 19 Abs. 1 Satz 2 SGB II ergibt, immer mindestens eine erwerbsfähige leistungsberechtigte Person – also eine Person, die die Voraussetzungen für einen Anspruch auf Arbeitslosengeld II erfüllt – erforderlich, die ggf. mehrere erwerbsfähige und/oder nicht erwerbsfähige Personen in die Bedarfsgemeinschaft „ziehen" kann.

997 Ob jemand zu einer Bedarfsgemeinschaft gehört, ist wichtig für die Beantwortung der Frage, ob er Sozialgeld erhalten kann, wenn er selber nicht erwerbsfähig ist, aber auch für die Entscheidung, welches Einkommen und Vermögen jemand einsetzen muss, um ggf. auch den Lebensunterhalt von anderen Personen sicherzustellen.

998 Der Gesetzgeber geht grundsätzlich davon aus, dass als erwerbsfähige leistungsberechtigte Person zur Begründung einer Bedarfsgemeinschaft eine erwachsene Person, bei Familien mindestens ein Elternteil oder Partner eines Elternteils, vorhanden ist (Kapitel 5.4.1.1 bis 5.4.1.3). Sofern das nicht der Fall ist, kann eine Bedarfsgemeinschaft auch über ein erwerbsfähiges Kind begründet werden (Kapitel 5.4.1.4).

999 Die folgenden Ausführungen erscheinen möglicherweise zunächst unübersichtlich. In Kapitel 5.8 folgen daher verschiedene Übungsfälle, anhand derer die Bildung von Bedarfsgemeinschaften verdeutlicht wird.

5.4.1.1 Erwerbsfähige Leistungsberechtigte (§ 7 Abs. 3 Nr. 1 SGB II)

1000 Nach § 7 Abs. 3 Nr. 1 SGB II gehören zu einer Bedarfsgemeinschaft die erwerbsfähigen Leistungsberechtigten. Wie gesagt, muss es für die Begründung einer Bedarfsgemeinschaft immer mindestens eine erwerbsfähige leistungsberechtigte Person geben, es können aber durchaus auch mehrere erwerbsfähige Leistungsberechtigte zu einer Bedarfsgemeinschaft gehören.

5.4.1.2 Partnerin oder Partner der erwerbsfähigen Leistungsberechtigten (§ 7 Abs. 3 Nr. 3 SGB II)

1001 Entsprechend § 7 Abs. 3 Nr. 3 SGB II gehören zur Bedarfsgemeinschaft auch die Partnerin oder der Partner der erwerbsfähigen leistungsberechtigten Person. Das sind

1002 a) die **Ehegatten**, es sei denn, sie leben dauernd getrennt.

1003 Nach § 1567 BGB leben Ehegatten getrennt, wenn zwischen ihnen keine häusliche Gemeinschaft besteht und ein Ehegatte sie erkennbar nicht herstellen will, weil er die eheliche Lebensgemeinschaft ablehnt. Die häusliche Gemeinschaft besteht auch dann nicht mehr, wenn die Ehegatten innerhalb der ehelichen Wohnung getrennt leben.

1004 Es gilt die gesetzliche Vermutung, dass Ehegatten nicht getrennt leben, und zwar auch dann, wenn sie in zwei verschiedenen Wohnungen wohnen, z. B. weil einer der beiden von Montag bis Freitag in einer Zweitwohnung in der Nähe seines Arbeitsplatzes lebt. Umgekehrt können sie aber, wie sich aus § 1567 BGB ergibt, auch innerhalb einer Wohnung getrennt leben.

Die gesetzliche Vermutung des Zusammenlebens kann widerlegt werden. Dazu müssen die Leistungsberechtigten ausdrücklich erklären und ggf. auch nachweisen, dass sie getrennt lebend sind. Anhaltspunkte für ein Getrenntleben sind u. a. eine entsprechende Erklärung gegenüber dem Finanzamt, denn dort muss die Erklärung aus steuerlichen Gründen ebenfalls erfolgen, oder auch das Einrichten getrennter Konten. 1005

b) die **Lebenspartnerin oder der Lebenspartner**, es sei denn, sie leben dauernd getrennt. 1006

Erfasst werden hier die Partner, die mit einem erwerbsfähigen Leistungsberechtigten in einer eingetragenen (gleichgeschlechtlichen) Partnerschaft leben. Zum Getrenntleben wird auf die Erläuterungen zu a) verwiesen. 1007

c) eine Person, die mit der erwerbsfähigen leistungsberechtigten Person in einem gemeinsamen Haushalt so zusammenlebt, dass nach verständiger Würdigung der wechselseitige Wille anzunehmen ist, Verantwortung füreinander zu tragen und füreinander einzustehen. 1008

Gemeint sind hier die sog. **eheähnlichen Lebensgemeinschaften**, also Partner, die nicht miteinander verheiratet sind, aber in einem gemeinsamen Haushalt leben und letztlich genauso Verantwortung füreinander tragen und füreinander einstehen, wie es Ehegatten oder Lebenspartner auch tun. 1009

In § 7 Abs. 3a SGB II ist beschrieben, wann der „wechselseitige Wille, Verantwortung füreinander zu tragen und füreinander einzustehen", also das Bestehen einer eheähnlichen Gemeinschaft, vermutet werden kann. Das ist der Fall, wenn Partner 1010

- länger als ein Jahr zusammenleben (Nr. 1),
- mit einem gemeinsamen Kind zusammenleben (Nr. 2),
- Kinder oder Angehörige im Haushalt versorgen (gemeint sind hier nicht die gemeinsamen Kinder, sondern Kinder nur eines Partners, Nr. 3) oder
- befugt sind, über Einkommen oder Vermögen des anderen zu verfügen, also z. B. eine Kontovollmacht haben oder ein gemeinsames Konto führen (Nr. 4).

Auch in anderen Fällen kann eine eheähnliche Gemeinschaft bestehen. In den o. g. Fällen wird sie jedoch gesetzlich vermutet, d. h., der Leistungsträger darf sie unterstellen, und der Leistungsberechtigte muss sie, wenn tatsächlich keine eheähnliche Gemeinschaft besteht, widerlegen. 1011

5.4.1.3 Kinder (§ 7 Abs. 3 Nr. 4 SGB II)

Aus § 7 Abs. 3 Nr. 4 SGB II ergibt sich, dass **Kinder** von Personen, die 1012

- in § 7 Abs. 3 Nr. 1–3 SGB II genannt sind,
- dem Haushalt angehören,
- unverheiratet sind und
- das 25. Lebensjahr noch nicht vollendet haben, ebenfalls zur Bedarfsgemeinschaft gehören.

1013 Zu den letzten drei Voraussetzungen sind keine Erklärungen erforderlich; die erste Voraussetzung ist jedoch näher zur erläutern: Kinder der in den Nummern 1 bis 3 genannten Personen sind

- die Kinder eines erwerbsfähigen Leistungsberechtigten (Nr. 1),
- alle Kinder von Ehegatten, Lebenspartnern oder Partnern in eheähnlicher Gemeinschaft, egal, ob es sich um Kinder von beiden oder nur von einem Partner handelt (Nr. 3), und
- die Kinder der Eltern, also die Geschwister (auch Halb- und Stiefgeschwister), wenn die Bedarfsgemeinschaft nach Nr. 2 gebildet wird (Kapitel 5.4.1.4).

1014 Die Einschränkung im letzten Halbsatz, wonach Kinder dann nicht zur Bedarfsgemeinschaft gehören, wenn sie ihren Lebensunterhalt aus eigenem Einkommen und Vermögen beschaffen können, ist für die Frage, welche persönlichen Voraussetzungen jemand erfüllen muss, um Sozialgeld erhalten zu können, nicht von Bedeutung und daher an dieser Stelle auch nicht zu prüfen.

5.4.1.4 Eltern, Elternteile und deren Partner (§ 7 Abs. 3 Nr. 2 SGB II)

1015 Weiterhin gehören nach § 7 Abs. 3 Nr. 2 SGB II die **im Haushalt lebenden Eltern oder** der im Haushalt lebende **Elternteil** eines unverheirateten erwerbsfähigen Kindes, welches das 25. Lebensjahr noch nicht vollendet hat, und die im Haushalt lebende Partnerin oder der im Haushalt lebende Partner dieses Elternteils zur Bedarfsgemeinschaft.

1016 Kinder gehören grundsätzlich, wenn sie im gleichen Haushalt leben, das 25. Lebensjahr noch nicht vollendet haben und unverheiratet sind, zur Bedarfsgemeinschaft ihrer Eltern (Kapitel 5.4.1.3). Da sie ab Vollendung des 15. Lebensjahres, wenn sie die Voraussetzungen des § 7 Abs. 1 SGB II erfüllen (also Anspruch auf Arbeitslosengeld II haben), selber erwerbsfähige Leistungsberechtigte sind, kann eine Bedarfsgemeinschaft auch durch ein Kind begründet werden, selbst wenn keine sonstigen erwerbsfähigen Leistungsberechtigten vorhanden sind. Dieses Kind zieht dann seine Eltern bzw. einen Elternteil und ggf. auch dessen Partner (die nicht erwerbsfähig sind) und deren Kinder mit in die von ihm begründete Bedarfsgemeinschaft.

5.4.1.5 Keine „Drei-Generationen-Bedarfsgemeinschaft"

1017 Nach § 7 Abs. 3 Nr. 2 SGB II kann ein erwerbsfähiges unverheiratetes Kind, welches das 25. Lebensjahr noch nicht vollendet hat, seine nicht erwerbsfähigen Eltern mit in seine Bedarfsgemeinschaft ziehen. Nach § 7 Abs. 3 Nr. 4 SGB II ist es gleichzeitig möglich, dass es eigene Kinder mit in die Bedarfsgemeinschaft zieht, sodass insgesamt drei Generationen zu einer Bedarfsgemeinschaft gehören würden.

1018 Hierzu sagen die Hinweise der Bundesagentur für Arbeit jedoch, dass immer nur zwei Generationen zu einer Bedarfsgemeinschaft gehören können. Bei der Bildung der Bedarfsgemeinschaft ist auf die tatsächlichen Lebensverhältnisse abzustellen mit der Folge, dass das erwerbsfähige Kind eine Bedarfsgemeinschaft mit seinem eigenen Kind bildet und die nicht erwerbsfähigen Eltern dann dem Grunde nach einen Anspruch auf Hilfe zum Lebensunterhalt (Kapitel 5.5) haben.

5.5 PERSÖNLICHE VORAUSSETZUNGEN FÜR EINEN ANSPRUCH AUF HILFE ZUM LEBENSUNTERHALT (§§ 19 ABS. 1, 27 ABS. 1 SGB XII)

Nach § 19 Abs. 1 i.V.m. § 27 Abs. 1 SGB XII ist Hilfe zum Lebensunterhalt an Personen zu 1019 leisten, die ihren notwendigen Lebensunterhalt nicht oder nicht ausreichend aus ihren eigenen Kräften und Mitteln, insbesondere ihrem Einkommen und Vermögen, bestreiten können.

Im Gegensatz zu den anderen drei Leistungen zum Lebensunterhalt nach SGB II bzw. 1020 SGB XII sind **keine besonderen persönlichen Voraussetzungen** beschrieben. Zu beachten ist nur die bereits in Kapitel 5.1.2. genannte Vorschrift des § 21 SGB XII, wonach Personen, die nach dem Zweiten Buch als Erwerbsfähige oder als Angehörige (also zur Bedarfsgemeinschaft gehörende Person) dem Grunde nach leistungsberechtigt sind, keine Leistungen zum Lebensunterhalt nach dem SGB XII erhalten. Gemeint sind hier die Leistungen der Hilfe zum Lebensunterhalt, nicht aber die der Grundsicherung im Alter und bei Erwerbsminderung, denn diese sind ja vorrangig vor den Leistungen zum Lebensunterhalt nach dem SGB II.

Im Ergebnis hat also jede Person, die weder die persönlichen Voraussetzungen für einen 1021 Anspruch auf Grundsicherung im Alter und bei Erwerbsminderung nach dem SGB XII noch auf Arbeitslosengeld II oder Sozialgeld nach dem SGB II erfüllt, dem Grunde nach Anspruch auf Hilfe zum Lebensunterhalt nach dem SGB XII. Sofern also die drei vorrangigen Leistungen zum Lebensunterhalt ausgeschlossen werden konnten, ist automatisch von einem Anspruch auf Hilfe zum Lebensunterhalt auszugehen.

5.6 ZUSAMMENFASSUNG

Zusammenfassend sind nochmals die jeweiligen persönlichen Voraussetzungen und die 1022 entsprechenden Vorschriften aufgeführt:

Grundsicherung im Alter und bei Erwerbsminderung 1023

§ 19 Abs. 2 SGB XII:	Altersgrenze nach § 41 Abs. 2 SGB XII erreicht oder Vollendung 18. Lebensjahr, dauerhaft voll erwerbsgemindert
§ 41 Abs. 1 SGB XII:	ältere (Abs. 2) und dauerhaft voll erwerbsgeminderte (Abs. 3) Personen oder Personen, die sich im Eingangs- oder Berufsbildungsbereich einer Werkstatt für behinderte Menschen oder in einem Ausbildungsverhältnis mit Bezug eines Budgets für Ausbildung (Abs. 3a) befinden, mit gewöhnlichem Aufenthalt im Inland

Arbeitslosengeld II 1024

§ 19 Abs. 1 S. 1 SGB II:	erwerbsfähige Leistungsberechtigte
§ 7 Abs. 1 SGB II:	Vollendung 15. Lebensjahr, Altersgrenze § 7a nicht erreicht, erwerbsfähig, hilfebedürftig, gewöhnlicher Aufenthalt in der Bundesrepublik Deutschland

1025 Sozialgeld

§ 19 Abs. 1 S. 2 SGB II: nicht erwerbsfähig, in Bedarfsgemeinschaft mit erwerbsfähigem Leistungsberechtigtem, kein Anspruch auf Grundsicherung im Alter und bei Erwerbsminderung

§ 7 Abs. 3 SGB II: Zugehörigkeit zu einer Bedarfsgemeinschaft

1026 Hilfe zum Lebensunterhalt

§ 19 Abs. 1, SGB XII, § 27 Abs. 1 SGB XII: keine besonderen persönlichen Voraussetzungen wie bei den anderen Leistungen; diese müssen jedoch ausgeschlossen sein

5.7 PRÜFSCHEMA ZUR ABGRENZUNG DER LEISTUNGEN ZUM LEBENSUNTERHALT

1027 Zur Verdeutlichung der vorstehenden Ausführungen soll das folgende Prüfschema dienen, anhand dessen sich feststellen lässt, auf welche Leistungen zum Lebensunterhalt eine Person dem Grunde nach Anspruch hat.

1028 PRÜFSCHEMA „LEISTUNGEN ZUM LEBENSUNTERHALT NACH SGB II ODER SGB XII?“[2]

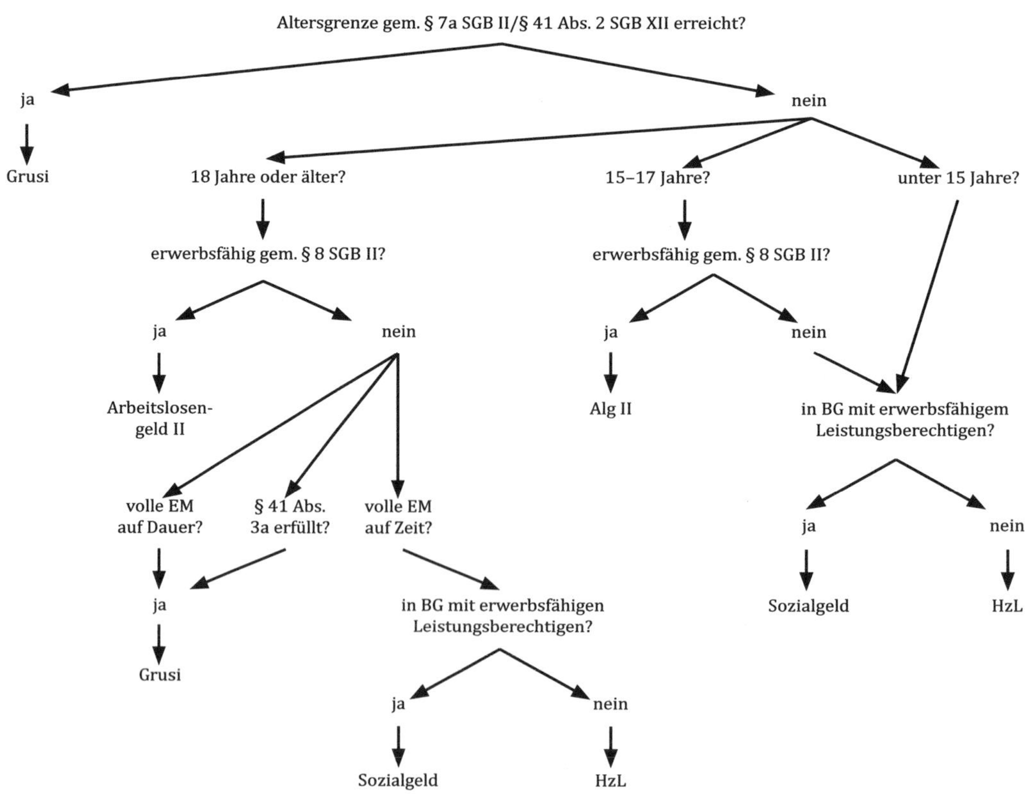

2 Ähnliches Prüfschema in Klinger, Kunkel, Peters, Sozialhilferecht, 2. Aufl. 2007, auch abgedruckt in ZfF 9/2007, S. 193

5.8 ÜBUNGSFÄLLE

Zu prüfen ist, auf welche Leistungen zum Lebensunterhalt nach SGB II oder SGB XII die in den nachfolgend aufgeführten Übungsfällen genannten Personen jeweils dem Grunde nach einen Anspruch haben. Sofern es sich um mehrere Personen handelt, leben diese in einem gemeinsamen Haushalt; einzeln genannte Personen leben alleine. Alle haben ihren gewöhnlichen Aufenthalt (g. A.) in Deutschland. 1029

Die Lösungen zu den Übungsfällen finden Sie in Kapitel 6.5.

Fall 1 1030
Karl A. ist 47 Jahre alt und erwerbsfähig.

Fall 2 1031
Ernst B. ist 53 Jahre alt. Er bezieht eine Rente wegen voller Erwerbsminderung, die befristet bewilligt wurde.

Fall 3 1032
Christa C. ist 61 Jahre alt. Sie erhält eine Rente wegen dauerhaft voller Erwerbsminderung.

Fall 4 1033
Günter D. ist 67 Jahre alt und bezieht eine Altersrente.

Fall 5 1034
Julia E. ist 18 Jahre alt und Schülerin in der 12. Klasse. Sie lebt zusammen mit ihrer Mutter Karin E., die 43 Jahre alt und erwerbsfähig ist.

Fall 6 1035
Anna F. ist 39 Jahre alt und erwerbsfähig. Sie lebt zusammen mit ihrem Ehemann Anton F., 43 Jahre alt und ebenfalls erwerbsfähig, sowie den gemeinsamen Kindern Alexander F., 17 Jahre alt, und Annika F., 13 Jahre alt.

Fall 7 1036
Maria G. ist 47 Jahre alt und erwerbsfähig. Ihr Ehemann Max G. ist 49 Jahre alt und bezieht eine Rente wegen dauerhaft voller Erwerbsminderung. Im Haushalt lebt auch der gemeinsame Sohn Martin G., 17 Jahre alt.

Fall 8 1037
Berta H. ist 63 Jahre alt und erwerbsfähig. Ihr Ehemann Bruno H. ist 59 Jahre alt und bezieht eine befristete Rente wegen voller Erwerbsminderung. Im Haushalt lebt außerdem Barbara H., 16 Jahre alt. Sie ist das Enkelkind von Berta und Bruno.

Abwandlung: Barbara H. ist 14 Jahre alt.

1038 Fall 9

Gertrud I. ist 56 Jahre alt und erhält eine befristete Rente wegen voller Erwerbsminderung. Sie lebt zusammen mit ihrem Ehemann Herbert I., 59 Jahre alt, der eine Rente wegen dauerhaft voller Erwerbsminderung bezieht, und den gemeinsamen Kindern Stefan I., 31 Jahre alt und erwerbsfähig, sowie Markus I., 24 Jahre alt und erwerbsfähig.

1039 Fall 10

Maria J. ist 49 Jahre alt und vorübergehend voll erwerbsgemindert. Ihr Ehemann Klaus J., 51 Jahre, ist ebenfalls vorübergehend voll erwerbsgemindert. Die Tochter Jessica J., 21 Jahre, ist erwerbfähig. Deren Freund David K. ist 22 Jahre alt und vorübergehend voll erwerbsgemindert. Jessica und David haben einen gemeinsamen Sohn, Kevin K., der 2 Jahre alt ist.

1040 Fall 11

Gisela L. ist 59 Jahre alt und vorübergehend voll erwerbsgemindert. Ihr Ehemann Jakob L. ist 64 Jahre alt und dauerhaft voll erwerbsgemindert. Die gemeinsame Tochter Doris L. ist 34 Jahre alt und erwerbsfähig.

Abwandlung: Doris L. ist 24 Jahre alt.

Fälle zur Abgrenzung der Leistungen sind außerdem im zweiten Teil, Kapitel 3 zu finden, die Lösungen dazu in Kapitel 4.11.

6 Leistungen zur Sicherung des Lebensunterhalts nach dem SGB XII

6.1 LEISTUNGSSPEKTRUM, BEDARFE

Die Leistungen zur Sicherung des Lebensunterhalts sind im 3. Kapitel des SGB XII für die Hilfe zum Lebensunterhalt geregelt. Im 4. Kapitel – Grundsicherung im Alter und bei Erwerbsminderung – wird überwiegend auf die Vorschriften zur Hilfe zum Lebensunterhalt verwiesen. Daher erfolgt hier zunächst die ausführliche Darstellung für die Hilfe zum Lebensunterhalt; am Ende dieses Kapitels wird auf die Leistungen zum Lebensunterhalt bei Grundsicherung im Alter und bei Erwerbsminderung und die damit zum Teil verbundenen Besonderheiten eingegangen. 1041

Vorab ist festzuhalten, dass die Bedarfsermittlung immer für jede Person einzeln erfolgt. Auch wenn mehrere Personen gemeinsam wohnen und wirtschaften, erfolgt eine **individuelle, personenbezogene Ermittlung des sozialhilferechtlich anzuerkennenden Bedarfs**. Es können natürlich nur die Bedarfe berücksichtigt werden, die auch tatsächlich anfallen. Dies spielt vor allem bei der Hilfe zum Lebensunterhalt eine Rolle, die gemäß § 18 SGB XII ab dem Zeitpunkt des Bekanntwerdens gewährt wird. Wird ein Bedarf an Hilfe zum Lebensunterhalt am 15.03. bekannt und wurde die Miete bereits am 03.03. gezahlt, stellt sie für den Monat März keinen sozialhilferechtlichen Bedarf mehr dar. 1042

6.1.1 Notwendiger Lebensunterhalt (§ 27a Abs. 1 SGB XII)

In § 27a Abs. 1 SGB XII ist beschrieben, was der zur Gewährleistung des Existenzminimums notwendige Lebensunterhalt beinhaltet, nämlich insbesondere: 1043

- Ernährung (Nahrungsmittel, Getränke)
- Kleidung
- Körperpflege (Hygiene- und Reinigungsartikel)
- Hausrat (z. B. Geschirr, Handtücher, Elektrogeräte)
- Haushaltsenergie (= Strom, jedoch ohne Kosten für Heizung und Erzeugung von Warmwasser)
- persönliche Bedürfnisse des täglichen Lebens
- Unterkunft (Miete, Kosten für Haus- oder Wohnungseigentum) und Heizung

Aus der Nutzung des Wortes „insbesondere" wird deutlich, dass die o. g. Punkte nicht abschließend sind und im Einzelfall noch weitere Positionen zum notwendigen Lebensunterhalt gehören können. 1044

§ 27a Abs. 1 Satz 2 SGB XII erläutert den Begriff „persönliche Bedürfnisse des täglichen Lebens" näher. Zu diesen gehören in vertretbarem (also geringem, angemessenem) Umfang die Teilhabe am sozialen und kulturellen Leben in der Gemeinschaft, was in besonderem Maße für Kinder und Jugendliche gilt. Es soll allen Empfängern von Leistungen zum Lebensunterhalt möglich sein, z. B. gelegentlich ins Kino oder Theater zu gehen, Mitglied in 1045 einem Verein zu sein, Bücher und Zeitschriften zu kaufen usw. Der Gesetzgeber möchte mit dieser Regelung vermeiden, dass Personen, die Leistungen zum Lebensunterhalt erhalten, ausgegrenzt würden, wenn sie nicht auch in einem bestimmten Umfang am sozialen und kulturellen Leben teilnehmen könnten.

1046 Für Kinder und Jugendliche werden die besonderen diesbezüglichen Bedarfe im Rahmen der Bedarfe für Bildung und Teilhabe (§ 34 ff. SGB XII) berücksichtigt, ebenso wie die nach § 27a Abs. 1 Satz 3 SGB XII erforderlichen Hilfen für den Schulbesuch. Diese werden in Kapitel 6.1.8 näher beschrieben.

1047 Nach § 27a Abs. 2 SGB XII ergibt der gesamte notwendige Lebensunterhalt nach Absatz 1 mit Ausnahme der Bedarfe nach dem zweiten bis vierten Abschnitt den monatlichen **Regelbedarf**. Im zweiten bis vierten Abschnitt des 3. Kapitels SGB XII sind folgende Bedarfe geregelt:

1048 • Zweiter Abschnitt – Zusätzliche Bedarfe
  - Mehrbedarfe (§ 30, Kapitel 6.1.3)
  - einmalige Bedarfe (§ 31, Kapitel 6.1.6)
  - Beiträge für die Kranken- und Pflegeversicherung sowie für die Vorsorge (§§ 32–33, Kapitel 6.1.7)

1049 • Dritter Abschnitt – Bildung und Teilhabe (§§ 34–34b, Kapitel 6.1.8)

1050 • Vierter Abschnitt – Bedarfe für Unterkunft und Heizung (§§ 35–36, Kapitel 6.1.5)

1051 Die Bedarfe nach den §§ 30–36 werden also zusätzlich zum jeweiligen Regelbedarf berücksichtigt.

6.1.2 Regelbedarf (§ 27a Abs. 2–4 SGB XII)

1052 Der monatliche **Regelbedarf** wird gemäß § 27a Abs. 2 Satz 2 SGB XII in **Regelbedarfsstufen** unterteilt. Bei Kindern und Jugendlichen sind altersbedingte Unterschiede zu berücksichtigen; bei Erwachsenen ist zu berücksichtigen, wie viele Personen in einem Haushalt leben. Nach § 27a Abs. 3 SGB XII sind zur Deckung der Regelbedarfe monatliche **Regelsätze** als Bedarf anzuerkennen.

1053 Besteht die Leistungsberechtigung nicht für den vollen Monat, wird der Regelsatz anteilig als Bedarf anerkannt. Diese Möglichkeit kommt insbesondere zu Beginn der Leistungsgewährung in Betracht, da Hilfe zum Lebensunterhalt gemäß § 18 SGB XII immer ab Bekanntwerden erbracht werden kann. Wird der Bedarf am 12.01. bekannt und besteht er tatsächlich auch ab dem 12.01., wird der Regelsatz für 20 Tage anteilig berechnet. Nach der Gesetzesbegründung zu § 27a SGB XII wird bei Teilmonaten – wie im SGB II (§ 41 SGB II) – mit 30 Tagen/Monat gerechnet; es werden also 20/30 des Regelsatzes als Bedarf berücksichtigt.

1054 Die Regelsätze stellen einen Pauschalbetrag dar, mit dem alle Personen einer Regelbedarfsstufe grundsätzlich ihren Regelbedarf decken müssen. Sie müssen den Betrag eigenverantwortlich einteilen und auch unregelmäßig anfallende Bedarfe (z. B. Anschaffung von Winterkleidung oder Elektrogeräten) berücksichtigen. Das heißt, dass sie auch Teilbeträge ansparen müssen, um unregelmäßige Anschaffungen bezahlen zu können.

Die Tatsache, dass die Regelsätze pauschal gewährt werden, widerspricht streng genommen dem Grundsatz der Individualität (Kapitel 2.2.1.4.2), wonach für jede Person der individuelle Bedarf festzustellen ist. Da dies aber sehr aufwendig wäre und die Bedarfe bei vielen Personen ähnlich oder gleich sind, bestehen auch in der Rechtsprechung keine Bedenken dagegen, pauschale Regelsätze anzusetzen. 1055

Sofern im Einzelfall abweichende Bedarfe bestehen, also jemand deutlich mehr oder weniger Geld für bestimmte Dinge braucht, können die Regelsätze gemäß § 27 Abs. 4 SGB XII abweichend festgesetzt werden. Voraussetzung ist jedoch, dass 1056

- bei einer niedrigeren Festsetzung der abweichende Bedarf für mehr als einen Monat nachweisbar ganz oder teilweise anderweitig gedeckt wird,
- bei einer höheren Festsetzung der abweichende Bedarf für mehr als einen Monat deutlich oberhalb der durchschnittlichen Bedarfe liegt, die bei der Festsetzung der Regelsätze berücksichtigt wurden.

Nähere Einzelheiten zur Ermittlung und regelmäßigen Anpassung der Regelsätze folgen in Kapitel 6.1.2.2.

6.1.2.1 Regelbedarfsstufen und Regelsätze (Anlage zu § 28a SGB XII)

Welche Regelbedarfsstufen es gibt, welche Personen zu welcher Regelbedarfsstufe gehören und welche Regelsätze jeweils zu berücksichtigen sind, ergibt sich aus der **Anlage zu § 28 SGB XII**, die in der Regel im Anschluss an den Gesetzestext des SGB XII abgedruckt ist. Danach gibt es sechs verschiedene Regelbedarfsstufen, wobei die Stufen 1 bis 3 für erwachsene Personen gelten und die Stufen 4 bis 6 für Kinder und Jugendliche. 1057

1. Regelbedarfsstufe 1 1058

Diese gilt für erwachsene Personen, die in einer Wohnung i. S. d. § 42a Abs. 2 Satz 2 SGB XII leben und für die nicht die Regelbedarfsstufe 2 gilt.

Eine Wohnung i. S. d. § 42a Abs. 2 Satz 2 SGB XII ist „die Zusammenfassung mehrerer Räume, die von anderen Wohnungen oder Wohnräumen baulich getrennt sind und die in ihrer Gesamtheit alle für die Führung eines Haushalts notwendigen Einrichtungen, Ausstattungen und Räumlichkeiten umfassen“. Einfacher beschrieben wird der Begriff „Wohnung“ in § 181 Abs. 9 des Bewertungsgesetzes. Danach muss es sich bei einer Wohnung um eine in sich geschlossene Wohneinheit handeln, die einen selbstständigen Zugang hat und in der als notwendige Nebenräume Küche, Bad oder Dusche und Toilette vorhanden sind. Der Regelsatz der Regelbedarfsstufe 1 beträgt ab 01.01.2021 monatlich 446,00 €. 1059

2. Regelbedarfsstufe 2 1060

Zur Regelbedarfsstufe 2 gehört jede erwachsene Person,

1. die in einer Wohnung i. S. d. § 42 Abs. 2 Satz 2 SGB XII zusammen mit einem Ehegatten oder einem Lebenspartner oder in eheähnlicher oder lebenspartnerschaftsähnlicher Gemeinschaft lebt oder

2. der ein persönlicher Wohnraum und mit weiteren Personen zusätzliche Räumlichkeiten nach § 42a Absatz 2 Satz 3 zur gemeinschaftlichen Nutzung überlassen sind. Gemeint sind hier vor allem behinderte Personen, die in Wohngemeinschaften leben.

1061 Der Regelsatz der Regelbedarfsstufe 2 beträgt ab 01.01.2021 monatlich 401,00 €. Er ist geringer als der Regelsatz der Stufe 1, weil man davon ausgeht, dass bei gemeinsamem Wohnen und Wirtschaften von zwei oder mehr Personen bestimmte Einspareffekte entstehen. Zum Beispiel wird für zwei Personen nicht doppelt so viel Strom verbraucht wie für eine Person und auch viele Elektrogeräte werden nur einmal benötigt.

1062 **3. Regelbedarfsstufe 3**

Die Regelbedarfsstufe 3 gilt für erwachsene Personen, deren notwendiger Lebensunterhalt sich nach § 27b SGB XII bestimmt, also für erwachsene Bewohner einer stationären Einrichtung. Ab 01.01.2020 stellt die Regelbedarfsstufe 3 meist nur noch eine Rechengröße dar, um bspw. bei Personen, die in einem Pflegeheim leben, den Bedarf an Grundsicherung zu ermitteln, der den Sozialhilfeträgern vom Bund erstattet wird.

1063 Der monatliche Regelsatz der Regelbedarfsstufe 3 beträgt ab dem 01.01.2021 357,00 €.

1064 **4. Regelbedarfsstufe 4**

Leistungen entsprechend der Regelbedarfsstufe 4 erhalten Jugendliche vom Beginn des 15. bis zur Vollendung des 18. Lebensjahres. Das 15. Lebensjahr beginnt am Anfang des Tages, an dem man 14 Jahre alt wird. Vollendet wird das 18. Lebensjahr mit dem Ablauf des Tages vor dem 18. Geburtstag. Alle Jugendlichen im Alter von 14 bis 17 Jahren erhalten also den Regelsatz der Regelbedarfsstufe 4. Dieser beträgt ab dem 01.01.2021 monatlich 373,00 €.

1065 **5. Regelbedarfsstufe 5**

Zur Regelbedarfsstufe 5 gehören Kinder vom Beginn des siebten bis zur Vollendung des 14. Lebensjahres, also im Alter von 6 bis 13 Jahren. Der ab 01.01.2021 gültige Regelsatz beträgt 309,00 € monatlich.

1066 **6. Regelbedarfsstufe 6**

Die Regelbedarfsstufe 6 gilt für Kinder bis zur Vollendung des 6. Lebensjahres, also von 0 bis 5 Jahren. Der monatliche Regelsatz ab dem 01.01.2021 beträgt 283,00 €.

1067 Die Regelbedarfsstufen und Regelsätze gelten für alle Leistungen zum Lebensunterhalt nach SGB II und SGB XII, also sowohl für Arbeitslosengeld II und Sozialgeld als auch Hilfe zum Lebensunterhalt und Grundsicherung im Alter und bei Erwerbsminderung. Bei Teilmonaten erfolgt die Berechnung der Regelsätze jeweils anteilig, wobei immer 30 Tage zugrunde gelegt werden. In dem Monat, in dem ein Wechsel der Altersstufe stattfindet, sind die jeweiligen Beträge entsprechend anteilig zu ermitteln.

6.1.2.2 Ermittlung, Festsetzung und Fortschreibung der Regelbedarfe, Regelbedarfsstufen und Regelsätze (§§ 28–29 SGB XII)

In den §§ 28, 28a und 29 SGB XII sowie im Gesetz zur Ermittlung der Regelbedarfe nach § 28 des Zwölften Buchs Sozialgesetzbuch (Regelbedarfsermittlungsgesetz – RBEG) ist das sehr komplizierte und aufwendige Verfahren beschrieben, wie die Regelbedarfe ermittelt werden und wann eine Fortschreibung der Regelbedarfsstufen und der Regelsätze erfolgt. Dies soll hier nur ganz kurz dargestellt werden: 1068

Im Abstand von fünf Jahren führen die statistischen Ämter von Bund und Ländern sog. „Einkommens- und Verbrauchsstichproben" (EVS) durch, zuletzt im Jahr 2018. In mehreren Tausend Haushalten wird dabei über einen Zeitraum von drei Monaten ein Haushaltsbuch geführt, in das die Einnahmen und Ausgaben aller Personen, die in dem Haushalt leben, eingetragen werden. Die Ausgaben werden in folgende Abteilungen unterteilt und ausgewertet: 1069

Abteilung 1 und 2	Nahrungsmittel, Getränke, Tabakwaren
Abteilung 3	Bekleidung und Schuhe
Abteilung 4	Wohnen, Energie und Wohnungsinstandhaltung
Abteilung 5	Innenausstattung, Haushaltsgeräte und -gegenstände, laufende Haushaltsführung
Abteilung 6	Gesundheitspflege
Abteilung 7	Verkehr
Abteilung 8	Nachrichtenübermittlung
Abteilung 9	Freizeit, Unterhaltung, Kultur
Abteilung 10	Bildungswesen
Abteilung 11	Beherbergungs- und Gaststättendienstleistungen
Abteilung 12	Andere Waren und Dienstleistungen

In Jahren, in denen keine neue EVS durchgeführt wird, werden die Regelbedarfsstufen jährlich zum 01.01. unter Berücksichtigung der durchschnittlichen Preis- sowie Lohn- und Gehaltsentwicklung fortgeschrieben (§ 28a SGB XII). Dieses Buch enthält den Stand zum 01.01.2021. Die nächste Anpassung der Regelbedarfsstufen und der Regelsätze wird zum 01.01.2022 erfolgen. 1070

6.1.3 Mehrbedarf (§ 30 SGB XII)

Der Gesetzgeber geht davon aus, dass sich in bestimmten Situationen bzw. unter bestimmten Voraussetzungen regelmäßig Bedarfe ergeben, die über den Regelbedarf hinausgehen. Diese sog. **„Mehrbedarfe"** gehören zum notwendigen Lebensunterhalt und sind im Rahmen der Bedarfsermittlung zu berücksichtigen. Die Aufzählung der Mehrbedarfe in § 30 ist abschließend, d. h., es kommen keine anderen Situationen in Betracht, in denen der Gesetzgeber einen Mehrbedarf unterstellt. Eine abweichende Regelsatzfestsetzung nach § 27a Abs. 4 SGB XII ist im Einzelfall natürlich trotzdem möglich. 1071

1072 Die meisten Mehrbedarfe werden in Höhe eines prozentualen Anteils einer bestimmten Regelbedarfsstufe anerkannt, soweit nicht im Einzelfall ein abweichender Bedarf besteht. Es kann also grundsätzlich auch ein höherer oder ein niedrigerer Betrag als Bedarf anerkannt werden, was in der Praxis jedoch kaum vorkommt. Wenn in einem Teilmonat nur ein anteiliger Regelsatz gezahlt oder der Mehrbedarf während eines Monats bekannt wird, ist er entsprechend anteilig zu berechnen.

In Kapitel 6.1.3.8 findet sich eine Tabelle, der die verschiedenen Beträge der Mehrbedarfe entnommen werden können.

6.1.3.1 Mehrbedarf im Alter und bei voller Erwerbsminderung (§ 30 Abs. 1 SGB XII)

1073 In § 30 Abs. 1 SGB XII sind die Voraussetzungen für die Berücksichtigung eines Mehrbedarfs im Alter (Nr. 1) oder bei voller Erwerbsminderung (Nr. 2) geregelt.

1074 Ein **Mehrbedarf im Alter** nach Nr. 1 ist zu gewähren, wenn die Person die Altersgrenze nach § 41 Abs. 2 SGB XII erreicht hat, also mindestens 65, ggf. aber auch – abhängig von seinem Geburtsjahr – 67 Jahre alt ist.

1075 Ein **Mehrbedarf wegen voller Erwerbsminderung** nach Nr. 2 ist zu berücksichtigen, wenn jemand die Altersgrenze noch nicht erreicht hat, aber voll erwerbsgemindert im Sinne der gesetzlichen Rentenversicherung ist (SGB VI). Wichtig ist hier, dass die volle Erwerbsminderung nicht auf Dauer bestehen muss. Es ist also ausreichend, wenn eine volle Erwerbsminderung auf Zeit (= befristet) festgestellt wurde. Bei dauerhaft voller Erwerbsminderung kommt der Mehrbedarf selbstverständlich auch in Betracht.

1076 **In beiden Fällen** muss **zusätzlich** nachgewiesen werden, dass das **Merkzeichen G festgestellt** wurde. Die Feststellung des Merkzeichens nach dem SGB IX erfolgt in NRW durch die für Schwerbehindertenrecht zuständigen Stellen bei den Kreisen und kreisfreien Städten. Der Nachweis kann entweder durch Vorlage des entsprechenden Bescheids über die Feststellung des Merkzeichens oder durch Vorlage des Schwerbehindertenausweises, in dem festgestellte Merkzeichen eingetragen werden, erfolgen. Das Merkzeichen wird zuerkannt, wenn jemand erheblich in der Gehfähigkeit eingeschränkt ist, also Strecken, die normalerweise zu Fuß zurückgelegt werden können, nur verbunden mit erheblichen Schwierigkeiten oder Gefahren zurücklegen kann.

1077 Nur wenn beide Voraussetzungen – also Erreichen der Altersgrenze und Merkzeichen G oder volle Erwerbsminderung und Merkzeichen G – erfüllt sind, besteht Anspruch auf Berücksichtigung des Mehrbedarfs. In der Praxis wird der Mehrbedarf häufig „Mehrbedarf bei Merkzeichen G" genannt, weil das Vorliegen des Merkzeichens G immer nachgewiesen werden muss.

1078 Grundsätzlich wird ein Mehrbedarf in Höhe von 17 % der maßgebenden Regelbedarfsstufe anerkannt, sofern nicht ein abweichender Bedarf besteht. Die maßgebende Regelbedarfsstufe ist diejenige, in welche die Person, für die ein Mehrbedarf berücksichtigt wird, eingestuft wurde. Gehört also eine Person zur Regelbedarfsstufe 1, beträgt der Regelsatz ab 01.01.2021 446,00 € und der Mehrbedarf 75,82 € (17 % von 446,00 €).

Der Mehrbedarf soll dazu dienen, höhere Aufwendungen in Folge der eingeschränkten Bewegungsfreiheit auszugleichen. 1079

6.1.3.2 Mehrbedarf für werdende Mütter (§ 30 Abs. 2 SGB XII)

§ 30 Abs. 2 SGB XII sieht die Anerkennung eines **Mehrbedarfs für werdende Mütter** nach der 12. Schwangerschaftswoche, also ab Beginn der 13. Schwangerschaftswoche, vor. Damit sollen zusätzliche Aufwendungen während der Schwangerschaft, wie z. B. höhere Kosten für Nahrungsmittel, höhere Fahrtkosten, Vorbereitungskurse usw., abgedeckt werden. Der Mehrbedarf wird bis zum Geburtstermin anerkannt. 1080

Zum Nachweis, wann die 13. Schwangerschaftswoche beginnt, fordern die Sozialhilfeträger in der Regel die Vorlage einer ärztlichen Bescheinigung oder des Mutterpasses. Ggf. wird vom errechneten Geburtstermin aus zurückgerechnet, wann genau die 13. Schwangerschaftswoche beginnt. 1081

Anerkannt wird ein Mehrbedarf in Höhe von 17 % der maßgebenden Regelbedarfsstufe, sofern nicht im Einzelfall ein abweichender Bedarf besteht. 1082

6.1.3.3 Mehrbedarf für Alleinerziehende (§ 30 Abs. 3 SGB XII)

Nach § 30 Abs. 3 SGB XII erhalten **alleinerziehende Personen**, die mit einem oder mehreren minderjährigen Kindern zusammenleben, einen Mehrbedarf. Der Mehrbedarf steht der Person zu, die die Pflege und Erziehung der Kinder übernimmt, nicht den Kindern. In der Regel ist die Person ein Elternteil; es können aber auch Großeltern, Pflegeeltern usw. einen Anspruch auf den Mehrbedarf haben, wenn sie die Pflege und Erziehung alleine übernehmen. Eine Person ist nicht alleinerziehend, wenn sie z. B. mit einem Partner zusammenlebt und dieser sich mit um die Pflege und Erziehung der Kinder kümmert. Höhere Aufwendungen bei Alleinerziehung fallen z. B. an für Hilfe bei der Kinderbetreuung, Kontaktpflege zu anderen Erwachsenen usw. 1083

Die Höhe des Mehrbedarfs ist davon abhängig, wie viele minderjährige Kinder im Haushalt leben und wie alt sie sind. 1084

1. Leben im Haushalt entweder 1085
- ein Kind unter sieben Jahren oder
- zwei oder drei Kinder unter 16 Jahren,

wird ein Mehrbedarf in Höhe von 36 % der Regelbedarfsstufe 1 anerkannt.

2. Liegen die Voraussetzungen der Nummer 1 nicht vor, wird für jedes Kind ein Mehrbedarf in Höhe von 12 % der Regelbedarfsstufe 1 anerkannt. Der maximale Mehrbedarf liegt bei 60 % der Regelbedarfsstufe 1. 1086

Die folgende Tabelle gibt einen Überblick über die verschiedenen Höhen der Mehrbedarfe; erhebt jedoch keinen Anspruch auf Vollständigkeit. 1087

	12 %	24 %	36 %	48 %	60 %
Ein Kind: 5 Jahre			X		
Ein Kind: 17 Jahre	X				
Zwei Kinder: 7 und 16 Jahre		X			
Zwei Kinder: 10 und 14 Jahre			X		
Drei Kinder: 12, 16 und 17 Jahre			X		
Vier Kinder: 8, 10, 12 und 14 Jahre				X	
Fünf Kinder: 5, 7, 9, 11 und 15 Jahre					X
Sieben Kinder: 3, 6, 8, 12, 14, 15 und 17 Jahre					X

1088 Aus der Tabelle wird deutlich, dass die Höhe des Mehrbedarfs sich bei fünf und mehr Kindern im Haushalt nicht mehr verändert, da dann der Höchstsatz von 60 % erreicht ist.

1089 Dass sich der Mehrbedarf wegen Alleinerziehung immer auf die Regelbedarfsstufe 1 und nicht, wie bei anderen Mehrbedarfen, auf die maßgebende Regelbedarfsstufe bezieht, liegt daran, dass alleinerziehende Personen immer der Regelbedarfsstufe 1 zuzuordnen sind. Es würde also zu keinem anderen Ergebnis führen, wenn hier auf die maßgebende Regelbedarfsstufe Bezug genommen würde.

6.1.3.4 Mehrbedarf für behinderte Menschen (§ 30 Abs. 4 SGB XII)

1090 Nach § 30 Abs. 4 SGB XII ist § 42b Abs. 3 entsprechend anzuwenden auf Leistungsberechtigte, die das 15. Lebensjahr vollendet haben. Das bedeutet, dass für behinderte Menschen, die bestimmte Leistungen nach § 112 SGB IX erhalten, ein Mehrbedarf in Höhe von 35 % der maßgebenden Regelbedarfsstufe anerkannt wird. Es handelt sich dabei um Leistungen, die früher im SGB XII geregelt waren und sich ab 01.01.2020 aus dem SGB IX ergeben. Auf weitergehende Erläuterungen zum Mehrbedarf nach § 30 Abs. 4 SGB XII wird an dieser Stelle verzichtet.

6.1.3.5 Mehrbedarf wegen kostenaufwendiger Ernährung (§ 30 Abs. 5 SGB XII)

1091 Für Kranke, Genesende, behinderte Menschen oder von einer Krankheit oder einer Behinderung bedrohte Menschen wird ein Mehrbedarf in angemessener Höhe anerkannt, wenn sie wegen ihrer Krankheit oder Behinderung einer besonders **kostenaufwendigen Ernährung** bedürfen.

1092 Generell ist der Ernährungsbedarf durch den Regelsatz gedeckt. Bei einigen Krankheits- oder Behinderungsbildern ist jedoch eine besondere Ernährung notwendig, die mit deutlich höheren als den im Regelsatz berücksichtigten Kosten verbunden ist. Der Mehrbedarf wird nicht, wie bei den anderen Mehrbedarfen, als prozentualer Anteil einer Regelbedarfsstufe anerkannt, sondern individuell ermittelt.

1093 Natürlich sind die Sachbearbeiter in den Sozialämtern meistens nicht in der Lage, selber zu entscheiden, bei welchen Krankheiten oder Behinderungen eine besonders kostenaufwendige Ernährung erforderlich ist. Daher wird in der Regel ein ärztliches Attest angefordert, mit dem die kostenaufwendige Ernährung empfohlen wird. Ggf. wird auch das Gesundheitsamt beteiligt und um eine Stellungnahme gebeten.

Außerdem gibt es die „Empfehlungen zur Gewährung von Krankenkostzulagen in der Sozialhilfe" des Deutschen Vereins für öffentliche und private Fürsorge. Daraus ist ersichtlich, bei welchen Krankheiten typischerweise kostenaufwendige Ernährung erforderlich ist und in welcher Höhe jeweils Mehrbedarfe anerkannt werden können. Danach kann die Anerkennung eines Mehrbedarfs z. B. in Betracht kommen bei bestimmten Darm- oder Nierenerkrankungen oder einer HIV-Erkrankung. 1094

6.1.3.6 Zusammentreffen verschiedener Mehrbedarfe (§ 30 Abs. 6 AGB XII)

Es ist durchaus möglich, dass für eine Person verschiedene Mehrbedarfe nebeneinander anerkannt werden können. Sofern dies der Fall ist, ist § 30 Abs. 6 SGB XII zu beachten, wonach die **Summe der** nach den Absätzen 1 bis 5 **insgesamt anzuerkennenden Mehrbedarfe** die Höhe der maßgebenden Regelbedarfsstufe nicht übersteigen darf. Gilt für eine Person also die Regelbedarfsstufe 2, wird ab 01.01.2021 ein Regelsatz in Höhe von 401,00 € anerkannt. Würde die Summe aller zu berücksichtigenden Mehrbedarfe – was in der Praxis nahezu nie vorkommt – den Betrag von 401,00 € übersteigen, müsste eine entsprechende Reduzierung auf 401,00 € vorgenommen werden. 1095

6.1.3.7 Mehrbedarf bei dezentraler Warmwassererzeugung (§ 30 Abs. 7 SGB XII)

Nach § 27a Abs. 1 SGB XII beinhaltet der Regelbedarf die Kosten für Haushaltsenergie (Strom) mit Ausnahme der Anteile, die auf Heizung und Warmwassererzeugung entfallen. Erfolgt die Warmwassererzeugung zentral über die Heizungsanlage, werden die darauf entfallenden Stromkosten im Rahmen von § 35 Abs. 4 SGB XII (Bedarf für Heizung, Kapitel 6.1.5.6) berücksichtigt. Wird Warmwasser jedoch nicht zentral über die Heizungsanlage, sondern dezentral durch in der Wohnung installierte Vorrichtungen (z. B. Boiler, Durchlauferhitzer) erzeugt, können die dafür anfallenden Stromkosten nicht von denen des sonstigen Haushaltsstroms getrennt werden. Es fallen also höhere Kosten für den Haushaltsstrom an, als im Regelbedarf berücksichtigt werden. 1096

Um Personen, die Warmwasser dezentral erzeugen, nicht gegenüber denjenigen zu benachteiligen, deren Warmwassererzeugung zentral erfolgt, sieht § 30 Abs. 7 SGB XII vor, dass ein Mehrbedarf in Höhe von 0,8 bis 2,3 % – abhängig von der jeweils maßgebenden Regelbedarfsstufe – anerkannt wird, soweit nicht im Einzelfall ein abweichender Bedarf besteht. Damit wird der Anteil für die Stromkosten der Warmwassererzeugung, der sonst in den Heizkosten enthalten ist, zusätzlich berücksichtigt. 1097

6.1.3.8 Mehrbedarf bei gemeinschaftlicher Mittagsverpflegung (§ 30 Abs. 8 SGB XII)

Nach § 30 Abs. 8 SGB XII ist § 42b Abs. 2 entsprechend anzuwenden. Dort ist geregelt, dass, wenn z. B. in einer Werkstatt für behinderte Menschen ein gemeinsames Mittagessen angeboten wird, für die notwendigen Mehraufwendungen – also den Betrag, der nicht aus dem jeweiligen Regelsatz finanziert werden kann – ein Mehrbedarf zu berücksichtigen ist. 1098

6.1.3.9 Zusammenfassung

Der folgenden Tabelle können die Beträge der verschiedenen Mehrbedarfe nach § 30 SGB XII (Stand: 01.01.2021, Beträge in €) entnommen werden. Zu Absatz 3 – Mehrbedarf wegen 1099

Alleinerziehung – wird nur der Betrag für 12 % der Regelbedarfsstufe 1 angegeben, der dann ggf. entsprechend zu vervielfachen ist.

1100

Regelbedarfs-stufe	Regelsatz	Abs. 1 und 2	Abs. 3	Abs. 4	Abs. 7			
		17 %	12 %	35 %	2,3 %	1,4 %	1,2 %	0,8 %
1	446,00	75,82	53,52	156,10	10,26	–	–	–
2	401,00	68,17	–	140,35	9,22	–	–	–
3	357,00	60,69	–	124,95	8,21	–	–	–
4	373,00	63,41	–	130,55	–	5,22	–	–
5	309,00	–	–	–	–	–	3,71	–
6	283,00	–	-	–	–	–	–	2,26

6.1.4 Übungsfälle

1101 In den folgenden drei Übungsfällen ist zu prüfen, in welcher Höhe für die einzelnen Personen, die jeweils zusammen in einem Haushalt leben, Regelbedarfe und Mehrbedarfe anzuerkennen sind. Dabei ist zu unterstellen, dass alle Personen dem Grunde nach Anspruch auf Hilfe zum Lebensunterhalt haben.

Die Lösungen zu den Übungsfällen finden Sie in Kapitel 6.5.

1102 Fall 12

Anna M., 39 Jahre alt, lebt zusammen mit ihren beiden minderjährigen Kindern Alexander, 14 Jahre, und Annika, 13 Jahre.

1103 Fall 13

Die Eheleute Carla N., 63 Jahre, und Bernhard N., 59 Jahre, leben in einem gemeinsamen Haushalt mit dem Enkelkind Barbara, 17 Jahre alt. Bernhard hat einen Schwerbehindertenausweis mit Merkzeichen G und bezieht eine Rente wegen voller Erwerbsminderung auf Zeit.

1104 Fall 14

Tina N. ist 34 Jahre alt und vorübergehend voll erwerbsunfähig. Sie ist schwanger mit dem vierten Kind, laut ärztlicher Bescheinigung aktuell in der 26. Woche. Im Haushalt leben noch die Kinder Tom, 14 Jahre, Lena, 8 Jahre, und Lisa, 4 Jahre.

6.1.5 Bedarfe für Unterkunft und Heizung (§ 35 SGB XII)

6.1.5.1 Bestandteile der Unterkunftskosten

1105 Die Bedarfe für Unterkunft (Abs. 1–3) und Heizung (Abs. 4) werden ebenfalls zusätzlich zu den Regelsätzen anerkannt. Was zu den **Unterkunftskosten** gehört, ist davon abhängig, ob für die Unterkunft Miete zu zahlen ist oder ob es sich dabei um Eigentum handelt. Bei einer **angemieteten Unterkunft** gehören zu den Unterkunftskosten die Kaltmiete sowie die „kalten" Nebenkosten bzw. Betriebskosten. Was zu den Betriebskosten gehört, ergibt sich aus § 2 der Verordnung über die Aufstellung von Betriebskosten (Betriebskostenverordnung – BetrKV). Das sind insbesondere:

- Grundsteuer
- Kosten der Wasserversorgung
- Abwassergebühren
- Betriebskosten für Heizung und Warmwasserbereitung (z. B. Strom für die Zentralheizung)
- Betriebskosten für einen Aufzug
- Kosten für Straßenreinigung und Müllbeseitigung
- Kosten für Gebäudereinigung und Ungezieferbekämpfung
- Kosten für Gartenpflege
- Kosten für Außen- und Allgemeinbeleuchtung, also für Bereiche, die von den Bewohnern gemeinsam genutzt werden
- Kosten der Schornsteinreinigung
- Kosten für Sach- und Haftpflichtversicherung, also z. B. Wohngebäudeversicherung, Glasversicherung, Gebäudehaftpflichtversicherung
- Kosten für den Hauswart
- Kosten der Gemeinschaftsantenne

Bei **Haus- oder Wohnungseigentum** gehören die o. g. Betriebskosten ebenfalls zu den Unterkunftskosten. Anstelle der Kaltmiete werden ggf. noch anfallende Schuldzinsen (Zinsen, die für die Finanzierung des Eigentums anfallen) berücksichtigt. Tilgungsleistungen gehören jedoch regelmäßig nicht zu den berücksichtigungsfähigen Kosten der Unterkunft. Würde man Tilgungsleistungen aus Sozialhilfemitteln übernehmen, würde dies bedeuten, dass im Ergebnis aus Mitteln der Allgemeinheit eine Vermögensbildung für Bezieher von Sozialhilfeleistungen finanziert wird. 1106

Leben mehrere Personen zusammen in einer Wohnung oder einem Haus, werden die anzuerkennenden Bedarfe für Unterkunft und Heizung pro Kopf anteilig berücksichtigt. 1107

6.1.5.2 Angemessenheit der Kosten für Unterkunft (§ 35 Abs. 2 SGB XII)

Nach § 35 Abs. 1 Satz 1 SGB XII werden die Bedarfe für die Unterkunft in tatsächlich anfallender Höhe anerkannt. Eingeschränkt wird diese Regelung durch Absatz 2: Sind die tatsächlichen Unterkunftskosten unangemessen hoch, werden sie zunächst auch bzgl. des unangemessenen Teils („insoweit") als Bedarf anerkannt (Satz 1). Dies gilt nach Satz 2 jedoch nur so lange, wie es den zu berücksichtigenden Personen nicht möglich oder nicht zumutbar ist, die Aufwendungen durch Wohnungswechsel, Vermietung oder auf andere Weise zu senken, in der Regel höchstens für sechs Monate. 1108

Es ist also zwischen **tatsächlichen** und **angemessenen** Unterkunftskosten zu unterscheiden. Welche Kosten angemessen sind, richtet sich nach dem jeweiligen Einzelfall. Dabei ist u. a. zu berücksichtigen, wie groß die Wohnung ist, wie viele Personen dort leben und wie hoch die Kaltmiete inkl. Betriebskosten ist. Die zuständigen Sozialhilfeträger ermitteln und legen fest, welche Kosten in der Regel angemessen sind. 1109

Nach der Rechtsprechung des Bundessozialgerichts (BSG) kann zur Festlegung der angemessenen Werte ein schlüssiges Konzept dienen. Die Erstellung eines solchen Konzepts ist sehr 1110 zeit- und kostenintensiv, und es ist darüber hinaus regelmäßig zu aktualisieren, weshalb einige Sozialhilfeträger bislang keines erstellt haben. Das BSG hat entschieden, dass dann alternativ auf die Tabellenwerte nach dem Wohngeldgesetz (WoGG) zurückgegriffen werden kann. In der Anlage zu § 1 Abs. 3 der Wohngeldverordnung werden alle Gemeinden in Deutschland in sechs unterschiedliche Mietstufen eingeteilt. Abhängig von der Anzahl der im Haushalt lebenden Personen und der Mietenstufe wird in § 12 WoGG festgelegt, welche Miethöhe jeweils berücksichtigungsfähig ist. Die entsprechenden Werte können in der Sozialhilfe als angemessene Unterkunftskosten (Kaltmiete inkl. Betriebskosten) berücksichtigt werden.

1111 Folgende Höchstbeträge (in €) sind seit 01.01.2020 nach § 12 WoGG für die verschiedenen Mietenstufen gültig:

Mietenstufe	Zu berücksichtigende Personen im Haushalt					Für jede weitere Person
	1	2	3	4	5	
I	338	409	487	568	649	77
II	381	461	549	641	732	88
III	426	516	614	716	818	99
IV	478	579	689	803	918	111
V	525	636	757	884	1.010	121
VI	575	697	830	968	1.106	139
VII	633	767	912	1.065	1.217	153

1112 Zur Mietenstufe I gehört z. B. die Stadt Warstein, Aachen und Münster gehören zur Mietenstufe IV und Köln und Düsseldorf zur Mietenstufe VI.

1113 Im Einzelfall können auch höhere als die in der Tabelle genannten Werte als angemessene Unterkunftskosten berücksichtigt werden. Das kann z. B. der Fall sein, wenn es, wie häufig im ländlichen Raum, nur sehr wenige kleine Wohnungen für Einzelpersonen gibt oder eine Person einen Rollstuhl nutzen muss und deswegen eine größere Wohnfläche benötigt, um sich in der Wohnung fortbewegen zu können.

1114 Anstelle der Zugrundelegung der o. g. Höchstbeträge für verschiedene Mietenstufen kann auch eine Mietobergrenze bezogen auf die angemessene Wohnfläche ermittelt werden. Die Ermittlung der im Einzelfall angemessenen Wohnfläche erfolgt in der Regel ebenfalls in Anlehnung an die wohngeldrechtlichen Vorschriften. Folgende Wohnflächen gelten regelmäßig als angemessen:

1 Person	50 m²
2 Personen	65 m²
3 Personen	80 m²
4 Personen	95 m²
5 Personen	110 m²
jede weitere Person	zzgl. 15 m²

Evtl. zusätzlicher Wohnflächenbedarf, z. B. bei behinderten oder pflegebedürftigen Menschen, ist auch hier zu berücksichtigen. Nach der Rechtsprechung des BSG sind Aufwendungen für eine Wohnung nur dann angemessen, wenn diese nach Ausstattung, Lage und Bausubstanz einfachen und grundlegenden Bedürfnissen genügt und keinen gehobenen Wohnstandard aufweist, es sich also um eine „Wohnung mit bescheidenem Zuschnitt" handelt. Der zuständige Sozialhilfeträger legt dann für seinen Bereich einen angemessenen Mietwert pro Quadratmeter Wohnfläche fest. Das Produkt aus angemessener Wohnfläche und angemessenem Mietwert ergibt die sog. „abstrakte Mietpreisobergrenze". 1115

Beispiel: 1116
Die angemessene Wohnfläche beträgt für zwei Personen 65 m². Der zuständige Sozialhilfeträger hat einen angemessenen Mietwert von 7,00 €/m² (Kaltmiete inkl. Nebenkosten) festgelegt. Die abstrakt angemessene Mietpreisobergrenze liegt dann bei 65 m² × 7,00 € = 455,00 €.

Bei der Ermittlung der konkret angemessenen Unterkunftskosten ist die vom BSG entwickelte **Produkttheorie** zu berücksichtigen. Diese besagt, dass nicht beide Faktoren (Wohnungsgröße und Preis pro Quadratmeter) je für sich betrachtet angemessen sein müssen, solange das Produkt der beiden Faktoren eine insgesamt angemessene Wohnungsmiete ergibt. 1117

Anhand der folgenden Beispiele soll die Produkttheorie verdeutlicht werden:

1. angemessene Wohnfläche 50 m² 1118

angemessene Wohnfläche	50 m²
angemessene Miete/m²	6,50 €
abstrakte Mietpreisobergrenze	325,00 €
tatsächliche Wohnfläche	60 m²
tatsächliche Miete/m²	5,40 €
tatsächliche Miete	324,00 €

⇨ Die tatsächliche Wohnfläche ist zwar unangemessen, jedoch ist die tatsächliche Miete unter Berücksichtigung der tatsächlichen Kosten angemessen, da sie unterhalb der abstrakten Mietpreisobergrenze liegt. Die Miete ist unter Berücksichtigung der Produkttheorie angemessen. 1119

2. 1120

angemessene Wohnfläche	80 m²
angemessene Miete/m²	5,90 €
abstrakte Mietpreisobergrenze	472,00 €
tatsächliche Wohnfläche	73 m²
tatsächliche Miete/m²	6,40 €
tatsächliche Miete	467,20 €

⇨ Die Miete/m² ist zwar unangemessen, jedoch ist die tatsächlich zu zahlende Miete unter Berücksichtigung der geringeren Wohnfläche angemessen, da sie unterhalb der 1121 abstrakten Mietpreisobergrenze liegt. Die Kosten der Unterkunft sind unter Berücksichtigung der Produkttheorie angemessen.

1122 Sind die tatsächlich anfallenden Unterkunftskosten unangemessen hoch, sind die Leistungsempfänger nach § 35 Abs. 2 SGB XII verpflichtet, die Kosten durch Wohnungswechsel, Vermietung oder auf andere Weise auf das angemessene Maß zu reduzieren. Sie werden vom Sozialhilfeträger schriftlich aufgefordert, sich um eine angemessene Unterkunft zu bemühen. Dazu wird ihnen ein Übergangszeitraum von in der Regel sechs Monaten eingeräumt. Für diese Zeit werden die tatsächlichen, unangemessen hohen Unterkunftskosten berücksichtigt. Man geht davon aus, dass es innerhalb von sechs Monaten möglich ist, sich eine angemessene Wohnung zu suchen, Teile der Wohnung zu vermieten oder auch mit dem Vermieter über eine Herabsetzung der Miete zu verhandeln.

1123 Der Zeitraum von sechs Monaten kann ggf. verlängert werden, wenn ausreichende Bemühungen zur Kostensenkung nachgewiesen werden, diese jedoch erfolglos bleiben. Eine Verkürzung des Zeitraums kommt in Betracht, wenn die Person sich weigert, Maßnahmen zur Senkung der Unterkunftskosten zu ergreifen. Dann ist der Sozialhilfeträger berechtigt, nur noch die angemessenen Unterkunftskosten zu berücksichtigen.

1124 Die dauerhafte Berücksichtigung unangemessen hoher Unterkunftskosten kann z. B. in Betracht kommen, wenn durch einen Umzug und damit verbundene Kosten (Kapitel 6.1.5.4) innerhalb eines Zeitraums von zwei Jahren tatsächlich keine Kostenersparnis eintritt. Sind also die monatlichen Unterkunftskosten z. B. 30,00 € zu hoch, könnte der Sozialhilfeträger zur Kostensenkung auffordern. Fallen für einen Umzug dann Kosten in Höhe von 1.000,00 € an, werden innerhalb von zwei Jahren jedoch nur 720,00 € (24 Monate × 30,00 €) eingespart, ist es wenig sinnvoll, tatsächlich einen Umzug zu fordern.

Folgendes Prüfschema[3] verdeutlicht die Vorgehensweise bezüglich der berücksichtigungs- 1125
fähigen Bedarfe für Unterkunft:

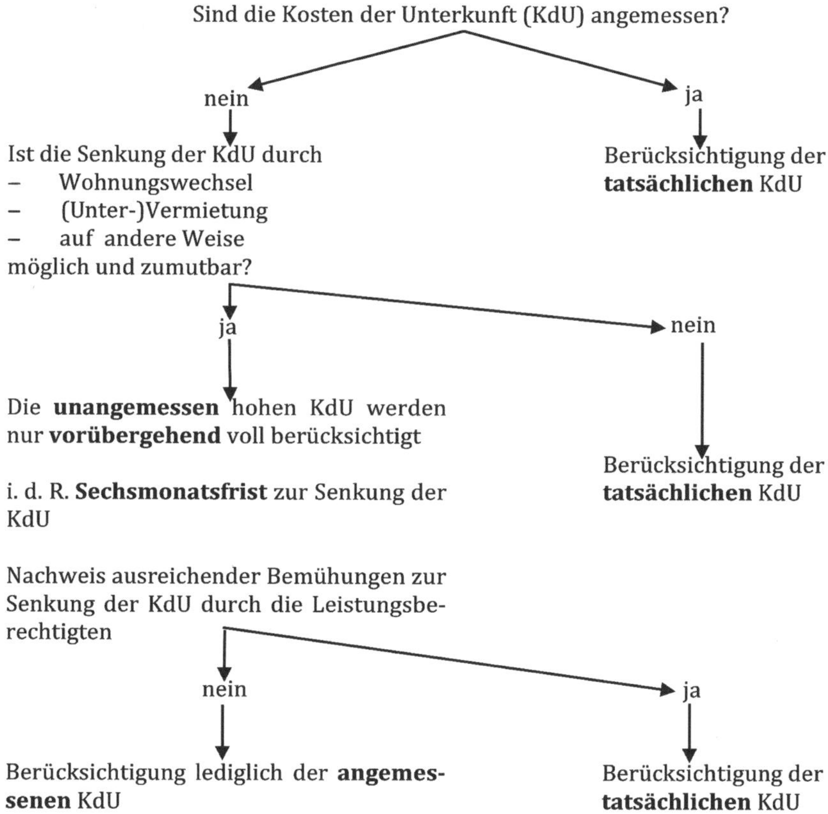

6.1.5.3 Neuanmietung während des Leistungsbezugs (§ 35 Abs. 2 Satz 3 SGB XII)

Beabsichtigt eine leistungsberechtigte Person, **während des Bezugs von Sozialhilfe** eine 1126
andere Wohnung anzumieten – egal, ob der Umzug wegen einer geforderten Kostensenkung oder aus anderen Gründen erfolgen soll –, muss sie nach § 35 Abs. 2 Satz 3 SGB XII den Sozialhilfeträger vor Abschluss des Mietvertrags über die Höhe der Miete und sonstige Umstände informieren. Es muss derjenige Sozialhilfeträger informiert werden, der am Ort der neuen Wohnung zuständig ist. Ziel ist es, dass dieser Sozialhilfeträger die Angemessenheit der Unterkunftskosten vor Unterzeichnung des Mietvertrags prüfen und der Anmietung ggf. zustimmen kann.

Mietet jemand während des Leistungsbezugs ohne vorherige Beteiligung des zuständigen 1127
Sozialhilfeträgers eine sozialhilferechtlich unangemessene Wohnung an, ist der Sozialhilfeträger nur zur Übernahme der angemessenen Aufwendungen verpflichtet (§ 35 Abs. 2

[3] Aus Klinger/Kunkel/Peters, Sozialhilferecht, 2. Aufl., Nomos Verlag

Satz 4 SGB XII). Dies gilt dann von Anfang an, d. h., dem Leistungsempfänger wird keine Übergangsfrist zur Senkung der Unterkunftskosten eingeräumt.

6.1.5.4 Wohnungsbeschaffungskosten, Mietkaution, Umzugskosten (§ 35 Abs. 2 Satz 5 SGB XII)

1128 Wohnungsbeschaffungskosten, Mietkaution und Umzugskosten können **nach vorheriger Zustimmung** durch den Sozialhilfeträger im Rahmen der Bedarfe für Unterkunft übernommen werden (§ 35 Abs. 2 Satz 5 SGB XII). Die Zustimmung des Sozialhilfeträgers muss eingeholt werden, bevor entsprechende Verträge geschlossen oder Verbindlichkeiten begründet werden.

1129 Der Sozialhilfeträger soll gemäß § 35 Abs. 2 Satz 6 SGB XII die Zustimmung zur Übernahme der Kosten erteilen, wenn er den Umzug (im Rahmen der Kostensenkung) veranlasst hat oder der Umzug aus anderen Gründen notwendig ist und wenn ohne die Zustimmung zur Kostenübernahme eine neue Wohnung nicht innerhalb eines angemessenen Zeitraums gefunden werden kann.

1130 Zu den **Wohnungsbeschaffungskosten** gehören z. B. Maklerkosten, wenn ohne die Beauftragung eines Maklers eine Wohnung nicht gefunden werden kann, aber auch notwendige doppelte Mietzahlungen, wenn für einen kurzen Zeitraum die Mieten für die alte und die neue Wohnung parallel gezahlt werden müssen.

1131 **Umzugskosten** sind alle Kosten, die im Zusammenhang mit Aus- und Einräumen einer Wohnung sowie dem Verpacken und Transportieren von Möbeln und Einrichtungsgegenständen anfallen. Dazu gehören also z. B. Verpackungsmaterial, Kosten für einen Umzugswagen und Verpflegungskosten für Umzugshelfer.

1132 Sofern eine **Mietkaution** zu zahlen ist und nicht z. B. aus einer Kautionsrückzahlung der vorherigen Wohnung der entsprechende Geldbetrag zur Verfügung steht, soll die Kaution als **Darlehen** übernommen werden. Hintergrund für die Gewährung als Darlehen ist, dass die Kaution regelmäßig bei Beendigung des Mietvertrags wieder ausgezahlt wird. Regelmäßig lässt sich der Sozialhilfeträger daher zur Sicherung der Darlehensforderung den Rückzahlungsanspruch abtreten. Im SGB XII ist nicht vorgesehen, dass während des Leistungsbezugs Rückzahlungen auf das Darlehen erfolgen. Es ist aber trotzdem zulässig, mit dem Leistungsberechtigten eine entsprechende Ratenzahlung zu vereinbaren.

6.1.5.5 Zahlung der Miete an den Vermieter (§ 35 Abs. 1 SGB XII)

1133 Da die Unterkunftskosten einen Bedarf des Leistungsberechtigten darstellen, hat die Zahlung grundsätzlich auch an diesen zu erfolgen. Der Leistungsberechtigte ist dann selber dafür verantwortlich, die Beträge entsprechend einzusetzen, also die Miete auch an den Vermieter zu überweisen bzw. die anfallenden Hauslasten zu zahlen.

1134 Wenn die leistungsberechtigte Person es beantragt, können die Unterkunftskosten nach § 35 Abs. 1 Satz 2 SGB XII auch direkt an Dritte (Vermieter oder sonstige Empfangsberechtigte) gezahlt werden. Darüber hinaus soll nach Absatz 1 Satz 3 die Zahlung – ohne dass es von den Leistungsberechtigten beantragt wird – unmittelbar an die Dritten erfolgen, wenn man davon ausgeht, dass die leistungsberechtigte Person selber die Beträge nicht zweckentsprechend verwendet, also z. B. die Miete nicht an den Vermieter weiterleitet. Davon wird u. a. ausgegangen, wenn

- Mietrückstände bestehen, die zu einer außerordentlichen Kündigung berechtigen (Nr. 1). Das ist bereits der Fall, wenn der Mieter mit zwei Monatsmieten im Rückstand ist, wobei es sich nicht um zwei aufeinanderfolgende Monatsmieten handeln muss. 1135
- Energiekostenrückstände (Strom, Heizkosten) bestehen, die zur Unterbrechung der Energieversorgung berechtigen (Nr. 2). Bereits bei Zahlungsrückständen von 100,00 € kann der Energieversorger zur Unterbrechung der Belieferung berechtigt sein. Die Unterbrechung muss vier Wochen vorher angedroht und drei Tage vorher angekündigt werden. Wenn der Zahlungspflichtige Zahlungsbereitschaft signalisiert, auch in Form von Ratenzahlungen, dürfte eine Versorgungssperre jedoch unverhältnismäßig sein. 1136
- aufgrund von krankheits- oder suchtbedingtem Unvermögen davon auszugehen ist, dass die Geldbeträge nicht entsprechend verwendet werden (Nr. 3). 1137

Sofern der Sozialhilfeträger die Leistungen direkt an Dritte zahlt, ohne dass der Leistungsempfänger dies beantragt hat, muss er ihn darüber schriftlich unterrichten. Gegen die Entscheidung des Sozialhilfeträgers kann Widerspruch eingelegt werden. 1138

6.1.5.6 Bedarfe für Heizung (§ 35 Abs. 4 SGB XII)

Bedarfe für Heizung und zentrale Warmwasserversorgung werden nach § 35 Abs. 4 SGB XII in tatsächlicher Höhe anerkannt, soweit sie angemessen sind. 1139

Erfolgt die Warmwasserversorgung dezentral, werden die Kosten als Mehrbedarf nach § 30 Abs. 7 SGB XII berücksichtigt (siehe Kapitel 6.1.3.7). 1140

Welche Kosten für Heizung und Warmwasserbereitung angemessen sind, ist davon abhängig, wie groß die Wohnung ist, wie viele Personen dort leben, womit geheizt wird (z. B. Öl, Gas, Fernwärme, Holz) und welchen baulichen Zustand die Wohnung hat, insbesondere bzgl. der Wärmeisolierung. 1141

Auch bei den Heizkosten sind Besonderheiten des Einzelfalls zu berücksichtigen. So kann es z. B. angemessen sein, dass bei alten oder kranken Menschen, die ein stärkeres Kälteempfinden haben oder sich krankheitsbedingt kaum bewegen können, höhere Heizkosten berücksichtigt werden als bei jungen, gesunden Personen. 1142

Sind die tatsächlichen Kosten unangemessen hoch, muss der Sozialhilfeträger die leistungsberechtigten Personen auch bzgl. der Heizkosten zur Kostensenkung auffordern. Solange er das nicht macht, sind die tatsächlichen Kosten zu berücksichtigen, auch wenn sie unangemessen sind. Zur Kostensenkung ist ein angemessener Übergangszeitraum zu gewähren. Auf die Ausführungen zu § 35 Abs. 2 Satz 2 SGB XII (Kapitel 6.1.5.2) wird verwiesen. 1143

Da es sehr aufwendig wäre, in jedem Einzelfall die angemessenen Kosten zu ermitteln, ist es nach der Rechtsprechung des BSG zulässig, in der Praxis auf die Werte des bundesweiten Heizspiegels zurückzugreifen und die dort genannten Werte als maximal angemessene Werte zugrunde zu legen. Das bedeutet, dass die dort genannten Höchstbeträge noch als 1144 angemessen betrachtet werden können, ohne dass eine konkrete Einzelfallprüfung erfolgt. Der bundesweite Heizspiegel für Deutschland 2019 gibt folgende Vergleichswerte vor:[4]

Prüfen – Heizspiegel für Deutschland 2019

Wohnfläche des Gebäudes in m²	Energieträger/Heizsystem	Verbrauch in Kilowattstunden je m² und Jahr				Kosten in Euro je m² und Jahr			
		niedrig	mittel	erhöht	zu hoch	niedrig	mittel	erhöht	zu hoch
100 – 250	Erdgas	bis 87	bis 154	bis 245	ab 246	bis 7,40	bis 11,30	bis 16,40	ab 16,41
	Heizöl	bis 100	bis 160	bis 239	ab 240	bis 9,30	bis 13,20	bis 18,20	ab 18,21
	Fernwärme	bis 79	bis 133	bis 229	ab 230	bis 9,10	bis 13,60	bis 21,30	ab 21,31
	Wärmepumpe	bis 27	bis 42	bis 93	ab 94	bis 7,80	bis 10,90	bis 21,10	ab 21,11
251 – 500	Erdgas	bis 85	bis 149	bis 231	ab 232	bis 7,00	bis 10,60	bis 15,10	ab 15,11
	Heizöl	bis 97	bis 155	bis 233	ab 234	bis 8,90	bis 12,60	bis 17,40	ab 17,41
	Fernwärme	bis 76	bis 127	bis 218	ab 219	bis 8,70	bis 12,90	bis 20,10	ab 20,11
	Wärmepumpe	bis 26	bis 41	bis 91	ab 92	bis 7,30	bis 10,30	bis 20,20	ab 20,21
501 – 1.000	Erdgas	bis 83	bis 143	bis 218	ab 219	bis 6,70	bis 10,00	bis 14,00	ab 14,01
	Heizöl	bis 94	bis 151	bis 227	ab 228	bis 8,40	bis 12,10	bis 16,80	ab 16,81
	Fernwärme	bis 73	bis 122	bis 209	ab 210	bis 8,30	bis 12,30	bis 19,10	ab 19,11
	Wärmepumpe	bis 25	bis 40	bis 90	ab 91	bis 6,90	bis 9,80	bis 19,40	ab 19,41
über 1.000	Erdgas	bis 81	bis 139	bis 210	ab 211	bis 6,50	bis 9,60	bis 13,30	ab 13,31
	Heizöl	bis 92	bis 149	bis 224	ab 225	bis 8,20	bis 11,80	bis 16,30	ab 16,31
	Fernwärme	bis 71	bis 118	bis 203	ab 204	bis 8,00	bis 11,90	bis 18,40	ab 18,41
	Wärmepumpe	bis 24	bis 39	bis 89	ab 90	bis 6,70	bis 9,50	bis 18,90	ab 18,91

Die Vergleichswerte gelten für das Abrechnungsjahr 2018. Sie beziehen sich auf die gesamte Wohnfläche eines Gebäudes und beinhalten die **Anteile für Raumwärme und Warmwasserbereitung.**

Das bedeuten die Kategorien

- **niedrig:** Glückwunsch: Alles richtig gemacht!
- **mittel:** Das geht besser: Ihr Haus liegt im Durchschnitt.
- **erhöht:** Achtung: Jedes zweite Haus verbraucht weniger.
- **zu hoch:** Zeit zu handeln: 90 % aller Wohngebäude sind besser als Ihr Haus.

Sie wohnen in einer Wohnung?
Dann brauchen Sie für den Vergleich mit dem Heizspiegel nicht Ihre Wohnungsfläche, sondern die Gesamtfläche des Gebäudes. Diese Angabe finden Sie in Ihrer Heizkostenabrechnung. Verbrauch und Kosten Ihrer Wohnung können Sie online auf www.heizspiegel.de prüfen.

Daten
102.610 Abrechnungen von Wohngebäuden in Deutschland aus dem Jahr 2018. Für Luft-, Wasser- und Erdwärmepumpen wurde ein gemeinsamer Durchschnitt gebildet. Alle Kosten beziehen sich auf die durchschnittlichen Energiepreise.

6.1.5.7 Leistungsberechtigte, die in einer sonstigen Unterkunft wohnen (§ 35 Abs. 5 SGB XII)

1145 Für Leistungsberechtigte, die in einer „sonstigen Unterkunft" i. S. d. § 42a Abs. 2 Satz 1 Nr. 2 SGB XII wohnen, verweist § 35 Abs. 5 SGB XII bzgl. der angemessenen Kosten auf § 42a Abs. 5 SGB XII. Sonstige Unterkünfte sind in der Regel keine dauerhaften Unterbringungsformen, sondern dienen zur Überbrückung, wenn keine eigene Unterkunft vorhanden ist (z. B. Pension, Wohnwagen, Notquartiere, Gemeinschaftsunterkünfte).

6.1.5.8 Nachzahlung und Erstattung von Neben- und Heizkosten

1146 Sind Neben- oder Heizkosten nach Erstellung der Jahresabrechnung **nachzuzahlen**, stellen die Beträge ebenfalls Bedarfe für Unterkunft bzw. Heizung dar. Sind die Kosten – unter Berücksichtigung der bereits erfolgten Abschlagszahlungen – unangemessen hoch, muss eine Kostensenkungsaufforderung erfolgen.

[4] Quelle: Heizspiegel-Flyer, https://www.heizspiegel.de/heizkosten-pruefen/heizspiegel/ abgerufen am 31.10.2020

Haben die Neben- oder Heizkostenabrechnung ein **Guthaben** zum Ergebnis, ist die Berücksichtigung des Guthabens davon abhängig, ob das Guthaben verrechnet oder ausgezahlt wird. Bei einer Auszahlung ist der Betrag im Monat der Auszahlung als Einkommen nach § 82 SGB XII (Kapitel 6.3.1) zu berücksichtigen. Wird das Guthaben mit nachfolgenden Zahlungen verrechnet, ist in den jeweiligen Monaten ein entsprechend geringerer Bedarf zu berücksichtigen. 1147

Anmerkung: 1148
Auch wenn Stromkosten nicht zu den Bedarfen für Unterkunft und Heizung gehören, soll an dieser Stelle erwähnt werden, wie mit **Nachzahlungen und Erstattungen aus Stromkostenabrechnungen** zu verfahren ist: Erhält eine leistungsberechtigte Person ein Guthaben aus der Stromkostenabrechnung, ist dieses nicht als Einkommen oder bedarfsmindernd zu berücksichtigen (§ 82 Abs. 1 Satz 2 SGB XII). Da die Stromkosten aus dem Regelsatz zu zahlen sind, steht dem Leistungsempfänger ein Guthaben zu. Ist eine Nachzahlung für Stromkosten zu leisten, muss diese vom Leistungsempfänger selber geleistet werden; eine Berücksichtigung als Bedarf kommt nicht in Betracht.

6.1.6 Einmalige Bedarfe (§ 31 SGB XII)

Gemäß § 31 SGB XII erfolgt in den dort genannten Fällen die Berücksichtigung einmaliger Bedarfe über die Regelsätze hinaus. Wie bereits in Kapitel 6.1.2 erläutert, sind unregelmäßig anfallende Bedarfe in der Regel durch Ansparung aus den Regelsätzen zu finanzieren. Der Gesetzgeber geht davon aus, dass dies für die in § 31 Abs. 1 SGB XII genannten Bedarfe nicht möglich ist, weshalb diese zusätzlich anerkannt werden. Die Aufzählung in Absatz 1 ist abschließend. 1149

6.1.6.1 Erstausstattung für die Wohnung (§ 31 Abs. 1 Nr. 1 SGB XII)

§ 31 Abs. 1 Nr. 1 SGB XII sieht die Berücksichtigung einmaliger Bedarfe für die **Erstausstattung für die Wohnung** inkl. Haushaltsgeräten vor. Eine Erstausstattung der Wohnung liegt z. B. vor, wenn jemand erstmals die elterliche Wohnung verlässt oder sich Ehegatten trennen und einer der beiden eine neue Wohnung einrichten muss. Ebenso kommt eine Erstausstattung nach einem Brandschaden in Betracht. 1150

Die Erstausstattung kann auch nur einen Teil der gesamten Wohnungseinrichtung umfassen, wenn z. B. das Schlafzimmer aus der elterlichen Wohnung mit in die eigene Wohnung genommen wird oder bei der Trennung von Ehegatten die Wohnungseinrichtung und der Hausrat geteilt werden. 1151

Es werden nur angemessene Bedarfe berücksichtigt. Dazu gehören angemessener Hausrat, Esstisch und Stühle, Betten für jede Person im Haushalt, Schränke, Lampen usw. Auch können z. B. die Kosten für eine günstige Waschmaschine berücksichtigt werden, in der Regel aber nicht für einen Trockner oder für eine Spülmaschine. Ebenso wird z. B. kein zusätzliches Gästebett für den Fall, dass mal ein Besucher übernachten würde, als Bedarf anerkannt. 1152

Die Sozialhilfeträger können nach Absatz 3 Pauschalen festlegen, die für den Bedarf geleistet werden. Die Leistungsberechtigten sind dann selber dafür verantwortlich, damit ihren Bedarf zu decken. Bei der Bemessung sowohl der Pauschalen als auch der Einzelbeträge ist immer von einfachen, günstigen Gegenständen auszugehen. 1153

6.1.6.2 Erstausstattungen für Bekleidung sowie bei Schwangerschaft und Geburt (§ 31 Abs. 1 Nr. 2 SGB XII)

1154 Nach § 31 Abs. 1 Nr. 2 SGB XII werden Bedarfe für die Erstausstattung mit Bekleidung bei Schwangerschaft und bei Geburt **berücksichtigt**.

1155 Eine **Erstausstattung mit Bekleidung** kommt nur in wenigen Fällen in Betracht. Die Ersatzbeschaffung von Kleidung, auch bei Kindern die Anschaffung neuer Kleidung aufgrund von Wachstum, ist aus den Regelsätzen zu zahlen.

1156 Die gesonderte Berücksichtigung einer Erstausstattung mit Bekleidung ist z. B. möglich, wenn jemand krankheitsbedingt innerhalb kurzer Zeit viel Gewicht zu- oder abnimmt (Änderung um mehrere Kleidergrößen) oder nach einer Haftentlassung kaum Bekleidung vorhanden ist.

1157 Zur **Erstausstattung bei Schwangerschaft und Geburt** gehören spezielle Schwangerschaftsbekleidung, ein Kinderwagen, Babybekleidung, Möbel für das Kinderzimmer usw.

1158 Auch die Leistungen nach Nr. 2 können in Form von Pauschalen erbracht werden (Abs. 3).

6.1.6.3 Orthopädische Schuhe, therapeutische Geräte und Ausrüstungen (§ 31 Abs. 1 Nr. 3 SGB XII)

1159 Kosten für die Anschaffung und Reparatur von orthopädischen Schuhen können nach § 31 Abs. 1 Nr. 3 SGB XII gesondert anerkannt werden, ebenso wie Kosten für die Reparatur von therapeutischen Geräten und Ausrüstungen und die Miete von therapeutischen Geräten.

1160 **Orthopädische Schuhe** gehören zwar grundsätzlich zur Bekleidung, jedoch sind die dafür anfallenden Kosten so hoch, dass eine Zahlung aus dem Regelsatz nicht zumutbar wäre. In der Regel übernehmen die Krankenkassen die Kosten für orthopädische Schuhe, jedoch müssen die Versicherten noch einen Eigenanteil in Höhe von 76,00 € pro Schuhpaar zahlen. Dieser Betrag fällt dann unter § 31 Abs. 1 Nr. 3 SGB XII.

1161 Bei **therapeutischen Geräten und Ausrüstungen** können nur Reparatur-, nicht aber Anschaffungskosten berücksichtigt werden. Eine genaue Definition, was therapeutische Geräte und Ausrüstungen sind, gibt es nicht. Hier wird oftmals auf die Regelungen im Recht der Krankenversicherung verwiesen, wonach Hilfsmittel Gegenstände sind, die im Einzelfall erforderlich sind, um den Erfolg der Krankenbehandlung zu sichern, einer drohenden Behinderung vorzubeugen oder eine Behinderung auszugleichen. Als Beispiel können Hörgeräte und Prothesen genannt werden.

1162 Da in der Regel vorrangige Ansprüche der Leistungsberechtigten gegen die Krankenversicherung bestehen, kommt die Berücksichtigung im Rahmen der Sozialhilfegewährung in der Praxis nur selten vor.

6.1.6.4 Anerkennung einmaliger Bedarfe, wenn keine laufenden Leistungen erbracht werden (§ 31 Abs. 2 SGB XII)

Leistungen für einmalige Bedarfe können nach § 31 Abs. 2 SGB XII auch dann erbracht werden, wenn keine Regelsätze gewährt werden. Voraussetzung ist, dass die Personen nicht über ausreichende Mittel – insbesondere Einkommen und Vermögen – verfügen, um den entsprechenden Bedarf vollständig decken zu können. Leistungsberechtigt sind also Personen, deren Einkommen zwar ausreicht, um den laufenden Lebensunterhalt sicherzustellen, jedoch keine Möglichkeit bietet, zur Deckung der relativ hohen Kosten für einmalige Bedarfe Ansparungen zu leisten. 1163

Im Vorgriff auf die Ausführungen in Kapitel 6.3 sei hier erwähnt, dass in der Sozialhilfe immer das Einkommen eines Kalendermonats dem Bedarf in diesem Kalendermonat gegenübergestellt wird. Da die von der Regelung des § 31 Abs. 2 SGB XII umfassten Personen keinen Anspruch auf laufende Sozialhilfeleistungen haben, kann der Sozialhilfeträger über das Einkommen des Bedarfsmonats hinaus auch das Einkommen der folgenden sechs Monate berücksichtigen. 1164

Das folgende Beispiel soll die Anwendung der Vorschrift verdeutlichen: 1165
Die leistungsberechtigte Person hat einen monatlichen Bedarf an Hilfe zum Lebensunterhalt in Höhe von 500,00 € und verfügt über einzusetzendes Einkommen in Höhe von 550,00 €. Es besteht kein Anspruch auf laufende Leistungen der Hilfe zum Lebensunterhalt, da das Einkommen den Bedarf um 50,00 € übersteigt.
Nun macht die Person einen einmaligen Bedarf für die Wohnungserstausstattung geltend. Die angemessenen Kosten dafür betragen 600,00 €.
Würde man nun lediglich das Einkommen des Bedarfsmonats berücksichtigen, könnten die den laufenden Bedarf übersteigenden 50,00 € zur Deckung der Kosten für die Wohnungserstausstattung eingesetzt werden. Es bestünde somit ein Anspruch auf Sozialhilfe in Höhe von 550,00 €.
Schöpft man hingegen die Möglichkeit des § 31 Abs. 2 SGB XII in vollem Umfang aus, kann zusätzlich zum übersteigenden Einkommen im Bedarfsmonat (50,00 €) das übersteigende Einkommen der folgenden sechs Monate (6 × 50,00 = 300,00 €) zum Einsatz gefordert werden, insgesamt also 350,00 €. Der Anspruch auf Sozialhilfe beträgt nur 250,00 €.

6.1.7 Sonderbedarfe (§§ 32, 33 SGB XII)

Die Berücksichtigung weiterer „Sonderbedarfe“ ist in den §§ 32–33 SGB XII geregelt. Danach kommt die Berücksichtigung von Beiträgen für die Kranken- und Pflegeversicherung sowie von Beiträgen für die Vorsorge (Rentenversicherung, Riester-Rente, Sterbegeld usw.) als sozialhilferechtlicher Bedarf in Betracht. Voraussetzung ist immer, dass die Beiträge angemessen sind. Die Berücksichtigung von Beiträgen für eine private Krankenzusatzversicherung z. B. ist nicht möglich. 1166

Vorrangig hat die Berücksichtigung entsprechender Beiträge im Wege der Einkommensbereinigung nach § 82 SGB XII (Kapitel 6.3.2.2) zu erfolgen. Nur dann, wenn das Einkommen so gering ist, dass die angemessenen Beiträge daraus nicht (vollständig) gezahlt werden können, kommt insoweit eine Berücksichtigung als Bedarf in Betracht. 1167

6.1.8 Bedarfe für Bildung und Teilhabe (§ 34 SGB XII)

1168 In den §§ 34 und 34a SGB XII sind die Bedarfe für Bildung und Teilhabe geregelt. Diese Bedarfe werden zusätzlich zu den Regelbedarfen berücksichtigt. Die **Bedarfe für Bildung** finden sich in § 34 Abs. 2–6; sie werden für Schüler erbracht, die eine allgemein- oder berufsbildende Schule besuchen. **Bedarfe für Teilhabe** (Abs. 7) werden Kindern und Jugendlichen erbracht. Bei Schülern, die 18 Jahre oder älter sind, können also Bedarfe für Bildung, aber nicht für Teilhabe anerkannt werden.

1169 Die Leistungen für Bildung und Teilhabe gibt es seit dem 01.01.2011. Zuvor wurden die nachfolgend beschriebenen Leistungen zum Teil nicht als Bedarf in der Sozialhilfe berücksichtigt. Dies hatte zur Folge, dass Kinder aus Familien, die Sozialhilfe bezogen, zum Teil z. B. nicht an Klassenfahrten teilnehmen konnten oder keine Nachhilfestunden bekamen, weil die Eltern kein Geld zur Verfügung hatten. Ziel des Gesetzgebers war es, allen Kindern u. a. eine gleichberechtigte Teilnahme an schulischen Veranstaltungen, Lernförderung usw. und die Mitgliedschaft in Vereinen zu ermöglichen.

6.1.8.1 Schulausflüge und mehrtägige Klassenfahrten (§ 34 Abs. 2 SGB XII)

1170 In tatsächlicher Höhe werden die Aufwendungen für **Schulausflüge und mehrtägige Klassenfahrten** gemäß § 34 Abs. 2 SGB XII anerkannt, ebenso wie die Aufwendungen für ein- und mehrtägige Ausflüge einer Kindertageseinrichtung oder wenn Kindertagespflege geleistet wird. Voraussetzung für die Übernahme der Aufwendungen für mehrtägige Klassenfahrten ist, dass diese im Rahmen der schulrechtlichen Bestimmungen durchgeführt werden. Dies ist entsprechend von der Schule zu bestätigen.

1171 Berücksichtigt werden die Gesamtkosten der jeweiligen Fahrt, also u. a. Kosten für den Transport, die Unterbringung, Verpflegung und Eintrittsgelder. Lediglich das Taschengeld gehört nicht zum berücksichtigungsfähigen Bedarf; dies ist aus dem jeweiligen Regelsatz zu finanzieren.

6.1.8.2 Persönlicher Schulbedarf (§ 34 Abs. 3 SGB XII)

1172 Die Bedarfe für die **Ausstattung mit persönlichem Schulbedarf** werden nach § 34 Abs. 3 SGB XII durch Anerkennung eines Pauschalbetrags in Höhe von insgesamt 150,00 € (ab 01.08.2019) berücksichtigt. Dieser Betrag wird aufgeteilt, d. h., für den Monat, in dem der erste Schultag (nach den Sommerferien) liegt, werden 100,00 € berücksichtigt und für den Monat, in dem das 2. Schulhalbjahr beginnt, 50,00 €. Werden erstmals Leistungen bezogen, wenn die Auszahlungsmonate vorbei sind, kann die Zahlung auch dann noch erfolgen (§ 34 Abs. 3 Satz 1 SGB XII).

1173 Bis zum 31.07.2019 wurden insgesamt 100,00 € (70,00 € im ersten Halbjahr und 30,00 € im zweiten Halbjahr) gezahlt. Zukünftig werden die Zahlbeträge jährlich im gleichen Umfang angepasst, wie sich die Regelsätze erhöhen (§ 34 Abs. 3a SGB XII). Ab 01.01.2021 werden für das 1. Schulhalbjahr 103,00 € gewährt und für das 2. Schulhalbjahr 51,50 €, insgesamt also 154,50 €/Schuljahr.

1174 Zum persönlichen Schulbedarf gehören z. B. Bücher, Hefte, Stifte, Sportsachen, eine Schultasche und Bastelbedarf.

6.1.8.3 Schülerbeförderung (§ 34 Abs. 4 SGB XII)

Wenn Schüler die von ihrem Wohnort aus nächstgelegene Schule des von ihnen gewählten Bildungsgangs (Gesamtschule, Realschule usw.) besuchen und dazu auf **Schülerbeförderung** – in der Regel mit dem Bus – angewiesen sind, werden die dafür erforderlichen Aufwendungen in tatsächlicher Höhe als Bedarf berücksichtigt (§ 34 Abs. 4 SGB XII). 1175

In vielen Schulgesetzen der Länder ist die Übernahme der Schülerbeförderungskosten vorgesehen, so auch in NRW. Daher kommt die Berücksichtigung im Rahmen der Bedarfe für Bildung und Teilhabe nur in wenigen Einzelfällen in Betracht. 1176

6.1.8.4 Lernförderung (§ 34 Abs. 5 SGB XII)

§ 34 Abs. 5 SGB XII sieht die Berücksichtigung von Aufwendungen für eine **angemessene Lernförderung** vor, die über die schulischen Angebote hinausgeht. Schulische Angebote sind von den Ländern zu finanzieren. Ist darüber hinaus Lernförderung, insbesondere Nachhilfe, erforderlich, werden die Aufwendungen dafür berücksichtigt. 1177

Voraussetzung ist, dass die zusätzliche Lernförderung geeignet und erforderlich ist, um die wesentlichen Lernziele zu erreichen. Früher kam zusätzliche Lernförderung vor allem infrage, wenn die Versetzung gefährdet war. Inzwischen ist aber ausdrücklich geregelt, dass diese Voraussetzung nicht erfüllt sein muss. Zusätzliche Lernförderung kommt nach dem Willen des Gesetzgebers immer dann in Betracht, wenn „ein unzureichendes Lernniveau“ festzustellen ist. Ist es möglich, dass durch Lernförderung die wesentlichen Lernziele erreicht werden können, sind die Leistungen grundsätzlich der Höhe nach nicht begrenzt. 1178

Weiterhin muss die Nachhilfe von geeigneten Personen erbracht werden. Als solche gelten u. a. Lehramtsstudenten für die entsprechenden Fächer, ältere Schüler, die von der Schule empfohlen werden, und anerkannte Träger der Weiterbildung (z. B. Schülerhilfe). 1179

6.1.8.5 Gemeinschaftliche Mittagsverpflegung (§ 34 Abs. 6 SGB XII)

Wird eine **gemeinsame Mittagsverpflegung** in schulischer Verantwortung angeboten und nimmt eine leistungsberechtigte Person daran teil, werden die anfallenden Aufwendungen als Bedarf berücksichtigt. Auch bei Kindern, die eine Kita besuchen oder für die Kindertagespflege geleistet wird, kann eine Berücksichtigung erfolgen. 1180

Bis 30.06.2019 war noch ein Eigenanteil von 1,00 € pro Mittagessen zu berücksichtigen. Dieser Eigenanteil wurde zum 01.07.2019 gestrichen. 1181

6.1.8.6 Teilhabe am sozialen und kulturellen Leben in der Gemeinschaft (§ 34 Abs. 7 SGB XII)

Die Bedarfe für **Teilhabe am sozialen und kulturellen Leben in der Gemeinschaft** werden für Leistungsberechtigte bis zur Vollendung des 18. Lebensjahres, also für Kinder und Jugendliche, anerkannt, und zwar in Höhe von monatlich pauschal 15,00 €, wenn ein Bedarf besteht. Dabei kommt es auf die tatsächliche Höhe des Bedarfs nicht an. Wenn bspw. 3,00 € monatlich für Teilhabeleistungen zu zahlen sind, werden pauschal 15,00 € monatlich gewährt. Dieser Betrag kann z. B. eingesetzt werden für Mitgliedsbeiträge in Sportvereinen, 1182

Musikunterricht oder die Teilnahme an Ferienfreizeiten. Wenn voraussichtlich für längere Zeit ein Anspruch auf Sozialhilfeleistungen besteht, kann der monatliche Betrag in Höhe von 15,00 € auch im Voraus gezahlt werden. Bei einem Bewilligungszeitraum von sechs Monaten ist es also möglich, bis zu 90,00 € auf einmal zu zahlen, wenn die Zahlung direkt an einen Anbieter erfolgt (§ 34a Abs. 4 SGB XII).

6.1.8.7 Erbringung der Leistungen für Bildung und Teilhabe (§ 34a SGB XII)

1183 § 34a SGB XII enthält Verfahrensvorschriften für die Bedarfe für Bildung und Teilhabe. Die Leistungen nach § 34 – mit Ausnahme der Leistungen für den Schulbedarf – werden nach § 34a Abs. 1 nur auf Antrag erbracht. Hier gilt also nicht der sonst bei der Hilfe zum Lebensunterhalt zu berücksichtigende Kenntnisgrundsatz (Kapitel 2.2.1.4.3). Die Beträge zur Deckung des Bedarfs für den persönlichen Schulbedarf werden, sofern ein Anspruch auf Leistungen in den entsprechenden Monaten besteht, automatisch berücksichtigt.

1184 Bis 31.07.2019 waren die Leistungen in der Regel nicht in Form einer Geldleistung an die Antragsteller, sondern in Form von Gutscheinen oder Direktzahlungen an die Anbieter zu erbringen. Beantragte also eine Person z. B. die Übernahme der Kosten für einen Schulausflug, wurde vom Sozialhilfeträger ein Gutschein über die anfallenden Kosten ausgestellt, den die Schule dann wiederum mit dem Sozialhilfeträger abrechnen konnte. Dies ist auch weiterhin möglich. Alternativ kann der Sozialhilfeträger direkt an die Anbieter zahlen, um sicherzustellen, dass die bewilligten Leistungen auch zweckentsprechend verwendet werden. Seit 01.08.2019 können die Schulen auch für mehrere Schüler gesammelt Anträge stellen. Außerdem können die Sozialhilfeträger nun entscheiden, ob sie Leistungen als Geldleistung oder durch Direktzahlung an Anbieter erbringen wollen (Leistungen nach Abs. 3 und Abs. 4 werden immer als Geldleistung erbracht). Das Verwaltungsverfahren soll dadurch vereinfacht werden.

6.1.9 Übungsfall

Die Lösung zum Übungsfall finden Sie in Kapitel 6.5.

1185 Fall 15
Rita B., 47 Jahre alt, erhält eine Rente wegen voller Erwerbsminderung auf Zeit. Sie lebt in einem gemeinsamen Haushalt mit ihrem 13-jährigen Sohn Tom. Die Kosten der Unterkunft (Kaltmiete inkl. Nebenkosten) betragen monatlich 350,00 €, die Kosten für die Heizung monatlich 80,00 €. Beide Beträge sind angemessen.

1186 Am 31.07.2021 spricht Rita B. beim zuständigen Sozialamt vor und beantragt ab August Leistungen für sich und ihren Sohn. Dabei gibt sie an, dass die Klasse von Tom im Oktober eine Klassenfahrt macht, wofür im September ein Betrag in Höhe von 320,00 € zu zahlen ist. Tom soll an der gemeinsamen Mittagsverpflegung in der Schule teilnehmen. Dafür fallen pro Mahlzeit Kosten in Höhe von 4,00 € an. Weiterhin ist monatlich ein Beitrag für den Fußballverein in Höhe von 5,00 € zu zahlen.
Im August beginnt das neue Schuljahr; nach den Ferien sind noch zehn Schultage bis zum Monatsende.

Prüfen Sie, welche Leistungen zum Lebensunterhalt für Rita und Tom in Betracht kommen und in welcher Höhe im Monat August 2021 jeweils ein Bedarf besteht.

6.1.10 Hilfe zum Lebensunterhalt als Darlehen (§§ 37–38 SGB XII)

Die §§ 37, 37a und 38 SGB XII ermöglichen unter bestimmten Voraussetzungen die Gewährung von Hilfe zum Lebensunterhalt als Darlehen. 1187

Nach § 37 SGB XII können die Leistungen als **ergänzendes Darlehen** erbracht werden, wenn für einen Bedarf, der aus dem Regelsatz zu begleichen ist und der unabweisbar besteht, keine ausreichenden Beträge zur Verfügung stehen, z. B. weil die Ansparung für die Anschaffung unregelmäßig anfallender Bedarfe nicht erfolgt ist. Vorrangig ist zu prüfen, ob der Bedarf aus geschütztem Vermögen gedeckt werden kann. 1188

Damit wird einerseits sichergestellt, dass der unabweisbar bestehende Bedarf auch gedeckt werden kann, andererseits aber auch, dass keine Doppelleistungen erbracht werden. Nach § 37 Abs. 4 SGB XII können zur Darlehensrückzahlung Teilbeträge aus den monatlichen Regelsätzen einbehalten werden, jedoch maximal in Höhe von 5 % des jeweiligen Regelsatzes. Die Einbehaltung höherer Teilbeträge ist ausgeschlossen, weil den Leistungsberechtigten die Möglichkeit erhalten bleiben muss, neben der Sicherstellung des laufenden Lebensunterhalts auch noch für zukünftige unregelmäßig anfallende Bedarfe zu sparen. 1189

Zum 01.07.2017 neu eingeführt wurde die Möglichkeit der **Darlehensgewährung bei am Monatsende fälligen Einkünften** nach § 37a SGB XII. Im Vorgriff auf Kapitel 6.3 ist an dieser Stelle zu erwähnen, dass alle Einkünfte, die im Lauf eines Monats eingehen, in diesem Monat zur Bedarfsdeckung einzusetzen sind. Eine Rentenzahlung, die am 30.04. auf dem Konto des Leistungsberechtigten eingeht, ist also im April als Einkommen zu berücksichtigen. Dies widerspricht jedoch der alltäglichen Praxis, dass das Einkommen, das am Ende eines Monats eingeht, tatsächlich zur Bedarfsdeckung im Folgemonat eingesetzt wird. Bei erstmaliger Leistungsgewährung entsteht eine Lücke, da das einzusetzende Einkommen tatsächlich nicht zur Verfügung steht 1190

Diese Lücke kann nunmehr durch die Gewährung eines Darlehens nach § 37a SGB XII geschlossen werden. Ein Antrag der leistungsberechtigten Person ist erforderlich. Außerdem muss die Person auch unter Berücksichtigung des grundsätzlich einzusetzenden Einkommens noch einen Anspruch auf Hilfe zum Lebensunterhalt haben. Würde sich unter Anrechnung des Einkommens kein Bedarf mehr errechnen, scheidet auch die Darlehensgewährung nach § 37a SGB XII aus. 1191

Das Darlehen wird grundsätzlich in monatlichen Raten in Höhe von 5 % der Regelbedarfsstufe 1 getilgt (derzeit 22,30 € mtl.). Insgesamt ist maximal ein Betrag in Höhe von 50 % der Regelbedarfsstufe 1 zurückzuzahlen, also derzeit 223,00 €. Darüber hinausgehende Leistungen sind nicht zu erstatten. 1192

Nach § 38 SGB XII ist die Gewährung eines Darlehens möglich, wenn die leistungsberechtigte Person sich in einer **vorübergehenden Notlage** befindet. Davon kann ausgegangen werden, wenn voraussichtlich nur für kurze Dauer Leistungen zu gewähren sind, z. B. in einem Übergangszeitraum zwischen der letzten Zahlung von Gehalt und der erstmaligen 1193

Rentenzahlung. § 38 SGB XII ist anwendbar, wenn davon auszugehen ist, dass die leistungsberechtigte Person zeitnah wieder in der Lage sein wird, ihren Bedarf selbstständig zu decken.

6.1.11 Bedarfe der Grundsicherung im Alter und bei Erwerbsminderung (§§ 42–42b SGB XII)

1194 Wie zu Beginn dieses Kapitels ausgeführt, bezogen sich die vorstehenden Ausführungen zu den verschiedenen Bedarfspositionen auf die Hilfe zum Lebensunterhalt. Bei den Bedarfen der Grundsicherung im Alter und bei Erwerbsminderung gelten einige Besonderheiten, die nachfolgend erläutert werden.

1195 Welche Bedarfe bei der Grundsicherung im Alter und bei Erwerbsminderung zu berücksichtigen sind, ergibt sich aus §§ 42–42b SGB XII. Nach § 42 SGB XII umfassen die Leistungen der Grundsicherung im Alter und bei Erwerbsminderung:

1196 1. Die **Regelsätze** nach den Regelbedarfsstufen der Anlage zu § 28. Es sind also in der Grundsicherung im Alter und bei Erwerbsminderung die gleichen Regelsätze zu berücksichtigen wie bei der Hilfe zum Lebensunterhalt.

1197 2. Die **zusätzlichen Bedarfe** nach dem Zweiten Abschnitt des 3. Kapitels sowie Bedarfe nach § 42b SGB XII. Das sind die Mehrbedarfe gemäß § 30, einmalige Bedarfe gemäß § 31, die Sonderbedarfe gemäß §§ 32–33 und gem. § 42b SGB XII die Mehraufwendungen bei gemeinsamer Mittagsverpflegung. Auch hier ergeben sich letztlich keine Unterschiede gegenüber den entsprechenden Leistungen nach dem 3. Kapitel SGB XII.

1198 3. Die **Bedarfe für Bildung und Teilhabe** mit Ausnahme der Bedarfe nach § 34 Abs. 7. Letztere sind die Bedarfe für Teilhabe, die für Kinder und Jugendliche gewährt werden. Da Personen, die Grundsicherung im Alter und bei Erwerbsminderung erhalten können, immer mindestens 18 Jahre alt sind, kommen Leistungen für Teilhabe für sie nicht mehr infrage.

1199 4. Die **Bedarfe für Unterkunft und Heizung**. Hier unterscheidet der Gesetzgeber zwischen verschiedenen Wohnsituationen, nämlich dem Wohnen innerhalb oder außerhalb von Einrichtungen.

1200 Für Personen außerhalb von Einrichtungen trifft § 42a SGB XII umfangreiche Regelungen, die dem Personenkreis der Leistungsberechtigten geschuldet sind. Generell ist zunächst festzuhalten, dass nach § 42a Abs. 1 SGB XII grundsätzlich die angemessenen Bedarfe für Unterkunft und Heizung anzuerkennen sind. Es gelten also die gleichen Regelungen wie bei der Hilfe zum Lebensunterhalt.

1201 Besondere Regelungen trifft § 42a SGB XII u. a. für volljährige, dauerhaft voll erwerbsgeminderte Personen, die im Haushalt mit ihren Eltern oder mit anderen Personen in einer Wohngemeinschaft leben, sowie für Personen, die in einer Einrichtung leben. Auf diese Besonderheiten soll hier jedoch nicht näher eingegangen werden, da dies über den vorgesehenen Inhalt dieses Buchs hinausgehen würde.

1202 5. **Darlehen** nach § 37 Abs. 1 und § 37a SGB XII. Auch hier sind die Vorschriften aus der Hilfe zum Lebensunterhalt entsprechend anwendbar.

Im Ergebnis ist also festzustellen, dass die Bedarfe der Grundsicherung im Alter und bei Erwerbsminderung nahezu denen der Hilfe zum Lebensunterhalt entsprechen. Bei einer Falllösung würde man z. B. bzgl. der Mehrbedarfe schreiben, dass der Mehrbedarf sich aus § 42 Nr. 2 i. V. m. § 30 Abs. ... SGB XII ergibt. Entsprechendes gilt für die übrigen Bedarfe. 1203

6.1.12 Besonderheiten bei der Gewährung von Grundsicherung im Alter und bei Erwerbsminderung (§§ 43–44a SGB XII)

Auch bezüglich des Verwaltungsverfahrens gelten für die Grundsicherung im Alter und bei Erwerbsminderung – im Vergleich zur Hilfe zum Lebensunterhalt – einige Besonderheiten, die in den §§ 43–44a SGB XII geregelt sind. Die wichtigsten Regelungen werden hier kurz dargestellt: 1204

- Leistungen der Grundsicherung im Alter und bei Erwerbsminderung werden gemäß § 44 Abs. 1 SGB XII auf Antrag erbracht. Der Antrag wirkt nach Absatz 2 auf den 1. des Monats zurück, in dem er gestellt wurde, sofern die Leistungsvoraussetzungen innerhalb dieses Monats erfüllt werden. Nach Absatz 3 werden die Leistungen in der Regel für zwölf Monate bewilligt. 1205
  Hier ergeben sich deutliche Unterschiede zur Hilfe zum Lebensunterhalt, bei der Leistungen erst ab dem Zeitpunkt des Bekanntwerdens erbracht werden können, ein Antrag nicht erforderlich ist und die Leistungen grundsätzlich immer nur Monat für Monat erbracht werden. Hintergrund für die Besserstellung im Rahmen der Grundsicherung im Alter und bei Erwerbsminderung ist, dass sich die persönliche Situation der Leistungsberechtigten in der Regel kaum oder gar nicht mehr verändern wird, während bei der Hilfe zum Lebensunterhalt eher die Möglichkeit besteht, dass der Bedarf zukünftig wieder selbstständig sichergestellt werden kann. 1206
- § 44a SGB XII verpflichtet den Sozialhilfeträger, auch dann schon vorläufig Leistungen zu erbringen, wenn die persönlichen Voraussetzungen für einen Anspruch erfüllt sind, aber noch nicht klar ist, in welcher Höhe Einkommen zur Verfügung steht, das zur Bedarfsdeckung einzusetzen ist. Das kann z. B. der Fall sein, wenn die Bearbeitung eines Rentenantrags noch mehrere Monate in Anspruch nimmt und die Person ihren Lebensunterhalt derzeit nicht sicherstellen kann. 1207

6.2 EINSATZVERPFLICHTETE PERSONEN

Bei allen Sozialhilfeleistungen sind die leistungsberechtigten Personen verpflichtet, sowohl ihr Einkommen als auch ihr Vermögen zur Bedarfsdeckung einzusetzen (§ 2 Abs. 1 SGB XII, Kapitel 2.2.1.4.6). Nach § 19 Abs. 1 SGB XII erhalten Personen Hilfe zum Lebensunterhalt, die ihren notwendigen Lebensunterhalt nicht oder nicht ausreichend aus eigenen Kräften und Mitteln, insbesondere aus ihrem Einkommen und Vermögen, bestreiten können. § 19 Abs. 2 SGB XII enthält die gleiche Regelung für die Grundsicherung im Alter und bei Erwerbsminderung. 1208

Darüber hinaus sieht das SGB XII sog. **Einsatzgemeinschaften** vor. Das heißt, dass oftmals auch Einkommen und Vermögen anderer Personen zu berücksichtigen sind. Übungsfälle dazu finden sich in Kapitel 6.4.2. 1209

6.2.1 Hilfe zum Lebensunterhalt (§§ 19 Abs. 1, 27 Abs. 2 SGB XII)

1210 Über die Regelung des § 19 Abs. 1 SGB XII hinaus ergibt sich aus § 27 Abs. 2 SGB XII, dass

1211 1. bei nicht getrennt lebenden Ehegatten oder Lebenspartnern das Einkommen und Vermögen beider Ehegatten gemeinsam zu berücksichtigen sind,

1212 2. bei minderjährigen unverheirateten Kindern, die ihren notwendigen Lebensunterhalt nicht sicherstellen können und im Haushalt der Eltern oder eines Elternteils leben, auch das Einkommen und Vermögen der Eltern bzw. des Elternteils gemeinsam zu berücksichtigen sind.

1213 Die jeweilige Formulierung „gemeinsam zu berücksichtigen" bedeutet jedoch nicht, dass das gesamte Einkommen und Vermögen aller zu berücksichtigenden Personen in einen Topf geworfen und gleichmäßig verteilt werden. Vielmehr werden dem Bedarf jeder leistungsberechtigten Person zunächst ihr Einkommen und ihr Vermögen gegenübergestellt. Hat z. B. ein Ehegatte mehr Einkommen, als er zu Deckung seines Bedarfs benötigt, wird der übersteigende Teil an den anderen Ehegatten übertragen. Zum besseren Verständnis soll folgendes Beispiel beitragen:

	Ehefrau	Ehemann
Sozialhilfebedarf	600,00 €	750,00 €
./. eigenes Einkommen	400,00 €	900,00 €
= ungedeckter Bedarf	200,00 €	–150,00 €

1214 Der Ehemann hat seinen Bedarf übersteigendes Einkommen in Höhe von 150,00 €. Da er sein Einkommen auch für seine Ehefrau einsetzen muss, wird der Überschuss an diese übertragen. Der Ehemann hat selber keinen Sozialhilfeanspruch, die Ehefrau hat einen Anspruch in Höhe von 50,00 €.

1215 Nach § 20 SGB XII dürfen Personen, die in **ehe- oder lebenspartnerschaftsähnlicher Gemeinschaft leben**, hinsichtlich des Umfangs und der Voraussetzungen der Sozialhilfe nicht bessergestellt werden als Ehegatten. Demzufolge haben auch Partner in ehe- oder lebenspartnerschaftsähnlicher Gemeinschaft ihr Einkommen und Vermögen, soweit es den eigenen Bedarf übersteigt, für ihren Partner einzusetzen.

1216 Bezüglich der zweiten Alternative des § 27 Abs. 2 SGB XII ist zu beachten, dass zwar die Eltern ihr Einkommen und Vermögen zur Deckung des Bedarfs der im Haushalt lebenden minderjährigen unverheirateten Kinder einsetzen müssen, dies umgekehrt jedoch nicht gilt. Kann ein Kind also seinen notwendigen Lebensunterhalt aus eigenem Einkommen und Vermögen decken, sind übersteigende Beträge nicht zur Bedarfsdeckung bei den Eltern einzusetzen.

1217 Besteht keine Einsatzgemeinschaft nach § 27 Abs. 2 SGB XII, ggf. i. V. m. § 20 SGB XII, kommt die Berücksichtigung von Einkommen und Vermögen anderer Personen im Rahmen der **Vermutung der Bedarfsdeckung** nach § 39 SGB XII in Betracht. Wenn mehrere Personen zusammenleben, wird vermutet, dass sie gemeinsam wirtschaften. Verfügen die nicht leistungsberechtigten Personen über Einkommen oder Vermögen, das ihren Bedarf deutlich übersteigt, so wird vermutet, dass auch der leistungsberechtigten Person Einkommen und Vermögen der anderen Personen zur Verfügung stehen.

In der Praxis anwendbar ist die Vorschrift z. B. bei Wohngemeinschaften oder bei minder- 1218
jährigen Kindern, die im Haushalt ihrer Großeltern leben. Die vom Gesetzgeber aufgestellte Vermutung der Bedarfsdeckung kann von den Leistungsberechtigten widerlegt werden; sie müssen dann darlegen, dass sie tatsächlich keine Leistungen von Dritten erhalten.

Da die persönliche Bindung zwischen den Personen, bei denen die Bedarfsdeckung ver- 1219
mutet wird, in der Regel geringer ist als bei Ehegatten untereinander oder zwischen Eltern und Kindern, sind den nicht leistungsberechtigten Personen Einkommens- und Vermögensbeträge zu belassen, die deren notwendigen Lebensunterhalt deutlich übersteigen. Es gibt Empfehlungen, wonach – neben den sonstigen Bedarfspositionen – mindestens der doppelte Regelsatz zu belassen und das darüber hinausgehende Einkommen maximal zur Hälfte einzusetzen ist. Ebenfalls vertretbar ist die Heranziehung unterhaltsrechtlicher Selbstbehalte. Dann wird der jeweiligen Person mindestens der höchste Selbstbehalt belassen, der sich aus den jeweiligen Leitlinien der Oberlandesgerichte ergibt, z. B. aus der Düsseldorfer Tabelle.

6.2.2 Grundsicherung im Alter und bei Erwerbsminderung (§§ 19 Abs. 2, 43 SGB XII)

Für die Grundsicherung im Alter und bei Erwerbsminderung wird § 19 Abs. 2 SGB XII 1220
durch § 43 SGB XII ergänzt. Nach § 43 Abs. 1 SGB XII sind auch bei der Grundsicherung im Alter und bei Erwerbsminderung Einkommen und Vermögen des nicht getrennt lebenden Ehegatten oder Lebenspartners sowie des Partners in ehe- oder lebenspartnerschaftsähnlicher Gemeinschaft gemeinsam zu berücksichtigen.

Da minderjährige Kinder keine Leistungen der Grundsicherung im Alter und bei Erwerbs- 1221
minderung beziehen können, ist eine Regelung bezüglich des Einsatzes von Einkommen und Vermögen der Eltern entbehrlich.

Die Vermutung der Bedarfsdeckung (§ 39 SGB XII) ist in der Grundsicherung im Alter und 1222
bei Erwerbsminderung gemäß § 43 Abs. 6 SGB XII nicht anzuwenden.

6.2.3 Besonderheiten bei Unterhaltsansprüchen

Grundsätzlich wird, wenn Leistungen nach dem SGB XII gewährt werden, geprüft, ob unter- 1223
haltspflichtige Angehörige (Eltern, Kinder, Ehegatten) in der Lage sind, Unterhalt zu zahlen und dadurch die Sozialhilfeaufwendungen zu reduzieren. Bei der Grundsicherung im Alter und bei Erwerbsminderung gilt die Besonderheit, dass Unterhaltsansprüche gegen Eltern und Kinder nicht geprüft werden, wenn davon auszugehen ist, dass diese über nicht mehr als 100.000 € Bruttojahreseinkommen verfügen (§ 43 Abs. 5 SGB XII). Der Gesetzgeber geht davon aus, dass insbesondere alte Menschen, die grundsätzlich einen Anspruch auf Grundsicherung im Alter und bei Erwerbsminderung haben, diesen oftmals nicht geltend machen würden, weil sie nicht möchten, dass ihre Kinder unterhaltsrechtlich überprüft werden. Durch die Besserstellung der Unterhaltspflichtigen sowie die Nichtanwendung des § 39 SGB XII soll diese „versteckte Altersarmut" vermieden oder zumindest reduziert werden.

Zum Zeitpunkt der Überarbeitung des Buchs noch im Gesetzgebungsverfahren befindet sich die Regelung, dass zukünftig voraussichtlich bei allen Sozialhilfeleistungen nur dann noch Unterhalt gefordert werden kann, wenn Unterhaltspflichtige über ein Einkommen von mehr als 100.000,00 € brutto/Jahr verfügen. Dies soll zur Entlastung insbesondere pflegender Angehöriger dienen, ist jedoch für die Sozialhilfeträger mit nicht unerheblichen Einnahmeverlusten verbunden.

6.3 EINKOMMEN UND VERMÖGEN (11. KAPITEL SGB XII)

1224 Das 11. Kapitel des SGB XII (§§ 82–96) enthält die Regelungen zum Einsatz von Einkommen und Vermögen bei der Gewährung von Sozialhilfe. Ausführlich werden die Regelungen zum Einkommens- und Vermögenseinsatz bei der Hilfe zum Lebensunterhalt und der Grundsicherung im Alter und bei Erwerbsminderung dargestellt. Für die Leistungen nach dem 5. bis 9. Kapitel SGB XII (siehe Kapitel 7) gelten zum Teil andere – in der Regel für die Leistungsberechtigten günstigere – Vorschriften, die dort kurz erläutert werden. Das einzusetzende Einkommen und Vermögen sind dem zuvor ermittelten Bedarf gegenüberzustellen. Die Differenz zwischen Bedarf sowie Einkommen und Vermögen ergibt die Höhe des Sozialhilfeanspruchs.

6.3.1 Abgrenzung von Einkommen und Vermögen, Zuflusstheorie

1225 Bevor die Vorschriften des SGB XII näher erläutert werden, ist es zunächst erforderlich, die Begriffe „Einkommen“ und „Vermögen“ voneinander abzugrenzen. Der Gesetzestext trifft dazu keine konkrete Aussage, weshalb die Rechtsprechung hier für Klarheit gesorgt hat.

1226 Schon das Bundesverwaltungsgericht, das bis Ende 2004 für Entscheidungen in Sozialhilfeangelegenheiten zuständig war, hat die sog. **Zuflusstheorie** entwickelt, die das Bundessozialgericht – seit 2005 zuständig in Sozialhilfeangelegenheiten – fortgeführt hat. Nach dieser Zuflusstheorie ist Einkommen alles das, was jemand in der Bedarfszeit dazu erhält, und Vermögen alles, was zu Beginn der Bedarfszeit bereits vorhanden war. Als Bedarfszeitraum gilt immer der Kalendermonat; wird ein Bedarf während des laufenden Monats bekannt oder entsteht er im laufenden Monat, wird der Zeitraum vom Entstehen des Bedarfs bzw. Tag des Bekanntwerdens bis zum Monatsende zugrunde gelegt. Vermögen ist also alles, was am 1. des Monats, 0.00 Uhr bzw. am Tag des Bekanntwerdens oder Entstehens des Bedarfs um 0.00 Uhr vorhanden ist. Einkommen ist alles, was danach bis zum Ende des letzten Tages im Monat zufließt.

1227 <u>Beispiel:</u>
A, alleinstehend, ruft am 15.03. beim zuständigen Sozialamt an und macht einen Bedarf an Hilfe zum Lebensunterhalt geltend. Dabei gibt er an, dass er aktuell über Kontoguthaben in Höhe von 3.000,00 € (15.03., 0.00 Uhr) verfügt und am 30.03. eine Rentenzahlung in Höhe von 450,00 € erhält. Das Kontoguthaben in Höhe von 3.000,00 € stellt dann Vermögen dar; die Rente in Höhe von 450,00 € fließt im Bedarfszeitraum zu und ist somit als Einkommen zu berücksichtigen.

Einkommen, das im Bedarfsmonat zufließt und zu Beginn des Folgemonats noch vorhanden ist, stellt dann Vermögen dar. Würde also im o.g. Beispiel A die Rente, die er am 30.03. erhält und die im März als Einkommen zu berücksichtigen ist, nicht ausgeben, sodass sie am 01.04. um 0.00 Uhr noch vorhanden ist, zählt sie im April zum Vermögen. 1228

Wird z. B. das Kapital aus einer Lebensversicherung ausgezahlt, ist es weiterhin Vermögen und nicht etwa im Monat der Auszahlung als Einkommen zu berücksichtigen. Vermögen bleibt also Vermögen, auch wenn es in anderer Form vorhanden ist als vorher. 1229

6.3.2 Einkommen (§§ 82–84 SGB XII)

6.3.2.1 Einkommensbegriff (§ 82 Abs. 1 SGB XII)

Nach § 82 Abs. 1 Satz 1 SGB XII gehören zum **Einkommen** alle Einkünfte in Geld (Bargeld, Kontogutschriften usw.) oder Geldeswert (z. B. Sachleistungen in Form von Waren) mit Ausnahme von 1230

- Leistungen nach dem SGB XII; Leistungen, die für eine Hilfeart (z. B. Hilfe zum Lebensunterhalt, Grundsicherung im Alter und bei Erwerbsminderung) erbracht werden, können bei einer anderen Hilfeart nicht als Einkommen berücksichtigt werden. 1231
- Grundrenten nach dem Bundesversorgungsgesetz (BVG) und Gesetzen, die die entsprechende Anwendung des BVG vorsehen; das sind Renten, die jemand erhält, weil er z. B. im Rahmen der Ausübung des Wehrdienstes einen Gesundheitsschaden erlitten hat. 1232
- Renten und Beihilfen nach dem Bundesentschädigungsgesetz; diese Leistungen werden an Opfer nationalsozialistischer Gewaltmaßnahmen erbracht. 1233
- Einkünften aus Rückerstattungen, die auf Vorauszahlungen beruhen, die Leistungsberechtigte aus dem Regelsatz erbracht haben; das sind i. d. R. Stromkostenerstattungen (siehe auch Kapitel 6.1.5.8). 1234

Nähere Einzelheiten dazu, welche verschiedenen Einnahmen in welcher Form zu berücksichtigen sind, können der Verordnung zur Durchführung des § 82 SGB XII entnommen werden. 1235

Kindergeld ist grundsätzlich Einkommen des Kindergeldberechtigten, also des Elternteils, das Kindergeld bezieht. Jedoch ist es nach § 82 Abs. 1 Satz 3 SGB XII bei minderjährigen Kindern dem jeweiligen Kind als Einkommen zuzurechnen, soweit es bei diesem zur Deckung des notwendigen Lebensunterhalts – mit Ausnahme der Bedarfe für Bildung und Teilhabe – benötigt wird. 1236

Beispiel: 1237

S, 14 Jahre, hat folgenden Bedarf an Hilfe zum Lebensunterhalt:

Regelsatz	373,00 €
Unterkunfts- und Heizkosten	240,00 €
	613,00 €

Das Kindergeld bezieht die Mutter von S, die vom Kindesvater getrennt lebt. Einkommen hat S in Form des Unterhalts, den ihr Vater zahlt, in Höhe von 420,00 €. Außerdem wird 1238 ihr nach § 82 Abs. 1 Satz 3 SGB XII das Kindergeld in Höhe von 219,00 € zugerechnet, **soweit** es zur Bedarfsdeckung erforderlich ist. Eine Reihenfolge, auf welche Bedarfe das Einkommen zuerst anzurechnen ist, gibt es nicht. S hat nach Anrechnung des Unterhalts vom Vater noch einen Bedarf in Höhe von 193,00 €. Sie benötigt also noch 193,00 € vom Kindergeld, um ihren Bedarf decken zu können. Das restliche Kindergeld (26,00 €) wird bei der Mutter als Einkommen berücksichtigt.

6.3.2.2 Vom Einkommen abzusetzende Beträge (§ 82 Abs. 2 und 3 SGB XII)

1239 In § 82 Abs. 2 und 3 SGB XII ist geregelt, dass bestimmte Beträge vom Einkommen abzusetzen sind. Grundlage für die Ermittlung der abzusetzenden Beträge ist das Bruttoeinkommen (§ 3 Abs. 3 der Verordnung zu § 82 SGB XII). Man spricht in der Praxis auch von der **Einkommensbereinigung**.

6.3.2.2.1 Steuern, Sozialversicherungsbeiträge (§ 82 Abs. 2 Nr. 1 und 2 SGB XII)

1240 Nach § 82 Abs. 2 Nr. 1 SGB XII sind vom Einkommen die darauf entrichteten Steuern (Einkommensteuer, Kirchensteuer, Solidaritätszuschlag) abzusetzen sowie nach Nr. 2 die Pflichtbeiträge zur Sozialversicherung (Kranken- und Pflegeversicherung) und die Beiträge zur Arbeitsförderung (Arbeitslosenversicherung). Setzt man diese Beträge vom Bruttoeinkommen ab, erhält man regelmäßig das Nettoeinkommen. Ist das Nettoeinkommen bekannt, kann dieses auch sofort als Berechnungsgrundlage genommen werden, und die Einkommensbereinigung nach Nr. 1 und 2 erübrigt sich.

6.3.2.2.2 Versicherungsbeiträge (§ 82 Abs. 2 Nr. 3 SGB XII)

1241 Nr. 3 ermöglicht es, Beiträge zu öffentlichen oder privaten Versicherungen oder ähnlichen Einrichtungen abzusetzen, soweit diese Beiträge gesetzlich vorgeschrieben oder nach Grund und Höhe angemessen sind. Gesetzlich vorgeschrieben ist in vielen Fällen der Abschluss einer Haftpflichtversicherung. Dies gilt z. B. für die Kfz-Haftpflicht, wenn man ein Fahrzeug besitzt. Da ein Fahrzeug aber im Rahmen der Sozialhilfegewährung – im Gegensatz zum SGB II – grundsätzlich zum einzusetzenden Vermögen gehört, kann der Beitrag zur Kfz-Haftpflichtversicherung nicht vom Einkommen abgesetzt werden. Kaskoversicherungen stellen keine Pflichtversicherungen dar und können daher von vornherein nicht einkommensmindernd berücksichtigt werden.

1242 Eine private Haftpflichtversicherung ist nicht gesetzlich vorgeschrieben, ebenso wenig eine Hausrat- oder Rechtsschutzversicherung. Es stellt sich also die Frage, ob diese Versicherungen nach Grund und Höhe angemessen sind und die Beiträge vom Einkommen abgesetzt werden können.

1243 Dem Grunde nach angemessen sind Versicherungen, die von Beziehern niedriger Einkommen regelmäßig abgeschlossen werden, um sich gegen bestimmte Risiken abzusichern. Als dem Grunde nach angemessen gelten daher **private Haftpflicht- und Hausratversicherungen**. Eine **Rechtsschutzversicherung** ist nicht dem Grunde nach angemessen, da Bezieher von Sozialhilfe im Fall eines Rechtsstreits, der Aussicht auf Erfolg hat, Anspruch auf Prozesskostenhilfe haben, z. B. nach der Zivilprozessordnung oder dem Sozialgerichtsgesetz.

Ob Beiträge der Höhe nach angemessen sind, kann nicht pauschal gesagt werden. Beiträge 1244
zu privaten Versicherungen können bei verschiedenen Versicherungsgesellschaften durchaus unterschiedlich hoch sein. Auch in Abhängigkeit von der Anzahl und vom Alter der versicherten Personen oder vom Umfang des Versicherungsschutzes können sich unterschiedlich hohe Beiträge ergeben. Eine Haftpflichtversicherung ist z. B. nicht angemessen, wenn der höchstmögliche Versicherungsschutz gewählt wurde, da dies von Beziehern geringer Einkommen regelmäßig nicht gemacht wird. Bei Hausratversicherungen richtet sich der Beitrag u. a. nach der zu versichernden Wohnfläche. Bei der Angemessenheitsprüfung ist also vor allem darauf zu achten, dass die versicherte Fläche der tatsächlichen Wohnfläche entspricht.

6.3.2.2.3 Geförderte Altersvorsorgebeiträge (§ 82 Abs. 2 Nr. 3 SGB XII)

Weiterhin werden nach Nr. 3 geförderte Altersvorsorgebeiträge nach § 82 des Einkommen- 1245
steuergesetzes (EStG) berücksichtigt, soweit sie den Mindesteigenbetrag nach § 86 des EStG nicht überschreiten. Gemeint sind hier die Beiträge zur Riester-Rente. Der Mindesteigenbetrag ist abhängig von der Höhe des Einkommens und muss im Einzelfall ermittelt bzw. erfragt werden.

6.3.2.2.4 Notwendige Ausgaben zur Erzielung des Einkommens (§ 82 Abs. 2 Nr. 4 SGB XII)

Die mit der Erzielung des Einkommens verbundenen notwendigen Ausgaben werden nach 1246
Nr. 4 vom Einkommen abgesetzt. Was genau darunter zu verstehen ist, ergibt sich bezüglich der Einkünfte aus nichtselbstständiger Arbeit aus § 3 Abs. 4–7 der VO zu § 82 SGB XII. Da Personen, die Leistungen der Hilfe zum Lebensunterhalt oder Grundsicherung im Alter und bei Erwerbsminderung beziehen, nicht erwerbsfähig sind, also weniger als drei Stunden täglich erwerbstätig sein können, kommt es in der Praxis eher selten vor, dass sie tatsächlich Einkommen aus einer Erwerbstätigkeit beziehen.

§ 3 Abs. 4 VO zu § 82 SGB XII zählt die häufigsten Ausgaben auf, die mit der Erzielung von 1247
Einkommen aus einer nichtselbstständigen Tätigkeit in Verbindung stehen. In den Absätzen 5 bis 7 erfolgen dann nähere Erläuterungen. Zu berücksichtigen sind danach folgende Kosten, sofern sie tatsächlich vom Leistungsberechtigten zu tragen sind:

1. notwendige Aufwendungen für **Arbeitsmittel** 1248

Dazu gehören z. B. Kosten für die Anschaffung und Reinigung von Berufskleidung oder sonstigen Gegenständen, die für die Berufsausübung erforderlich sind. Es werden die tatsächlich anfallenden, notwendigen Kosten berücksichtigt. Werden keine Aufwendungen nachgewiesen, kann ein Pauschalbetrag von 5,20 € monatlich berücksichtigt werden (§ 3 Abs. 5 VO zu § 82 SGB XII).

2. notwendige Aufwendungen für **Fahrten zwischen Wohnung und Arbeitsstätte** 1249

Welche Kosten genau in diesem Zusammenhang berücksichtigt werden können, ergibt sich aus § 3 Abs. 6 VO zu § 82 SGB XII. Grundsätzlich werden danach die Kosten für die günstigste Fahrkarte für öffentliche Verkehrsmittel berücksichtigt (Nr. 1). Sind öffentliche

Verkehrsmittel nicht vorhanden oder ist die Nutzung nicht zumutbar – z. B. weil der damit verbundene Zeitaufwand außerordentlich hoch ist oder jemand diese aus gesundheitlichen Gründen nicht nutzen kann –, werden monatliche Pauschbeträge anerkannt, die sich nach der Art des genutzten Fahrzeugs richten (Nr. 2). Die Pauschbeträge werden für jeden Kilometer, den die Wohnung von der Arbeitsstätte entfernt liegt (einfache Entfernung) berücksichtigt, jedoch maximal für eine Entfernung von 40 km. Für Pkws beträgt der Pauschbetrag 5,20 €, für Kleinstkraftwagen 3,70 €, für Motorrad oder Motorroller 2,30 € und für Fahrräder mit Motor 1,30 €. Die Beträge werden anteilig gekürzt, wenn die Beschäftigungsdauer weniger als einen Monat beträgt. Eine Kürzung bei Teilzeitbeschäftigung ist jedoch nicht vorgesehen.

1250 Beispiele:
B fährt mit dem Auto zur Arbeit; die Arbeitsstelle liegt 20 km von seiner Wohnung entfernt. Der Pauschbetrag von 5,20 € bei Pkw-Benutzung wird für jeden Kilometer der einfachen Entfernung berücksichtigt, also 5,20 € × 20 km. Das ergibt den monatlichen Absetzbetrag in Höhe von 104,00 €.

1251 Zum Vergleich: Bei 20 Arbeitstagen pro Monat könnte B steuerlich Werbungskosten in Höhe von 0,30 € × 20 km × 20 Tage = 120,00 € absetzen.

1252 Liegt die Arbeitsstelle 50 km vom Wohnort entfernt, kann die Pauschale für maximal 40 km berücksichtigt werden. Es errechnet sich somit ein Absetzbetrag in Höhe von 5,20 € × 40 km = 208,00 €.

1253 Würde B mit dem Motorrad fahren, ergäben sich bei der Entfernung von 20 km ein Absetzbetrag in Höhe von 2,30 € × 20 km = 46,00 € und bei einer Entfernung von 50 km in Höhe von 2,30 € × 40 km = 92,00 €.

1254 **3.** notwendige **Beiträge für Berufsverbände**, also Gewerkschaftsbeiträge

Sowohl bei Erwerbstätigen als auch bei Rentnern wird die Notwendigkeit regelmäßig angenommen, da die Organisation in Gewerkschaften dazu beiträgt, die Einkommen positiv zu beeinflussen.

1255 **4.** notwendige Mehraufwendungen im Rahmen **doppelter Haushaltsführung**

Sofern jemand einen zweiten Haushalt am Ort seiner Berufstätigkeit unterhält, sind die dafür anfallenden Mehraufwendungen bis maximal 130,00 € monatlich (§ 3 Abs. 7 VO zu § 82 SGB XII) berücksichtigungsfähig.

6.3.2.2.5 Freibetrag bei Erwerbstätigkeit (§ 82 Abs. 3 SGB XII)

1256 Über die Absetzung der mit der Erzielung des Einkommens verbundenen notwendigen Ausgaben hinaus sieht § 82 Abs. 3 SGB XII eine weitere Bereinigung des Einkommens aus selbstständiger und nichtselbstständiger Tätigkeit vor. Bei Beziehern von Hilfe zum Lebensunterhalt oder Grundsicherung im Alter und bei Erwerbsminderung wird ein Betrag in

Höhe von 30 % des Einkommens abgesetzt, maximal jedoch 50 % der Regelbedarfsstufe 1 (ausgehend vom Bruttoeinkommen).

Beispiel: 1257
C bezieht ein Einkommen aus Erwerbstätigkeit in Höhe von 500,00 € brutto. Nach § 82 Abs. 3 SGB XII werden 30 % des Bruttoeinkommens = 150,00 € abgesetzt. Da dieser Betrag geringer ist als 50 % der Regelbedarfsstufe 1 (446,00/2 = 223,00 €), wird er abgesetzt.

Hätte C ein Einkommen in Höhe von 800,00 € brutto, ergäbe sich zunächst ein Absetzbetrag 1258
in Höhe von 30 % = 240,00 €. Da dieser Betrag aber höher ist als 50 % der Regelbedarfsstufe 1, wird der Betrag in Höhe von 223,00 € abgesetzt.
Besonderheiten gelten für ein Einkommen, das aus einer Beschäftigung in einer Werkstatt für behinderte Menschen erzielt wird; es erfolgt dann eine großzügigere Bereinigung des Einkommens.

6.3.2.3 Einkommen aus zusätzlicher Altersvorsorge (§ 82 Abs. 4 und 5 SGB XII)

Seit 01.01.2018 wird Einkommen aus einer zusätzlichen Altersvorsorge i. H. v. 100,00 € 1259
monatlich zzgl. 30 % des übersteigenden Betrags nicht angerechnet. Gemeint sind Leistungen z. B. aus einer Betriebsrente oder einer privaten Rentenversicherung, wenn die Leistungen bis zum Lebensende ausgezahlt werden. Wenn Leistungsberechtigte vor Erreichen des Rentenalters also Geld in einer privaten oder betrieblichen Altersvorsorge angespart haben, um ihre Altersrente aufzustocken, soll dies honoriert werden. Das erfolgt, indem ein bestimmter Betrag daraus nicht als Einkommen angerechnet wird. Andernfalls würde die Motivation, private Altersvorsorge zu betreiben, entfallen.

6.3.2.4 Einmalige Einnahmen (§ 82 Abs. 7 SGB XII)

Auch einmalige Einnahmen, z. B. Abfindungszahlungen oder Weihnachtsgeld, stellen ein 1260
Einkommen dar, das nach der Zuflusstheorie in dem Monat, in dem es zur Verfügung steht, zu berücksichtigen ist. Im Folgemonat noch vorhandene Beträge wären dann Vermögen. Das kann dazu führen, dass der Anspruch auf Sozialhilfe durch eine einmalige Einnahme für den Monat des Zuflusses entfällt. Außerdem bliebe der Teil der Einnahme, der im Folgemonat Vermögen darstellt, ggf. unberücksichtigt, wenn das Vermögen nicht eingesetzt werden müsste.
Um diese Fallkonstellationen weitgehend zu vermeiden, sind in § 82 Abs. 7 SGB XII folgende 1261
Sonderregelungen zum Umgang mit einmaligen Einnahmen getroffen:
Wurden für den Monat, in dem die einmalige Einnahme zufließt, bereits Leistungen erbracht, erfolgt die Berücksichtigung im Folgemonat. Damit ist eine rückwirkende Änderung der gewährten Leistungen nicht erforderlich.
Wenn durch die einmalige Einnahme der Anspruch auf Sozialhilfeleistungen entfallen 1262
würde, wird sie auf sechs Monate aufgeteilt und jeweils anteilig berücksichtigt. Dadurch entfällt der Verwaltungsaufwand, einen bestehenden Bescheid aufzuheben und ggf. einen Monat später schon wieder Leistungen zu bewilligen. Außerdem ist so ggf. ein deutlich größerer Anteil der Einnahme zur Bedarfsdeckung einzusetzen als bei strenger Anwendung des Zuflussprinzips.

1263 Der Zeitraum von sechs Monaten kann im Einzelfall verkürzt werden. Eine Verlängerung sieht der Gesetzgeber jedoch nicht vor. Würde die leistungsberechtigte Person durch die einmalige Einnahme für sechs Monate oder länger aus dem Leistungsbezug ausscheiden, ist die Leistungsgewährung demzufolge einzustellen.

6.3.2.5 Freibetrag für Personen mit Grundrentenzeiten oder entsprechenden Zeiten aus anderweitigen Alterssicherungssystemen

1264 Zum 01.01.2021 wird § 82a durch das Grundrentengesetz neu in das SGB XII eingefügt. Die Grundrente wird für langjährig Versicherte, die relativ geringe Renten erhalten, als Zuschlag zur Rente gezahlt. Insbesondere Frauen sollen davon profitieren, indem Zeiten der Kindererziehung und Pflege Berücksichtigung finden. Die Rentenversicherungen prüfen automatisch, ob Rentenbezieher Anspruch auf Grundrente haben.

1265 Damit der Zweck des Grundrentengesetzes nicht durch eine volle Anrechnung im SGB XII wieder unterlaufen wird, regelt § 82a SGB XII die Berücksichtigung eines Freibetrages. Auf die gesetzliche Rente wird, wenn mindestens 33 Jahre an Grundrentenzeiten vorliegen (Ermittlung erfolgt durch den Rententräger), ein Freibetrag in Höhe von 100,00 € zzgl. 30 % des diesen Betrag übersteigenden Einkommens, höchstens jedoch in Höhe von 50 % der Regelbedarfsstufe 1, anerkannt. Diese Freibetragsregelung entspricht der Ermittlung des Freibetrags, der gem. § 82 Abs. 4 SGB XII für zusätzliche Altersvorsorge berechnet wird.

6.3.2.6 Zweckbestimmte Leistungen, Zuwendungen (§§ 82, 83 SGB XII)

1266 Nach den §§ 82 und 83 SGB XII dürfen bestimmte Leistungen, die von anderen Stellen oder Personen erbracht werden, nicht als Einkommen im Rahmen der Sozialhilfegewährung berücksichtigt werden. Dazu gehören z. B. Zahlungen von Schmerzensgeld oder Leistungen von kirchlichen Organisationen und Vereinen wie der „Tafel e. V.".

6.3.3 Vermögen (§§ 90, 91 SGB XII)

6.3.3.1 Vermögensbegriff (§ 90 Abs. 1 SGB XII)

1267 Nach § 90 Abs. 1 SGB XII ist das gesamte verwertbare Vermögen einzusetzen. Zum Vermögen gehören u. a. Geld und Geldwerte, die zu Beginn des Bedarfszeitraums vorhanden sind, Forderungen, Rückkaufwerte aus Versicherungen, Bausparguthaben, aber auch sonstige mobile und immobile Gegenstände, also Häuser, Fahrzeuge, Kunstwerke, Schmuck usw.

1268 **Verwertbar** ist Vermögen dann, wenn es einen wirtschaftlichen Wert hat und somit, sofern es sich nicht um Geld handelt, tatsächlich zu Geld gemacht werden kann. Dass z. B. die Kündigung einer Versicherung, um den Rückkaufwert zu erhalten, eine überschaubare Zeit in Anspruch nimmt, steht der Verwertbarkeit ebenso wenig entgegen wie die Tatsache, dass häufig bei vorzeitiger Kündigung eines Vertrags ein geringerer Betrag ausgezahlt wird, als Beiträge eingezahlt wurden. In der Rechtsprechung werden wirtschaftliche Verluste von bis zu 50 % als hinnehmbar angesehen.

6.3.3.2 Ausnahmen vom Vermögenseinsatz (§ 90 Abs. 2 SGB XII)

In § 90 Abs. 2 SGB XII sind Vermögenswerte genannt, von deren Einsatz oder Verwertung 1269
die Sozialhilfegewährung nicht abhängig gemacht werden darf. Diese Vermögensteile, die nicht zur Bedarfsdeckung eingesetzt werden müssen, bezeichnet man als **Schonvermögen**. Näher erläutert werden sollen hier nur die in der Praxis häufig anzutreffenden Vermögenswerte in Form von staatlich geförderter Altersvorsorge (Nr. 2), angemessenen Hausgrundstücken (Nr. 8) und kleineren Barbeträgen oder sonstigen Geldwerten (Nr. 9).

Nach § 90 Abs. 2 Nr. 2 SGB XII zählt das Kapital einschließlich seiner Erträge, das der 1270
zusätzlichen Altersvorsorge dient und dessen Ansammlung staatlich gefördert wurde (**Riester-Rente**), zum Schonvermögen. Es gibt keinen festen Höchstbetrag, der für alle Leistungsberechtigten gilt; dieser muss individuell ermittelt werden. Kommt es zur Auszahlung von Leistungen aus dem Riester-Vertrag, zählen die Auszahlungsbeträge nicht mehr zum Schonvermögen.

Ein **angemessenes Hausgrundstück**, das von der nachfragenden (leistungsberechtigten) 1271
Person oder einer Person, die zur Einsatzgemeinschaft gehört, alleine oder gemeinsam mit Angehörigen bewohnt wird, gehört nach § 90 Abs. 2 Nr. 8 SGB XII ebenfalls zum Schonvermögen. Der Begriff „Hausgrundstück" umfasst auch Eigentumswohnungen, aber z. B. keine abtrennbaren Gartenflächen oder Ackerland.

Die Angemessenheit ist nach Satz 2 abhängig davon, wie viele Personen im Haus wohnen, 1272
wie groß das Grundstück ist, welcher Zuschnitt und welche Ausstattung vorliegen und welchen Wert das Grundstück einschließlich Gebäude hat. Als angemessene **Wohnfläche** gelten 130 m^2 bei Häusern und 120 m^2 bei Eigentumswohnungen, bezogen auf vier Personen. Für jede Person mehr oder weniger werden 20 m^2 abgezogen bzw. zugerechnet. Besonderheiten bei behinderten oder pflegebedürftigen Menschen sind, wie bei der Ermittlung der angemessenen Unterkunftskosten nach § 35 SGB XII, zu berücksichtigen.

Anhaltspunkte dafür, welche **Grundstücksgröße** angemessen ist, ergeben sich aus den 1273
Empfehlungen des Deutschen Vereins zum Einsatz von Einkommen und Vermögen in der Sozialhilfe. Danach ist für ein Reihenhaus eine Grundstücksfläche von bis zu 250 m^2, für eine Doppelhaushälfte oder ein Reihenendhaus eine Grundstücksfläche von bis zu 350 m^2 und für ein freistehendes Einfamilienhaus eine Grundstücksfläche von bis zu 500 m^2 angemessen. Gerade im ländlichen Bereich werden diese Grundstücksgrößen aber oftmals überschritten, weshalb ggf. eine Anpassung erfolgen muss.

Zu berücksichtigen ist außerdem der **Gesamtwert** des Objekts. Dieser muss sich im Ver- 1274
gleich zum Verkehrswert ähnlicher Objekte in räumlicher Nähe im unteren Bereich bewegen. Das kann dazu führen, dass ein Hausgrundstück mit unangemessen großer Wohnfläche oder unangemessen großem Grundstück dennoch geschützt ist, wenn der Gesamtwert angemessen ist. Andererseits kann ein nach Wohnfläche und Grundstücksgröße angemessenes Hausgrundstück insgesamt unangemessen sein, wenn der Verkehrswert vergleichsweise hoch ist, z. B. wegen extrem guter Lage oder Ausstattung. Ist das Hausgrundstück insgesamt angemessen, muss es nicht verwertet werden. Unangemessene Hausgrundstücke sind jedoch zur Bedarfsdeckung einzusetzen (siehe Kapitel 6.3.3.4).

1275 **Kleinere Barbeträge und sonstige Geldwerte** sind nach § 90 Abs. 2 Nr. 9 SGB XII geschützt. Zu den Geldwerten gehören z. B. Rückkaufwerte aus Versicherungen oder Sparverträgen und Forderungen.

1276 Was genau als kleinerer Barbetrag oder sonstiger Geldwert gilt, ergibt sich aus der Verordnung zu § 90 Abs. 2 Nr. 9 SGB XII. Nach § 1 der VO zu § 90 Abs. 2 Nr. 9 SGB XII ist für jede volljährige Person, die zu einer Einsatzgemeinschaft gehört, und für alleinstehende minderjährige Personen ein Betrag in Höhe von 5.000,00 € als geschützter Barbetrag anzusehen (Nr. 1). Für jede Person, die von einer Person nach Nr. 1 überwiegend unterhalten wird (i. d. R. sind das die Kinder der in Nr. 1 genannten Personen), ist ein Betrag in Höhe von 500,00 € geschützt (Nr. 2).

1277 Diese Schonbeträge gelten seit dem 01.04.2017. Zuvor waren die Schonbeträge über Jahre unverändert und deutlich geringer.

1278 Die folgende Tabelle, die der Begründung des Bundesministeriums für Arbeit und Soziales (BMAS) zur Zweiten Verordnung zur Änderung der Verordnung des § 90 Abs. 2 Nr. 9 SGB XII entnommen ist, gibt einen Überblick über die jeweils gültigen Vermögensschonbeträge in verschiedenen Fallkonstellationen:

Einzelne nachfragende Person	5.000,00 €
Nachfragende Person und deren Ehegatte und Lebenspartner bzw. einer weiteren Person in eheähnlicher Gemeinschaft zusammen	10.000,00 € (jeweils 5.000,00 €)
Für Personen, die von der nachfragenden Person oder seinem Ehegatten/Lebenspartner oder den Eltern oder des Elternteils überwiegend unterhalten wird, zusätzlich	500,00 €
Nachfragende Person minderjährig, unverheiratet und Sozialhilfe auch vom Vermögen der Eltern abhängig	10.500,00 €
Nachfragende Person minderjährig, unverheiratet und Sozialhilfe auch von einem Elternteil abhängig	5.500,00 €

6.3.3.3 Härteregelung (§ 90 Abs. 3 SGB XII)

1279 Nach § 90 Abs. 3 SGB XII darf die Sozialhilfe nicht vom Einsatz oder der Verwertung eines Vermögens abhängig gemacht werden, wenn dies für die leistungsberechtigte Person und ihre Angehörigen eine Härte bedeuten würde.

1280 Kommt man zu dem Ergebnis, dass Vermögen nach § 90 Abs. 1 SGB XII einzusetzen und nicht nach Absatz 2 vom Einsatz ausgenommen ist, ist zu prüfen, ob der Einsatz eine Härte nach Absatz 3 bedeuten würde. Für die Annahme einer Härte reicht es nicht aus, dass die leistungsberechtigte Person es als hart oder unfair empfindet, ihr Vermögen einsetzen zu müssen, denn das wird nahezu in allen Fällen so sein. Es muss vielmehr aufgrund der Besonderheiten des Einzelfalls objektiv eine Härte vorliegen. Dies ist laut Rechtsprechung z. B. der Fall bei Vermögen, das aus einer Schmerzensgeldzahlung stammt. Auch die Verwertung eines Fahrzeugs, das nach § 90 Abs. 1 und 2 SGB XII zum einzusetzenden Vermögen gehört, kann ausnahmsweise eine Härte bedeuten, wenn z. B. die leistungsberechtigte Person auf dem Land lebt, öffentliche Verkehrsmittel nicht vorhanden sind, die Person erwerbstätig und deshalb auf das Fahrzeug angewiesen und der Wert des Fahrzeugs relativ gering ist. Als Härte nach § 90 Abs. 3 SGB XII gilt auch der

Einsatz eines Bestattungsvorsorgevermögens oder einer Sterbegeldversicherung, soweit sie zur Durchführung einer würdigen, den örtlichen Gegebenheiten entsprechenden Bestattung dienen.

Die o. g. Vermögenswerte sind auch dann geschützt, wenn ihr Wert unterhalb des Schon- 1281
betrags liegt und zusammen mit sonstigem geschützten Vermögen die Freibeträge nicht überschritten werden. Es ist also auch zu prüfen, welchen Geldwert der Leistungsberechtigte z. B. beim Verkauf eines Pkw erzielen würde und ob dadurch sein Schonvermögen überschritten würde. Liegt z. B. der geschützte Barbetrag bei 5.000,00 € und verfügt der Leistungsberechtigte über einen Pkw im Wert von 3.500,00 € und Sparvermögen in Höhe von 1.300,00 €, ist eine Verwertung des Pkw nicht zu fordern. Bei Sparvermögen in Höhe von 2.000,00 € könnte der Leistungsberechtigte den Pkw behalten, wenn er einen Teil seines Sparvermögens (500,00 €) zur Bedarfsdeckung einsetzt.

6.3.3.4 Sozialhilfe als Darlehen (§ 91 SGB XII)

Führt die Prüfung nach § 90 SGB XII dazu, dass Vermögen einzusetzen ist, ist ggf. noch § 91 1282
SGB XII zu prüfen. Danach soll die Sozialhilfe für den Fall, dass die sofortige Verwertung oder der sofortige Verbrauch des Vermögens nicht möglich ist oder eine Härte für die Betroffenen bedeuten würde, als Darlehen gewährt werden.

Diese Regelung greift häufig bei Hausgrundstücken, die nicht nach § 90 Abs. 2 Nr. 8 SGB XII 1283
geschützt sind. Der Verkauf oder eine anderweitige Verwertung nehmen häufig mehrere Monate in Anspruch. Ist während dieser Zeit die Bedarfsdeckung auf andere Weise nicht möglich, kommt die Darlehensgewährung in Betracht.

Eine Härte bei der Verwertung eines Hausgrundstücks wird z. B. angenommen, wenn ein 1284
Ehegatte dauerhaft im Pflegeheim lebt und der andere weiterhin im (nicht angemessenen) Haus.

Der Sozialhilfeträger kann die Leistungserbringung davon abhängig machen, dass der Rück- 1285
zahlungsanspruch dinglich oder auf andere Weise gesichert wird. Bei Hausgrundstücken erfolgt die Sicherung in der Regel durch Eintragung einer Grundschuld oder Sicherungshypothek im Grundbuch. Dadurch ist gewährleistet, dass die Forderung des Sozialhilfeträgers im Falle der Veräußerung berücksichtigt wird. Bei anderem einzusetzenden Vermögen, z. B. in Form von Forderungen, erfolgt die Sicherung häufig durch Forderungsabtretung.

In der Höhe ist das Darlehen immer beschränkt auf die Höhe des einzusetzenden Vermögens. 1286
Erreichen die Sozialhilfeaufwendungen den Wert des Vermögens, das der Darlehensgewährung zugrunde lag, erfolgt die weitere Leistungsgewährung – wie in allen anderen Fällen, in denen kein einzusetzendes Vermögen vorhanden ist – als nicht rückzahlbarer Zuschuss.

6.4 PRÜFSCHEMA UND KLAUSURBEISPIELE

6.4.1 Prüfschema zum Lösen eines Sachverhalts „Leistungen zum Lebensunterhalt“ nach dem SGB XII

Die Lösung eines Sachverhalts läuft in folgender Reihenfolge ab: 1287

1. Prüfung, welche Leistungen zum Lebensunterhalt infrage kommen
2. Ermittlung des Bedarfs jeder Person
3. Ermittlung des einzusetzenden Einkommens und Vermögens jeder Person
4. Gegenüberstellung von Bedarf und Einkommen/Vermögen zur Ermittlung des individuellen Anspruchs auf Sozialhilfeleistungen

1288 In welcher Reihenfolge die Bedarfe ermittelt werden, spielt keine Rolle. Es bietet sich an, sich am Gesetzestext zu orientieren und alle Vorschriften der Reihe nach zu prüfen. Möglich ist aber z. B. auch, zunächst Regelsätze und Mehrbedarfe sowie Bedarfe für Unterkunft und Heizung zu ermitteln (= laufende Bedarfe, die regelmäßig monatlich in gleicher Höhe anfallen) und anschließend die einmaligen Bedarfe, Sonderbedarfe und Bedarfe für Bildung und Teilhabe zu prüfen. Letzteres wird im unten folgenden Prüfschema dargestellt.

1289 Ebenso ist es für die Lösung unerheblich, ob zunächst der Einsatz von Einkommen oder von Vermögen geprüft wird. Üblicherweise wird jedoch zunächst geprüft, in welchem Umfang Einkommen vorhanden und einzusetzen ist, bevor die Vermögensprüfung erfolgt.

1290 1. Prüfung, welche Leistungen zum Lebensunterhalt jeweils infrage kommen
- Grundsicherung im Alter und bei Erwerbsminderung (§§ 19 Abs. 2, 41 SGB XII)
- Arbeitslosengeld II (§§ 19 Abs. 1 Satz 1, 7 Abs. 1 SGB II)
- Sozialgeld (§§ 19 Abs. 1 Satz 2, 7 Abs. 3 SGB II)
- Hilfe zum Lebensunterhalt (§§ 19 Abs. 1, 27 Abs. 1 SGB XII)

1291 2. Ermittlung des individuellen Bedarfs
- Regelbedarf (§ 27a SGB XII, Anlage zu § 28 SGB XII)
- Mehrbedarf (§ 30 SGB XII)
- Bedarfe für Unterkunft und Heizung (§ 35 SGB XII)
- Bedarfe für Bildung und Teilhabe (§ 34 SGB XII)
- einmalige Bedarfe (§ 31 SGB XII)
- Sonderbedarfe (§§ 32, 33 SGB XII)

⇨ Bei Grusi-Fällen ist hier zusätzlich § 42 Nr. ... SGB XII anzugeben!

1292 3. Ermittlung des einzusetzenden Einkommens und Vermögens
- zu berücksichtigendes Einkommen (§ 82 Abs. 1 SGB XII)
- Einkommensbereinigung (§ 82 Abs. 2 bis 5 und 7 SGB XII, VO zu § 82 SGB XII)
- zu berücksichtigendes Vermögen (§ 90 Abs. 1 SGB XII)
- Ausnahmen vom Vermögenseinsatz (§ 90 Abs. 2 SGB XII)
- Härtefall (§ 90 Abs. 3 SGB XII)
- Darlehen (§ 91 SGB XII)

1293 4. Gegenüberstellung von Bedarf sowie Einkommen und Vermögen zur Feststellung des Anspruchs auf Sozialhilfe
- zunächst individuelle Prüfung; dem Bedarf jeder Person werden also ihr Einkommen und ihr Vermögen gegenübergestellt
- ggf. Übertragung von Einkommen und Vermögen im Rahmen der Einsatzgemeinschaften

6.4.2 Klausurbeispiele

Für die beiden folgenden Klausurbeispiele ist eine Bearbeitungszeit von ca. 90 Minuten vorgesehen, als Hilfsmittel können die Gesetzestexte und ein Taschenrechner verwendet werden. Die ausformulierten Lösungsvorschläge (Kapitel 6.5) sollen als Orientierung dienen. Erfahrungsgemäß stellen die jeweiligen Dozenten unterschiedliche Anforderungen an eine Lösung im Gutachtenstil, die natürlich im Klausurfall zu beachten sind. 1294

<u>Fall 16</u> 1295
Sachverhalt:
Regina A., 47 Jahre alt, getrennt lebend, bezieht eine befristete Rente wegen voller Erwerbsminderung in Höhe von 180,00 € mtl. Sie arbeitet stundenweise in einer Bäckerei und erzielt ein mtl. Einkommen in Höhe von brutto = netto 400,00 €. Frau A. lebt in einem gemeinsamen Haushalt mit der 13-jährigen Tochter Sarah A., Schülerin. Für Sarah bekommt sie Kindergeld in Höhe von mtl. 219,00 €. Der Vater von Sarah zahlt Unterhalt in Höhe von mtl. 250,00 €.

Für die Mietwohnung fallen mtl. folgende Kosten an: 1296

angemessene Kaltmiete	240,00 €
angemessene Betriebskosten	70,00 €
angemessene Heizkosten	60,00 €
Stromkosten	40,00 €

Am 01.04.2021 spricht Regina A. beim für ihren Wohnort zuständigen Sozialamt vor und bittet um finanzielle Unterstützung für sich und ihre Tochter Sarah. Sie gibt dabei noch Folgendes an: 1297

Die Fahrten zur Arbeitsstelle (5 Tage/Woche) führt sie mit dem Pkw ihrer Eltern durch, die notwendigen Kosten muss sie selber tragen. Die Entfernung zwischen Wohnung und Arbeitsstelle beträgt 5 km. 1298

Für die Bereitstellung und Reinigung der Arbeitskleidung durch den Arbeitgeber zahlt Regina A. mtl. 25,00 €. 1299

Im April sind die Jahresbeiträge für die private Haftpflichtversicherung (120,00 €) und die Rechtsschutzversicherung (150,00 €) fällig. 1300

Aufgabenstellung: 1301
Prüfen Sie, ob und ggf. in welcher Höhe die jeweiligen Personen im April 2021 unter Berücksichtigung von vorhandenem Einkommen einen Anspruch auf Hilfe zum Lebensunterhalt bzw. Grundsicherung im Alter und bei Erwerbsminderung nach dem SGB XII haben.

<u>Fall 17</u> 1302
Sachverhalt:
Am 01.10.2021 sprechen die Eheleute Peter und Karin E. beim zuständigen Sozialamt vor und machen Sozialhilfebedarf geltend. Dabei geben sie Folgendes an:
Peter ist 43 Jahre alt und bezieht eine Rente wegen voller Erwerbsminderung. Diese Rente ist befristet bis zum 31.12.2022. Karin ist 38 Jahre alt und bezieht eine Rente wegen voller Erwerbsminderung, ihre Rente wurde bis zum 31.12.2021 bewilligt. Karin befindet sich laut ärztlicher Bescheinigung in der 14. Schwangerschaftswoche.

1303 Für die gemeinsam angemietete Wohnung fallen monatlich folgende angemessene Kosten an:

Kaltmiete einschl. Nebenkosten	400,00 €
Heizkosten	80,00 €

1304 Die Warmwasserzubereitung erfolgt über die Zentralheizung; die entsprechenden Kosten sind in den Heizkosten enthalten.

1305 Karin hilft an zwei Tagen pro Woche für jeweils zwei Stunden im Geschäft ihrer Nachbarin aus und übernimmt dort Büroarbeiten.
Folgendes Einkommen steht den Eheleuten monatlich zur Verfügung:

Peter:	Erwerbsminderungsrente mtl.	600,00 € (brutto = netto)
Karin:	Erwerbsminderungsrente mtl.	450,00 € (brutto = netto)
	Einkommen Aushilfstätigkeit	240,00 € (brutto = netto)

1306 Die Eheleute verfügen über gemeinsames Sparguthaben in Höhe von 7.600,00 €. Weiteres Vermögen ist nicht vorhanden.

1307 Aufgabenstellung:
Prüfen Sie, ob und ggf. in welcher Höhe die jeweiligen Personen im Oktober 2021 unter Berücksichtigung von vorhandenem Einkommen einen Anspruch auf Leistungen zum Lebensunterhalt nach SGB II oder SGB XII haben.

6.5 LÖSUNGEN ZU DEN ÜBUNGSFÄLLEN

1308 <u>Fall 1</u>

1309 1. Anspruch auf Grundsicherung im Alter und bei Erwerbsminderung gemäß § 19 Abs. 2 i. V. m. § 41 Abs. 1 SGB XII?

- Altersgrenze nach § 41 Abs. 2 erreicht — nein
  Karl A. ist erst 47 Jahre alt; die Altersgrenze würde er frühestens mit 65 Jahren erreichen
- 18. Lebensjahr vollendet und dauerhaft voll erwerbsunfähig — nein
  (§ 41 Abs. 3 SGB XII) laut Sachverhalt ist Karl A. erwerbsfähig
- 18. Lebensjahr vollendet und Voraussetzungen Abs. 3a erfüllt — nein
  (das Vorliegen des g. A. im Inland muss nicht mehr geprüft werden, da der Anspruch schon ausgeschlossen ist)

Karl A. hat dem Grunde nach keinen Anspruch auf Grundsicherung im Alter und bei Erwerbsminderung.

1310 2. Anspruch auf Arbeitslosengeld II gemäß § 19 Abs. 1 Satz 1 i. V. m. § 7 Abs. 1 SGB II?

- 15. Lebensjahr vollendet, Altersgrenze nicht erreicht — ja
- erwerbsfähig — ja
- hilfebedürftig (wird unterstellt, siehe Kapitel 5.3.3) — ja
- g. A. in der Bundesrepublik Deutschland — ja

Karl A hat dem Grunde nach Anspruch auf Arbeitslosengeld II.

Fall 2 1311

1. Anspruch auf Grundsicherung im Alter und bei Erwerbsminderung gemäß § 19 Abs. 2 i. V. m. § 41 Abs. 1 SGB XII? 1312

- Altersgrenze nach § 41 Abs. 2 erreicht — nein
  Ernst B. ist erst 53 Jahre alt; die Altersgrenze würde er frühestens mit 65 Jahren erreichen
- 18. Lebensjahr vollendet und dauerhaft voll erwerbsunfähig — nein
  (§ 41 Abs. 3 SGB XII) laut Sachverhalt wurde die Rente wegen voller Erwerbsminderung befristet bewilligt
- 18. Lebensjahr vollendet und Voraussetzungen Absatz 3a erfüllt — nein
  (das Vorliegen des g. A. im Inland muss nicht mehr geprüft werden, da der Anspruch schon ausgeschlossen ist)

Ernst B. hat dem Grunde nach keinen Anspruch auf Grundsicherung im Alter und bei Erwerbsminderung.

2. Anspruch auf Arbeitslosengeld II gemäß § 19 Abs. 1 Satz 1 i. V. m. § 7 Abs. 1 SGB II? 1313

- 15. Lebensjahr vollendet, Altersgrenze nicht erreicht — ja
- erwerbsfähig — nein

Ernst B. hat dem Grunde nach keinen Anspruch auf Arbeitslosengeld II (Prüfung der weiteren Voraussetzungen nicht mehr erforderlich).

3. Anspruch auf Sozialgeld gemäß § 19 Abs. 1 Satz 2 i. V. m. § 7 Abs. 3 SGB II 1314

- nicht erwerbsfähig — ja
- kein Anspruch auf Grundsicherung im Alter und bei Erwerbsminderung — ja
- BG mit erwerbsfähigem Leistungsberechtigten — nein

Ernst B. lebt alleine und ist selber nicht erwerbsfähig. Zur Begründung einer BG ist mindestens ein erwerbsfähiger Leistungsberechtigter erforderlich. Ernst B. hat dem Grunde nach keinen Anspruch auf Sozialgeld.

4. Anspruch auf Hilfe zum Lebensunterhalt 1315

- kein Anspruch auf Grundsicherung im Alter und bei Erwerbsminderung, Arbeitslosengeld II oder Sozialgeld — ja

Ernst B. hat dem Grunde nach Anspruch auf Hilfe zum Lebensunterhalt.

Fall 3 1316

1. Anspruch auf Grundsicherung im Alter und bei Erwerbsminderung gemäß § 19 Abs. 2 i. V. m. § 41 Abs. 1 SGB XII? 1317

- Altersgrenze nach § 41 Abs. 2 erreicht — nein
  Christa C. ist 61 Jahre alt; die Altersgrenze würde sie frühestens mit 65 Jahren erreichen
- 18. Lebensjahr vollendet und dauerhaft voll erwerbsunfähig (§ 41 Abs. 3 SGB XII) — ja
  Christa C. bezieht eine Rente wegen dauerhaft voller Erwerbsminderung
  g. A. im Inland — ja

Christa C. hat dem Grunde nach Anspruch auf Grundsicherung im Alter und bei Erwerbsminderung.

1318 Fall4

1319 1. Anspruch auf Grundsicherung im Alter und bei Erwerbsminderung gemäß § 19 Abs. 2 i.V.m. § 41 Abs. 1 SGB XII?
- Altersgrenze nach § 41 Abs. 2 erreicht — ja
  Günter D. ist 67 Jahre alt und hat damit die Altersgrenze gemäß § 41 Abs. 2 SGB XII erreicht.

Günter D. hat dem Grunde nach Anspruch auf Grundsicherung im Alter und bei Erwerbsminderung.

1320 Fall 5

1321 1. Anspruch auf Grundsicherung im Alter und bei Erwerbsminderung gemäß § 19 Abs. 2 i.V.m. § 41 Abs. 1 SGB XII?
- Altersgrenze nach § 41 Abs. 2 erreicht — nein
  Julia E. ist 18, Karin E. 43 Jahre alt; die Altersgrenze würden sie frühestens mit 65 Jahren erreichen
- 18. Lebensjahr vollendet und dauerhaft voll erwerbsunfähig — nein
  (§ 41 Abs. 3 SGB XII) laut Sachverhalt ist Karin E. erwerbsfähig; zu Julia E. enthält er keine gegenteiligen Angaben, sodass von einer Erwerbsfähigkeit auszugehen ist
- 18. Lebensjahr vollendet und Voraussetzungen Absatz 3a erfüllt — nein
  (das Vorliegen des g.A. im Inland muss nicht mehr geprüft werden, da der Anspruch schon ausgeschlossen ist)

Julia und Karin E. haben dem Grunde nach keinen Anspruch auf Grundsicherung im Alter und bei Erwerbsminderung.

1322 2. Anspruch auf Arbeitslosengeld II gemäß § 19 Abs. 1 Satz 1 i.V.m. § 7 Abs. 1 SGB II?
- 15. Lebensjahr vollendet, Altersgrenze nicht erreicht — ja
- erwerbsfähig — ja
- hilfebedürftig (wird unterstellt, siehe Kapitel 5.3.3) — ja
- g.A. in der Bundesrepublik Deutschland — ja

Julia und Karin E. haben beide dem Grunde nach Anspruch auf Arbeitslosengeld II.

1323 Fall 6

1324 1. Anspruch auf Grundsicherung im Alter und bei Erwerbsminderung gemäß § 19 Abs. 2 i.V.m. § 41 Abs. 1 SGB XII?
- Altersgrenze nach § 41 Abs. 2 erreicht — nein
  Keine der vier Personen hat die Altersgrenze erreicht
- 18. Lebensjahr vollendet und dauerhaft voll erwerbsunfähig (§ 41 Abs. 3 SGB XII) — nein
  Anna und Anton F. haben das 18. Lebensjahr vollendet, laut Sachverhalt sind sie erwerbsfähig
- 18. Lebensjahr vollendet und Voraussetzungen Absatz 3a erfüllt — nein

(das Vorliegen des g. A. im Inland muss nicht mehr geprüft werden, da der Anspruch schon ausgeschlossen ist)

Keine der vier Personen hat dem Grunde nach Anspruch auf Grundsicherung im Alter und bei Erwerbsminderung.

2. Anspruch auf Arbeitslosengeld II gemäß § 19 Abs. 1 Satz 1 i. V. m. § 7 Abs. 1 SGB II? 1325
- 15. Lebensjahr vollendet, Altersgrenze nicht erreicht — teilweise ja
  Anna, Anton und Alexander ja, Annika nein (somit hat Annika keinen Anspruch auf Arbeitslosengeld II, bei ihr entfällt die weitere diesbezügliche Prüfung)
- erwerbsfähig — ja
- hilfebedürftig (wird unterstellt, siehe Kapitel 5.3.3) — ja
- g. A. in der Bundesrepublik Deutschland — ja

Anna, Anton und Alexander F. haben dem Grunde nach Anspruch auf Arbeitslosengeld II.

3. Anspruch auf Sozialgeld gemäß § 19 Abs. 1 Satz 2 i. V. m. § 7 Abs. 3 SGB II? (Prüfung nur noch bzgl. Annika) 1326
- nicht erwerbsfähig — ja
- kein Anspruch auf Grundsicherung im Alter und bei Erwerbsminderung — ja
- BG mit erwerbsfähigem Leistungsberechtigten — ja
  Annika lebt in einem Haushalt mit ihren Eltern und ihrem Bruder.
  Gemäß § 7 Abs. 3 Nr. 4 gehören zu einer BG die dem Haushalt angehörenden Kinder der erwerbsfähigen Leistungsberechtigten, wenn sie das 25. Lebensjahr noch nicht vollendet haben.

Annika F. hat dem Grunde nach Anspruch auf Sozialgeld.

Anmerkung: Die ganze Familie bildet eine BG gemäß § 7 Abs. 3 SGB II. Zur BG gehören neben (mindestens einem) erwerbsfähigen Leistungsberechtigten auch die Ehepartner (Nr. 3) und die dem Haushalt angehörenden Kinder, die das 25. Lebensjahr noch nicht vollendet haben (Nr. 4). 1327

<u>Fall 7</u> 1328

1. Anspruch auf Grundsicherung im Alter und bei Erwerbsminderung gemäß § 19 Abs. 2 i. V. m. § 41 Abs. 1 SGB XII? 1329
- Altersgrenze nach § 41 Abs. 2 erreicht — nein
  Keine der vier Personen hat die Altersgrenze erreicht
- 18. Lebensjahr vollendet und dauerhaft voll erwerbsunfähig (§ 41 Abs. 3 SGB XII) — teilweise ja
  Maria und Max G. haben das 18. Lebensjahr vollendet, Martin noch nicht. Laut Sachverhalt ist Maria erwerbsfähig und hat damit keinen Anspruch auf Grundsicherung bei dauerhaft voller Erwerbsminderung. Max bezieht eine Rente wegen dauerhaft voller Erwerbsminderung und erfüllt somit die Voraussetzungen.

- 18. Lebensjahr vollendet und Voraussetzungen Absatz 3a erfüllt nein
- g. A. im Inland (Prüfung nur für Max) ja

Max G. hat Anspruch auf Grundsicherung bei dauerhaft voller Erwerbsminderung, die anderen beiden Personen nicht.

1330 2. Anspruch auf Arbeitslosengeld II gemäß § 19 Abs. 1 Satz 1 i. V. m. § 7 Abs. 1 SGB II? (Prüfung bzgl. Maria und Martin)

- 15. Lebensjahr vollendet, Altersgrenze nicht erreicht ja
- erwerbsfähig ja
- hilfebedürftig (wird unterstellt, siehe Kapitel 5.3.3) ja
- g. A. in der Bundesrepublik Deutschland ja

Maria und Martin G. haben dem Grunde nach Anspruch auf Arbeitslosengeld II.

1331 Anmerkung: Alle drei Personen bilden zusammen eine BG. Auch Max gehört als Ehegatte von Maria, die erwerbsfähige Leistungsberechtigte ist, gemäß § 7 Abs. 3 Nr. 3a SGB II zur BG, jedoch kann er wegen des vorrangigen Anspruchs auf Grundsicherung im Alter und bei Erwerbsminderung kein Sozialgeld erhalten.

1332 <u>Fall 8</u>

1333 1. Anspruch auf Grundsicherung im Alter und bei Erwerbsminderung gemäß § 19 Abs. 2 i. V. m. § 41 Abs. 1 SGB XII?

- Altersgrenze nach § 41 Abs. 2 erreicht nein
  Keine der drei Personen hat die Altersgrenze erreicht
- 18. Lebensjahr vollendet und dauerhaft voll erwerbsunfähig (§ 41 Abs. 3 SGB XII) nein
  Berta und Bruno H. haben das 18. Lebensjahr vollendet. Berta ist jedoch erwerbsfähig und die Rente wegen voller Erwerbsminderung für Bruno wurde befristet bewilligt, d. h., er ist nicht dauerhaft voll erwerbsgemindert.
- 18. Lebensjahr vollendet und Voraussetzungen Absatz 3a erfüllt nein

Keine der drei Personen hat dem Grunde nach Anspruch auf Grundsicherung im Alter und bei Erwerbsminderung.

1334 2. Anspruch auf Arbeitslosengeld II gemäß § 19 Abs. 1 Satz 1 i. V. m. § 7 Abs. 1 SGB II?

- 15. Lebensjahr vollendet, Altersgrenze nicht erreicht ja
- erwerbsfähig (Berta und Barbara sind erwerbsfähig; Bruno ist nicht erwerbsfähig, da er eine Rente wegen voller Erwerbsminderung bezieht) teilweise ja
- hilfebedürftig (wird unterstellt, siehe Kapitel 5.3.3) ja
- g. A. in der Bundesrepublik Deutschland ja

Berta und Barbara H. haben dem Grunde nach Anspruch auf Arbeitslosengeld II.

1335 3. Anspruch auf Sozialgeld gemäß § 19 Abs. 1 Satz 2 i. V. m. § 7 Abs. 3 SGB II? (Prüfung nur noch bzgl. Bruno)

- nicht erwerbsfähig ja
- kein Anspruch auf Grundsicherung im Alter und bei Erwerbsminderung ja
- Bedarfsgemeinschaft mit erwerbsfähigem Leistungsberechtigten ja
  Bruno lebt in einem Haushalt mit seiner Ehefrau Berta, die erwerbsfähige Leistungsberechtigte ist. Nach § 7 Abs. 3 Nr. 3a) SGB II gehört er als Ehegatte zur BG.

Bruno H. hat dem Grunde nach Anspruch auf Sozialgeld.

Anmerkung: Barbara gehört nicht zur BG von Berta und Bruno, da sie deren Enkelkind ist. 1336
Nach § 7 Abs. 3 Nr. 4 SGB II gehören die Kinder, nicht aber die Enkelkinder zu einer BG. Barbara bildet also eine eigene BG, zu der keine weiteren Personen gehören.

Abwandlung: 1337
Wenn Barbara erst 14 Jahre alt ist, ist sie keine erwerbsfähige Leistungsberechtigte i. S. d. § 7 Abs. 1 SGB II und hat damit auch dem Grunde nach keinen Anspruch auf Arbeitslosengeld II. Wie ausgeführt, gehört sie als Enkelkind auch nicht zur BG von Berta und Bruno und kann damit auch kein Sozialgeld erhalten. Sie hat also dem Grunde nach einen Anspruch auf Hilfe zum Lebensunterhalt.

Fall 9 1338

1. Anspruch auf Grundsicherung im Alter und bei Erwerbsminderung gemäß § 19 Abs. 2 i. V. m. § 41 Abs. 1 SGB XII? 1339

- Altersgrenze nach § 41 Abs. 2 erreicht nein
  Keine der drei Personen hat die Altersgrenze erreicht
- 18. Lebensjahr vollendet und dauerhaft voll erwerbsunfähig (§ 41 Abs. 3 SGB XII) teilweise ja
  Gertrud I. ist nur vorübergehend voll erwerbsgemindert; Herbert I. ist dauerhaft voll erwerbsgemindert. Stefan und Markus I. sind erwerbsfähig. Damit besteht für Gertrud, Stefan und Markus dem Grunde nach kein Anspruch auf Grundsicherung im Alter und bei Erwerbsminderung.
- 18. Lebensjahr vollendet und Voraussetzungen Absatz 3a erfüllt nein
- g. A. im Inland (Prüfung hier nur für Herbert) ja

Herbert I. hat dem Grunde Anspruch auf Grundsicherung bei dauerhaft voller Erwerbsminderung.

2. Anspruch auf Arbeitslosengeld II gemäß § 19 Abs. 1 Satz 1 i. V. m. § 7 Abs. 1 SGB II? (Prüfung für Gertrud, Stefan und Markus) 1340

- 15. Lebensjahr vollendet, Altersgrenze nicht erreicht ja
- erwerbsfähig (Stefan und Markus sind erwerbsfähig, Gertrud jedoch nicht, da sie eine Rente wegen voller Erwerbsminderung bezieht. Sie hat also dem Grunde nach keinen Anspruch auf Arbeitslosengeld II; weitere Prüfung nur noch für Stefan und Markus) teilweise ja
- hilfebedürftig (wird unterstellt, siehe Kapitel 5.3.3) ja
- g. A. in der Bundesrepublik Deutschland ja

Stefan und Markus I. haben dem Grunde nach Anspruch auf Arbeitslosengeld II.

1341 3. Anspruch auf Sozialgeld gemäß § 19 Abs. 1 Satz 2 i. V. m. § 7 Abs. 3 SGB II?
(Prüfung nur noch bzgl. Gertrud)
- nicht erwerbsfähig ja
- kein Anspruch auf Grundsicherung im Alter und bei Erwerbsminderung ja
- Bedarfsgemeinschaft mit erwerbsfähigem Leistungsberechtigten ja
Gertrud lebt u. a. mit dem 24-jährigen Markus, der erwerbsfähiger Leistungsberechtigter ist, in einem Haushalt. Nach § 7 Abs. 3 Nr. 2 SGB II gehört sie als Elternteil eines unverheirateten Kindes, welches das 25. Lebensjahr noch nicht vollendet hat, zur BG.

Gertrud I. hat dem Grunde nach Anspruch auf Sozialgeld.

1342 Anmerkung: Auch Herbert gehört gemäß § 7 Abs. 3 Nr. 1 SGB II zur BG mit Markus und Gertrud, jedoch kann er wegen des Vorrangs von Grundsicherung im Alter und bei Erwerbsminderung kein Sozialgeld beziehen.

1343 Fall 10

1344 1. Anspruch auf Grundsicherung im Alter und bei Erwerbsminderung gemäß § 19 Abs. 2 i. V. m. § 41 Abs. 1 SGB XII?
- Altersgrenze nach § 41 Abs. 2 erreicht nein
Keine der fünf Personen hat die Altersgrenze erreicht
- 18. Lebensjahr vollendet und dauerhaft voll erwerbsunfähig (§ 41 Abs. 3 SGB XII) nein
Maria und Klaus J. sind vorübergehend voll erwerbsgemindert, David K. ebenfalls. Jessica J. ist erwerbsfähig, und Kevin hat das 18. Lebensjahr noch nicht vollendet.
- 18. Lebensjahr vollendet und Voraussetzungen Absatz 3a erfüllt nein

Keine Person hat dem Grunde nach Anspruch auf Grundsicherung im Alter und bei Erwerbsminderung.

1345 2. Anspruch auf Arbeitslosengeld II gemäß § 19 Abs. 1 Satz 1 i. V. m. § 7 Abs. 1 SGB II?
- 15. Lebensjahr vollendet, Altersgrenze nicht erreicht (alle außer Kevin) teilweise ja
- erwerbsfähig (Jessica ist erwerbsfähig. Die übrigen Personen, die das 15. Lebensjahr vollendet haben, sind nicht erwerbsfähig und haben somit dem Grunde nach keinen Anspruch auf Arbeitslosengeld II; weitere Prüfung nur noch für Jessica) teilweise ja
- hilfebedürftig (wird unterstellt, siehe Kapitel 5.3.3) ja
- g. A. in der Bundesrepublik Deutschland ja

Jessica J. hat dem Grunde nach Anspruch auf Arbeitslosengeld II.

1346 3. Anspruch auf Sozialgeld gemäß § 19 Abs. 1 Satz 2 i. V. m. § 7 Abs. 3 SGB II?
(Prüfung bzgl. Maria, Klaus, David und Kevin)
- nicht erwerbsfähig ja
- kein Anspruch auf Grundsicherung im Alter und bei Erwerbsminderung ja

- Bedarfsgemeinschaft mit erwerbsfähigem Leistungsberechtigten teilweise ja
  Alle fünf Personen leben zusammen in einem Haushalt.
  Nach § 7 Abs. 3 Nr. 2 gehören die Eltern von unverheirateten Kindern, die das 25. Lebensjahr noch nicht vollendet haben, zur BG. Jessica ist noch nicht 25 und nicht verheiratet, sodass sie grundsätzlich ihre Eltern mit in ihre BG zieht. Gleichzeitig kann Jessica nach § 7 Abs. 3 Nr. 3c i. V. m. Abs. 4 Nr. 2 SGB II ihren Freund David mit in ihre BG ziehen und nach § 7 Abs. 3 Nr. 4 ihren Sohn Kevin. Nach den Hinweisen der Bundesagentur für Arbeit zu § 7 Abs. 3 SGB II werden jedoch keine sog. „Drei-Generationen-BGen" gebildet. In solchen Fällen sollen die tatsächlichen Lebensverhältnisse abgebildet werden, d. h., Jessica, David und Kevin bilden eine BG, und Maria und Klaus gehören nicht zu einer BG mit Jessica.

David und Kevin haben dem Grunde nach Anspruch auf Sozialgeld, Maria und Klaus nicht.

4. Anspruch auf Hilfe zum Lebensunterhalt 1347
- kein Anspruch auf Grundsicherung im Alter und bei Erwerbsminderung, Arbeitslosengeld II oder Sozialgeld ja

Maria und Klaus J. haben dem Grunde nach Anspruch auf Hilfe zum Lebensunterhalt.

<u>Fall 11</u> 1348

1. Anspruch auf Grundsicherung im Alter und bei Erwerbsminderung gemäß 1349
   § 19 Abs. 2 i. V. m. § 41 Abs. 1 SGB XII?
- Altersgrenze nach § 41 Abs. 2 erreicht nein
  Keine der drei Personen hat die Altersgrenze erreicht
- 18. Lebensjahr vollendet und dauerhaft voll erwerbsunfähig teilweise ja
  (§ 41 Abs. 3 SGB XII)
  Jakob L. ist dauerhaft voll erwerbsgemindert, die übrigen Personen nicht; weitere Prüfung nur bzgl. Jakob.
- 18. Lebensjahr vollendet und Voraussetzungen Absatz 3a erfüllt nein
- g. A. im Inland ja

Jakob L. hat dem Grunde Anspruch auf Grundsicherung bei dauerhaft voller Erwerbsminderung.

2. Anspruch auf Arbeitslosengeld II gemäß § 19 Abs. 1 Satz 1 i. V. m. § 7 Abs. 1 SGB II? 1350
   (Prüfung bzgl. Gisela und Doris)
- 15. Lebensjahr vollendet, Altersgrenze nicht erreicht ja
- erwerbsfähig (Doris ist erwerbsfähig. Gisela ist vorübergehend voll erwerbsgemindert, also nicht erwerbsfähig und hat somit dem Grunde nach keinen Anspruch auf Arbeitslosengeld II; weitere Prüfung nur noch für Doris) teilweise ja
- hilfebedürftig (wird unterstellt, siehe Kapitel 5.3.3) ja
- g. A. in der Bundesrepublik Deutschland ja

Doris L. hat dem Grunde nach Anspruch auf Arbeitslosengeld II.

1351 3. Anspruch auf Sozialgeld gemäß § 19 Abs. 1 Satz 2 i.V.m. § 7 Abs. 3 SGB II? (Prüfung bzgl. Gisela)

- nicht erwerbsfähig ja
- kein Anspruch auf Grundsicherung im Alter und bei Erwerbsminderung ja
- Bedarfsgemeinschaft mit erwerbsfähigem Leistungsberechtigten nein

  Denkbar wäre, dass Gisela zu einer BG mit Doris gehört. Nach § 7 Abs. 3 Nr. 1 SGB II gehören im Haushalt lebende Elternteile zur BG der Kinder, wenn diese unverheiratet sind und das 25. Lebensjahr noch nicht vollendet haben. Doris ist bereits 34, hat also das 25. Lebensjahr vollendet. Daher kann Gisela nicht zu ihrer BG gehören.

Gisela L. hat dem Grunde nach keinen Anspruch auf Sozialgeld.

1352 4. Anspruch auf Hilfe zum Lebensunterhalt

- kein Anspruch auf Grundsicherung im Alter und bei Erwerbsminderung, Arbeitslosengeld II oder Sozialgeld ja

Gisela L. hat dem Grunde nach Anspruch auf Hilfe zum Lebensunterhalt.

1353 Abwandlung:
Wenn Doris erst 24 Jahre alt ist, kann sie Gisela mit in ihre BG ziehen. Dann hätte Gisela Anspruch auf Sozialgeld. Auch Jakob würde dann zur BG gehören, jedoch hätte er keinen Anspruch auf Sozialgeld, da Grundsicherung im Alter und bei Erwerbsminderung vorrangig ist.

1354 Fall 12

1355 1. Ermittlung der Regelbedarfsstufen und Regelsätze
Anna M. ist eine erwachsene Person, die nur mit ihren Kindern, nicht mit weiteren erwachsenen Personen in einer Wohnung lebt. Für sie gilt somit die Regelbedarfsstufe 1; es wird ein Regelsatz in Höhe von 446,00 € anerkannt.
Alexander ist 14 Jahre alt und damit der Regelbedarfsstufe 4 zuzuordnen. Der Regelsatz beträgt 373,00 €.
Annika ist 13 Jahre alt und erhält einen Regelsatz entsprechend der Regelbedarfsstufe 5 in Höhe von 309,00 €.

1356 2. Ermittlung der Mehrbedarfe
Anna ist alleinerziehend; gemäß § 30 Abs. 3 Nr. 1 SGB XII wird ein Mehrbedarf in Höhe von 36 % der Regelbedarfsstufe 1 u.a. dann anerkannt, wenn sie mit zwei Kindern unter 16 Jahren zusammenlebt. Alexander und Annika sind unter 16, sodass für Anna ein Mehrbedarf in Höhe von 160,56 € (36 % von 446,00 €) anerkannt wird.
Anhaltspunkte für weitere Mehrbedarfe ergeben sich nicht.

1357 Fall 13

1358 1. Ermittlung der Regelbedarfsstufen und Regelsätze
Carla und Bernhard N. sind verheiratet und damit beide der Regelbedarfsstufe 2 zuzuordnen. Es wird jeweils ein Regelsatz in Höhe von 401,00 € anerkannt.

Barbara ist 17 Jahre alt und gehört damit zur Regelbedarfsstufe 4. Der entsprechende Regelsatz beträgt 373,00 €.

2. Ermittlung der Mehrbedarfe 1359

Bernhard ist voll erwerbsgemindert auf Zeit und hat einen Schwerbehindertenausweis, in dem das Merkzeichen G eingetragen ist. Gemäß § 30 Abs. 1 Nr. 2 SGB XII ist daher ein Mehrbedarf in Höhe von 68,17 € (17 % von 401,00 €) anzuerkennen.
Anhaltspunkte für weitere Mehrbedarfe ergeben sich nicht.

Fall 14 1360

1. Ermittlung der Regelbedarfsstufen und Regelsätze 1361

Tina ist 34 Jahre alt und alleinerziehend und damit der Regelbedarfsstufe 1 zuzuordnen; der anzuerkennende Regelsatz beträgt 446,00 €.
Tom, 14 Jahre alt, erhält den Regelsatz entsprechend der Regelbedarfsstufe 4 in Höhe von 373,00 €. Lena, 8 Jahre alt, erhält 309,00 € entsprechend der Regelbedarfsstufe 5 und Lisa, 4 Jahre alt, erhält 283,00 € entsprechend der Regelbedarfsstufe 6.

2. Ermittlung der Mehrbedarfe 1362

Tina ist schwanger in der 26. Woche. Somit ist ein Mehrbedarf gemäß § 30 Abs. 2 SGB XII in Höhe von 75,82 € (17 % von 446,00 €) anzuerkennen.
Weiterhin ist Tina alleinerziehend mit drei Kindern unter 16 Jahren. Nach § 30 Abs. 3 Nr. 1 SGB XII ist daher ein Mehrbedarf in Höhe von 160,56 € (36 % von 446,00 €) anzuerkennen.
Anhaltspunkte für weitere Mehrbedarfe ergeben sich nicht.

Fall 15 1363

1. Prüfung der infrage kommenden Leistung zum Lebensunterhalt 1364

- Anspruch auf Grundsicherung im Alter und bei Erwerbsminderung gemäß § 19 Abs. 2 i. V. m. § 41 Abs. 1 SGB XII?
  - weder Rita noch Tom haben die Altersgrenze nach § 41 Abs. 2 erreicht
  - Rita hat das 18. Lebensjahr vollendet, ist jedoch nicht dauerhaft voll erwerbsunfähig (§ 41 Abs. 3 SGB XII) und erfüllt auch die Voraussetzungen nach § 41 Abs. 3a SGB XII nicht; Tom hat das 18. Lebensjahr noch nicht vollendet.

  Es besteht also kein Anspruch auf Grundsicherung im Alter und bei Erwerbsminderung.
- Anspruch auf Arbeitslosengeld II gemäß § 19 Abs. 1 Satz 1 i. V. m. § 7 Abs. 1 SGB II?
  - Tom hat das 15. Lebensjahr noch nicht vollendet; Rita hat das 15. Lebensjahr vollendet, ist jedoch nicht erwerbsfähig.

  Es besteht kein Anspruch auf Arbeitslosengeld II.
- Anspruch auf Sozialgeld gemäß § 19 Abs. 1 Satz 2 i. V. m. § 7 Abs. 3 SGB II?
  Da es keinen erwerbsfähigen Leistungsberechtigten im Haushalt gibt, der eine BG begründen könnte, besteht kein Anspruch auf Sozialgeld.
- Anspruch auf Hilfe zum Lebensunterhalt gemäß § 19 Abs. 1, § 27 Abs. 1 SGB XII
  Da alle vorrangigen Leistungen ausgeschlossen sind, haben Rita und Tom dem Grunde nach Anspruch auf Hilfe zum Lebensunterhalt.

1365 2. Ermittlung des Bedarfs

1366 • Regelsätze, Anlage zu § 28 SGB XII
Rita lebt in einer Wohnung und erfüllt nicht die Voraussetzungen der Regelbedarfsstufe 2, weshalb für sie der Regelsatz nach Regelbedarfsstufe 1 in Höhe von 446,00 € monatlich berücksichtigt wird.
Tom ist 13 Jahre alt und damit der Regelbedarfsstufe 5 zuzuordnen; der zu berücksichtigende Regelsatz beträgt 309,00 €.

1367 • Mehrbedarfe, § 30 SGB XII
Von den in § 30 genannten Mehrbedarfen kommt hier nur der Mehrbedarf für Alleinerziehende für Rita gemäß § 30 Abs. 3 SGB XII in Betracht. Hier greift Nr. 2, sodass ein Mehrbedarf in Höhe von 12 % des Regelsatzes der Regelbedarfsstufe 1 = 53,52 € zu berücksichtigen ist.

1368 • Kosten der Unterkunft, § 35 SGB XII
Die Kosten für Unterkunft und Heizung sind angemessen und somit in voller Höhe zu berücksichtigen. Die Aufteilung erfolgt pro Kopf. Es sind also jeweils 175,00 € für die Unterkunft und 40,00 € für die Heizung zu berücksichtigen.

1369 • einmalige und Sonderbedarfe §§ 31–33 SGB XII
Aus dem Sachverhalt ergeben sich keine Anhaltspunkte für die Berücksichtigung von einmaligen oder Sonderbedarfen.

1370 • Bildung und Teilhabe
  - Klassenfahrt: grundsätzlich gemäß § 34 Abs. 2 SGB XII berücksichtigungsfähig, aber Zahlung muss erst im September erfolgen; im August besteht daher diesbezüglich kein Bedarf
  - Persönlicher Schulbedarf gemäß § 34 Abs. 3 SGB XII: das Schuljahr beginnt laut Sachverhalt im August, sodass der Pauschalbetrag in Höhe von 103,00 € als Bedarf zu berücksichtigen ist
  - Mittagsverpflegung: gemäß § 35 Abs. 6 SGB XII zu berücksichtigen. Im August sind somit 10 Schultage × 4,00 € = 40,00 € als Bedarf zu berücksichtigen.
  - Mitgliedsbeitrag: nach § 34 Abs. 7 SGB XII zu berücksichtigen, maximal 15,00 € monatlich. Der Monatsbeitrag von 15,00 € kann also anerkannt werden.

Zusammenfassung Bedarf:	Rita	Tom
Regelsatz	446,00 €	309,00 €
Mehrbedarf	53,52 €	-
Unterkunft	175,00 €	175,00 €
Heizung	40,00 €	40,00 €
Schulbedarf		103,00 €
Mittagessen		40,00 €
Sportverein		15,00 €
Gesamtbedarf August	**724,52 €**	**682,00 €**

Fall 16 1371

Zu prüfen ist, ob und ggf. in welcher Höhe Regina A. und die Tochter Sarah im Monat April 2021 einen Anspruch auf Hilfe zum Lebensunterhalt (HzL) oder Grundsicherung im Alter und bei Erwerbsminderung (Grusi) nach dem SGB XII haben.

Zunächst ist zu prüfen, welche Hilfeart jeweils infrage kommt. Nach § 19 Abs. 2 i. V. m. § 41 Abs. 1 SGB XII ist Voraussetzung für einen Anspruch auf Grusi entweder die Vollendung des 65. Lebensjahres, die Vollendung des 18. Lebensjahres sowie die Feststellung einer dauerhaft vollen Erwerbsminderung oder die Vollendung des 18. Lebensjahres und die Erfüllung der in § 41 Abs. 3a SGB XII genannten Voraussetzungen. Keine dieser Voraussetzungen ist bei Regina A. oder Sarah A. erfüllt, sodass ein Anspruch auf Grundsicherung im Alter und bei Erwerbsminderung ausgeschlossen ist. 1372

Weiterhin ist zu prüfen, ob ein Anspruch auf Arbeitslosengeld II nach § 19 Abs. 1 Satz 1 i. V. m. § 7 Abs. 1 SGB II besteht. Arbeitslosengeld II erhalten erwerbsfähige Leistungsberechtigte. Erwerbsfähiger Leistungsberechtigter ist, wer das 15. Lebensjahr vollendet und die Altersgrenze nach § 7a nicht erreicht hat, erwerbsfähig und hilfebedürftig ist und seinen gewöhnlichen Aufenthalt in der BRD hat. Regina hat das 15. Lebensjahr vollendet, jedoch bezieht sie eine Rente wegen voller Erwerbsminderung und ist somit nicht erwerbsfähig. Sarah hat das 15. Lebensjahr noch nicht vollendet. Somit scheidet ein Anspruch auf Arbeitslosengeld II sowohl für Regina als auch für Sarah aus. 1373

Nach § 19 Abs. 1 Satz 2 i. V. m. § 7 Abs. 2 und 3 SGB II erhalten nicht erwerbsfähige Leistungsberechtigte, die mit erwerbsfähigen Leistungsberechtigten in einer Bedarfsgemeinschaft leben, Sozialgeld. Regina und Sarah sind beide nicht erwerbsfähig. Weitere Personen leben nicht im Haushalt, es ist also keine erwerbsfähige leistungsberechtigte Person vorhanden, mit der Regina und Sarah eine Bedarfsgemeinschaft bilden könnten. Ein Anspruch auf Sozialgeld ist somit ebenfalls ausgeschlossen. 1374

Somit kommt für beide nur Hilfe zum Lebensunterhalt nach § 19 Abs. 1 i. V. m. § 27 Abs. 1 SGB XII in Betracht. 1375

Zunächst ist der sozialhilferechtliche Bedarf der beiden Personen zu ermitteln. Anschließend ist zu prüfen, ob und ggf. in welchem Umfang Einkommen zur Bedarfsdeckung einzusetzen ist und ob danach ggf. ein Anspruch auf HzL besteht. 1376

Der gesamte Bedarf des notwendigen Lebensunterhalts mit Ausnahme der Bedarfe nach den §§ 30–36 ergibt gemäß § 27a Abs. 2 SGB XII den monatlichen Regelbedarf. Welche Person zu welcher Regelbedarfsstufe gehört, ergibt sich aus der Anlage zu § 28 SGB XII. Regina ist eine erwachsene Leistungsberechtigte, die in einer Wohnung nach § 42a Abs. 2 Satz 2 lebt und für die nicht die Regelbedarfsstufe 2 gilt. Sie ist also Regelbedarfsstufe 1 zuzuordnen. Sarah ist 13 Jahre alt und gehört damit zur Regelbedarfsstufe 5. 1377

1378 Die Höhe der Regelsätze ergibt sich ebenfalls aus der Anlage zu § 28 SGB XII. Danach erhält Regina A. einen Regelsatz in Höhe von 446,00 € monatlich, Sarah i. H. v. 309,00 €. Gemäß § 35 Abs. 1 und 3 SGB XII werden Bedarfe für Unterkunft und Heizung in tatsächlicher Höhe anerkannt, soweit sie angemessen sind. Laut Sachverhalt ist die Angemessenheit gegeben. Die Kostenaufteilung erfolgt pro Kopf. Auf Regina und Sarah A. entfallen somit je 120,00 € Kaltmiete, 35,00 € Betriebskosten und 30,00 € Heizkosten monatlich.

1379 Die Stromkosten gehören nicht zu den Kosten der Unterkunft. Sie sind aus den Regelsätzen zu zahlen und können nicht zusätzlich als Bedarf berücksichtigt werden.

1380 Regina A. könnte Anspruch auf einen Mehrbedarf für Alleinerziehende gemäß § 30 Abs. 3 SGB XII haben. Danach wird für Alleinerziehende ein Mehrbedarf anerkannt, wenn sie mit einem oder mehreren minderjährigen Kindern zusammenleben. Dies ist vorliegend der Fall. Da Sarah bereits das siebte Lebensjahr vollendet hat und kein weiteres Kind im Haushalt lebt, richtet sich die Höhe des Mehrbedarfs nach § 30 Abs. 3 Nr. 2 SGB XII und beträgt 12 % der Regelbedarfsstufe 1, also 53,52 € mtl. für Regina A.

1381 Der jeweilige Sozialhilfebedarf setzt sich wie folgt zusammen:

	Regina A.	Sarah A.
Regelsatz	446,00 €	309,00 €
Mehrbedarf	53,52 €	
Kaltmiete	120,00 €	120,00 €
Nebenkosten	35,00 €	35,00 €
Heizkosten	30,00 €	30,00 €
	684,52 €	494,00 €

1382 Gemäß §§ 2, 19 Abs. 1 SGB XII ist Hilfe zum Lebensunterhalt nachrangig zu gewähren, d. h. nur insoweit, als der notwendige Lebensunterhalt nicht aus eigenen Kräften und Mitteln, insbesondere dem Einkommen und Vermögen, sichergestellt werden kann. Anhaltspunkte dafür, dass Vermögen vorhanden ist, ergeben sich aus dem Sachverhalt nicht.

1383 Zum Einkommen gehören gemäß § 82 Abs. 1 SGB XII alle Einnahmen in Geld oder Geldeswert. Laut Sachverhalt bezieht Regina A. eine Rente wegen voller Erwerbsminderung in Höhe von 180,00 €, Erwerbseinkommen i. H. v. 400,00 € und das Kindergeld für Sarah i. H. v. 219,00 € mtl. Sarah erhält Unterhaltszahlungen in Höhe von 250,00 € mtl. Grundsätzlich ist das Einkommen dem jeweiligen Einkommensbezieher zuzurechnen. Eine Ausnahme macht § 82 Abs. 1 SGB XII für das Kindergeld, das, soweit es zur Bedarfsdeckung bei dem jeweiligen Kind benötigt wird, diesem zuzurechnen ist. Demzufolge sind Rente und Erwerbseinkommen Regina A. zuzurechnen, Unterhalt und Kindergeld Sarah. Regina verfügt somit über Einkommen i. H. v. insgesamt 580,00 € mtl., Sarah über 469,00 € mtl.

1384 Regina A. hat bei Antragstellung geltend gemacht, dass im April 2021 Beiträge zur Haftpflicht- und Rechtsschutzversicherung zu zahlen sind und sie mtl. 25,00 € für Bereitstellung und Reinigung der Arbeitskleidung zahlen muss. Zu prüfen ist, ob und ggf. inwieweit diese Ausgaben bei der Einkommensbereinigung zu berücksichtigen sind.

Nach § 82 Abs. 2 SGB XII sind vom Einkommen u. a. abzusetzen nach Nr. 3 Beiträge zu öffentlichen oder privaten Versicherungen, soweit sie gesetzlich vorgeschrieben oder nach Grund und Höhe angemessen sind. Eine private Haftpflichtversicherung ist durchaus üblich und wird auch von Angehörigen unterer Einkommensgruppen häufig abgeschlossen. Sie ist daher als dem Grunde nach angemessen zu beurteilen. Mangels anderer Angaben ist sie auch als der Höhe nach angemessen anzusehen, sodass der im April 2021 fällige Jahresbeitrag vom Einkommen der Regina A. abzusetzen ist. 1385

Eine Rechtsschutzversicherung wird jedoch keineswegs von einem überwiegenden Personenkreis, insbesondere Angehörigen unterer Einkommensgruppen, abgeschlossen, weshalb sie schon dem Grunde nach als nicht angemessen anzuerkennen ist. Der Jahresbeitrag kann daher nicht berücksichtigt und vom Einkommen abgesetzt werden. 1386

Nach § 82 Abs. 2 Nr. 4 SGB XII sind vom Einkommen außerdem abzusetzen die mit der Erzielung des Einkommens verbundenen notwendigen Ausgaben. Was genau darunter fällt, ergibt sich aus § 3 Abs. 4 ff. der VO zu § 82 SGB XII. 1387

Nach § 3 Abs. 4 der VO gehören zu den mit der Erzielung des Einkommens verbundenen notwendigen Ausgaben u. a. notwendige Aufwendungen für Arbeitsmittel (Nr. 1) und notwendige Aufwendungen für die Fahrten zwischen Wohnung und Arbeitsstätte (Nr. 2). 1388

Die Kosten für die Bereitstellung und Reinigung der Arbeitskleidung gehören zu den Aufwendungen für Arbeitsmittel. Nach § 3 Abs. 5 der VO kann für diese Aufwendungen ein monatlicher Pauschalbetrag i. H. v. 5,20 € berücksichtigt werden, wenn nicht im Einzelfall höhere Kosten nachgewiesen werden. Regina A. hat tatsächliche Kosten i. H. v. 25,00 € mtl. nachgewiesen, die somit in voller Höhe zu berücksichtigen sind. 1389

Laut Sachverhalt fährt sie mit dem Pkw zur Arbeit. Die Entfernung zwischen Wohnung und Arbeitsstätte beträgt 5 km. Nach § 3 Abs. 6 der VO zu § 82 wird, wenn für die Fahrten zur Arbeitsstätte ein eigenes Kfz benutzt wird, ein mtl. Pauschbetrag in Höhe von 5,20 € für jeden vollen Kilometer, den die Wohnung von der Arbeitsstätte entfernt liegt, berücksichtigt. Bei der hier maßgeblichen Entfernung von 5 km ist also eine Einkommensbereinigung i. H. v. 26,00 € vorzunehmen. 1390

Nach § 82 Abs. 3 SGB XII ist bei der Hilfe zum Lebensunterhalt weiterhin ein Betrag in Höhe von 30 % des Einkommens aus nichtselbstständiger Tätigkeit, höchstens jedoch in Höhe von 50 % der Regelbedarfsstufe 1 (=223,00 €) abzusetzen. Bezogen auf das Einkommen in Höhe von 400,00 € ergibt sich also ein Freibetrag in Höhe von 120,00 €. 1391

Weitere Anhaltspunkte für eine Einkommensbereinigung bietet der Sachverhalt nicht. Bei Sarah verbleibt es somit bei dem ermittelten Einkommen i. H. v. 454,00 €, das zur Bedarfsdeckung einzusetzen ist. Für Regina A. ergibt sich folgende Berechnung: 1392

Einkommen	580,00 €
./. Haftpflichtversicherung	120,00 €
./. Arbeitskleidung	25,00 €

./. Fahrtkosten	26,00 €
./. Freibetrag	120,00 €
= einzusetzendes Einkommen	289,00 €

1393 Stellt man das Einkommen dem oben ermittelten Bedarf gegenüber, ergibt sich folgender Anspruch auf Hilfe zum Lebensunterhalt für den Monat April 2021:

	Regina	Sarah
Bedarf	684,52 €	494,00 €
./. Einkommen	289,00 €	469,00 €
= Anspruch	395,52 €	25,00 €

1394 Fall 17

Zu prüfen ist, ob und ggf. in welcher Höhe die Eheleute Peter und Karin E. im Oktober 2021 Anspruch auf Leistungen zum Lebensunterhalt nach SGB II oder SGB XII haben. Dazu ist zunächst zu prüfen, welche Leistungen zum Lebensunterhalt – Hilfe zum Lebensunterhalt oder Grundsicherung im Alter und bei Erwerbsminderung nach SGB XII bzw. Arbeitslosengeld II oder Sozialgeld nach SGB II – in Frage kommen.

1395 Die vier Leistungen schließen sich gegenseitig aus und sind entsprechend der Rangfolge 1. Grundsicherung im Alter und bei Erwerbsminderung, 2. Arbeitslosengeld II, 3. Sozialgeld, 4. Hilfe zum Lebensunterhalt zu prüfen.

1396 Gemäß § 19 Abs. 2 i. V. m. § 41 SGB XII haben Personen, die ihren g. A. im Inland und entweder die Altersgrenze gemäß § 41 Abs. 2 SGB XII erreicht haben, das 18. Lebensjahr vollendet haben und dauerhaft voll erwerbsunfähig sind oder das 18. Lebensjahr vollendet haben und die Voraussetzungen nach § 41 Abs. 3a SGB XII erfüllen, dem Grunde nach Anspruch auf Grundsicherung im Alter und bei Erwerbsminderung. Die Altersgrenze gemäß § 41 Abs. 2 SGB XII erreicht man frühestens mit Vollendung des 65. Lebensjahres. Diese Voraussetzung erfüllen also weder Peter noch Karin. Beide haben das 18. Lebensjahr vollendet, und sie beziehen befristete Renten wegen voller Erwerbsminderung. Keiner der beiden ist also dauerhaft voll erwerbsunfähig. Auch die Voraussetzungen des § 41 Abs. 3a SGB XII erfüllen beide nicht. Ein Anspruch auf Grundsicherung im Alter und bei Erwerbsminderung besteht somit nicht.

1397 Nach § 19 Abs. 1 Satz 1 i. V. m. § 7 Abs. 1 SGB II haben erwerbsfähige Leistungsberechtigte Anspruch auf Arbeitslosengeld II. Erwerbsfähiger Leistungsberechtigter ist, wer das 15. Lebensjahr vollendet und die Altersgrenze nach § 7a noch nicht erreicht hat, erwerbsfähig und hilfebedürftig ist und seinen g. A. in der BRD hat. Peter und Karin haben das 15. Lebensjahr vollendet, jedoch sind sie beide nicht erwerbsfähig, sodass auch kein Anspruch auf Arbeitslosengeld II besteht.

1398 Nicht erwerbsfähige Leistungsberechtigte, die mit erwerbsfähigen Leistungsberechtigten in einer Bedarfsgemeinschaft leben, erhalten nach § 19 Abs. 1 Satz 2 i. V. m. § 7 Abs. 3 SGB II Sozialgeld. Wie bereits geprüft, sind weder Peter noch Karin erwerbsfähige Leistungsberechtigte. Daher kann auch keine Bedarfsgemeinschaft gebildet werden, und Sozialgeld ist ebenfalls ausgeschlossen.

Da alle vorrangigen Leistungen ausgeschlossen sind, haben Peter und Karin dem Grunde nach Anspruch auf Hilfe zum Lebensunterhalt gemäß § 19 Abs. 1 i. V. m. § 27 Abs. 1 SGB XII. 1399

Gemäß § 27a SGB XII ergibt der gesamte notwendige Lebensunterhalt mit Ausnahme der Bedarfe nach dem 2. bis 4. Abschnitt den monatlichen Regelbedarf, der in Regelbedarfsstufen unterteilt ist. Wer zu welcher Regelbedarfsstufe gehört, ergibt sich aus der Anlage zu § 28 SGB XII. Danach gilt für jede erwachsene Person, wenn sie in einer Wohnung nach § 42a Abs. 2 Satz 2 mit einem Ehegatten zusammenlebt, die Regelbedarfsstufe 2. Diese gilt folglich für Peter und Karin. Der jeweilige Regelsatz beträgt 401,00. 1400

Weiterhin ist zu prüfen, ob Peter und Karin Anspruch auf Mehrbedarfe gemäß § 30 SGB XII haben. Laut Sachverhalt ist Karin in der 14. Schwangerschaftswoche. Gemäß § 30 Abs. 2 SGB XII wird für werdende Mütter nach der 12. Schwangerschaftswoche ein Mehrbedarf in Höhe von 17 % der maßgebenden Regelbedarfsstufe anerkannt. Karin hat somit Anspruch auf einen Mehrbedarf in Höhe von 68,17 € (17 % von 401,00 €). Anhaltspunkte für weitere Mehrbedarfe ergeben sich aus dem Sachverhalt nicht. 1401

Nach § 35 Abs. 1 und 4 SGB XII werden Bedarfe für Unterkunft und Heizung in tatsächlicher Höhe anerkannt, soweit sie angemessen sind. Laut Sachverhalt sind sowohl die Miete in Höhe von 400,00 € als auch die Heizkosten in Höhe von 80,00 € angemessen. Die Bedarfe für die Warmwassererzeugung sind in den Heizkosten enthalten und nach § 35 Abs. 4 SGB XII ebenfalls zu berücksichtigen. Die Kosten sind pro Kopf aufzuteilen. Auf Peter und Karin entfallen somit Unterkunftskosten in Höhe von je 200,00 € und Heizkosten inkl. Warmwassererzeugung in Höhe von je 40,00 €. 1402

Weitere Bedarfe sind nicht erkennbar, sodass sich folgender Gesamtbedarf ergibt: 1403

	Peter	Karin
Regelbedarf	401,00 €	401,00 €
Mehrbedarf	0,00 €	68,17 €
Unterkunft	200,00 €	200,00 €
Heizung	40,00 €	40,00 €
	641,00 €	709,17 €

Nun ist zu prüfen, inwieweit Einkommen vorhanden und zur Bedarfsdeckung einzusetzen ist. Nach § 82 Abs. 1 SGB XII gehören zum Einkommen grundsätzlich alle Einnahmen in Geld oder Geldeswert, also vorliegend sowohl die beiden Renten als auch das Einkommen von Karin aus ihrer Aushilfstätigkeit. 1404

Nach § 82 Abs. 2 SGB XII sind vom Einkommen ggf. noch Beträge abzusetzen. Bzgl. der beiden Renten ergeben sich aus dem Sachverhalt keine Anhaltspunkte für eine Bereinigung. Jedoch sind vom Erwerbseinkommen (aus der Aushilfstätigkeit) ggf. nach § 82 Abs. 2 Nr. 4 SGB XII die mit der Erzielung des Einkommens verbundenen notwendigen Ausgaben zu berücksichtigen. Was zu diesen notwendigen Ausgaben gehört, ergibt sich aus § 3 Abs. 4 ff. der VO zu § 82 SGB XII, nämlich die notwendigen Aufwendungen für Arbeitsmittel, Fahrtkosten, Beiträge für Berufsverbände und Mehraufwendungen bei doppelter Haushaltsführung. 1405

1406 Nach Absatz 5 kann für Arbeitsmittel ein Pauschalbetrag in Höhe von 5,20 € berücksichtigt werden, wenn nicht höhere Aufwendungen nachgewiesen werden. Letzteres ist hier nicht der Fall, sodass die Arbeitsmittelpauschale vom Erwerbseinkommen abgesetzt wird. Da die Arbeitsstelle in der Nachbarschaft ist, ist davon auszugehen, dass keine Fahrtkosten anfallen. Auch sonst sind keine Anhaltspunkte für weitere Absetzbeträge nach der VO zu § 82 SGB XII ersichtlich.

1407 Nach § 82 Abs. 3 SGB XII ist bei der Hilfe zum Lebensunterhalt ein Betrag i. H. v. 30 % des Einkommens aus nichtselbstständiger Tätigkeit abzusetzen, höchstens jedoch 50 % der Regelbedarfsstufe 1. 30 % von 240,00 € sind 72,00 €; 50 % der Regelbedarfsstufe 1 sind 223,00 €. Es ist also ein Betrag in Höhe von 72,00 € vom Erwerbseinkommen abzusetzen.

1408 Somit steht folgendes Einkommen zur Bedarfsdeckung zur Verfügung:

	Peter	Karin
Rente	600,00 €	450,00 €
Erwerbseinkommen	0,00 €	240,00 €
./. Arbeitsmittelpauschale	0,00 €	5,20 €
./. Freibetrag nach § 82 Abs. 3	0,00 €	72,00 €
	600,00 €	612,80 €

1409 Zur Ermittlung des Anspruchs ist das Einkommen vom Bedarf in Abzug zu bringen:

	Peter	Karin
Bedarf	641,00 €	709,17 €
./. Einkommen	600,00 €	612,80 €
= Anspruch	41,00 €	96,37 €

1410 Abschließend ist noch zu prüfen, ob Peter und Karin über Vermögen verfügen, das sie zur Bedarfsdeckung einsetzen müssen. Laut Sachverhalt haben sie ein gemeinsames Sparbuch mit einem Guthaben von 7.500,00 €. Nach § 90 Abs. 1 SGB XII ist das gesamte verwertbare Vermögen einzusetzen, soweit es nicht nach Abs. 2 geschützt ist. Von kleineren Barbeträgen und sonstigen Geldwerten darf die Sozialhilfegewährung nach § 90 Abs. 2 Nr. 9 SGB XII nicht abhängig gemacht werden. Was als kleinerer Barbetrag oder sonstiger Geldwert gilt, ergibt sich aus der VO zu § 90 Abs. 2 Nr. 9 SGB XII. Nach § 1 Nr. 1 der VO gilt für jede volljährige Person, die zur Einsatzgemeinschaft gehört, ein Betrag i. H. v. 5.000,00 € als Schonvermögen. Insgesamt dürfen Peter und Karin also bis zu 10.000,00 € besitzen. Da das vorhandene Sparvermögen unterhalb des Schonbetrags liegt, scheidet ein Vermögenseinsatz aus.

1411 Im Oktober 2021 haben Peter und Karin E. Anspruch auf Hilfe zum Lebensunterhalt, und zwar Peter i. H. v. 41,00 € und Karin i. H. v. 96,37 €.

7 Leistungen nach dem 5. bis 9. Kapitel SGB XII

Die folgenden Seiten sollen einen Überblick über die Leistungen nach dem 5. bis 9. Kapitel SGB XII, die sog. „Hilfen in besonderen Lebenslagen", geben. Eine umfassende inhaltliche Darstellung ist vor dem Hintergrund der Lehr- und Stoffverteilungspläne nicht vorgesehen. 1412

Auch für die Hilfen in besonderen Lebenslagen gilt natürlich der Nachranggrundsatz aus § 2 SGB XII. Sie kommen also immer nur bzw. erst dann in Betracht, wenn alle vorrangigen Ansprüche ausgeschöpft sind. 1413

7.1 HILFEN ZUR GESUNDHEIT (5. KAPITEL SGB XII)

In den §§ 47–52 SGB XII sind verschiedene Hilfen zur Gesundheit vorgesehen, u. a. die Hilfe bei Krankheit (§ 48). Nach § 52 SGB XII entsprechen die Leistungen nach den §§ 47–51 SGB XII denen der gesetzlichen Krankenversicherung (SGB V). Somit kommen Leistungen nur infrage, wenn kein Krankenversicherungsschutz besteht. 1414

Nach § 264 SGB V übernehmen die Krankenkassen die Leistungen auch für nicht gesetzlich versicherte Personen, wenn ihnen die Leistungen erstattet werden. Ist also eine sozialhilfeberechtigte Person nicht gesetzlich oder privat krankenversichert, wird sie bei einer Krankenkasse angemeldet und erhält eine Versichertenkarte. Die Behandlungskosten werden von Ärzten usw. mit der Krankenkasse abgerechnet. Der Sozialhilfeträger erstattet dann die Aufwendungen zzgl einer Verwaltungspauschale an die Krankenkasse. 1415

Da seit 2009 eine Versicherungspflicht sowohl in der gesetzlichen als auch in der privaten Krankenversicherung besteht, haben die Hilfen zur Gesundheit nahezu keine praktische Bedeutung. 1416

7.2 EINGLIEDERUNGSHILFE FÜR BEHINDERTE MENSCHEN (6. KAPITEL SGB XII)

Die Eingliederungshilfe für behinderte Menschen war bis zum 31.12.2019 in den §§ 53–60 SGB XII geregelt. Durch das Bundesteilhabegesetz (BTHG), das im Wesentlichen zum 01.01.2020 in Kraft getreten ist, werden die Leistungen der Eingliederungshilfe aus dem SGB XII in das SGB IX überführt. Da es sich somit nicht mehr um Sozialhilfeleistungen handelt, wird auf eine weitere Beschreibung der Leistungen verzichtet. 1417

7.3 HILFE ZUR PFLEGE (7. KAPITEL SGB XII)

Die Leistungen der Hilfe zur Pflege (§§ 61–66a SGB XII) machen einen großen Anteil an den Sozialhilfeleistungen aus. Die gesetzliche Pflegeversicherung (SGB XI), die es in Deutschland seit 1995 gibt, wurde in den letzten Jahren durch die sog. Pflegestärkungsgesetze umfassend reformiert. Mit dem letzten Teil, dem „Pflegestärkungsgesetz III", in Kraft getreten am 01.01.2017, wurden die veränderten Leistungen auch in das SGB XII übernommen. 1418

Inhaltlich entsprechen die Leistungen der Hilfe zur Pflege nach § 61 Abs. 2 SGB XII grundsätzlich denen der gesetzlichen Pflegeversicherung. Jedoch leistet die Pflegeversicherung Pauschalbeträge und nicht bedarfsdeckend, weshalb der notwendige Bedarf damit oftmals 1419 nicht gedeckt werden kann und zusätzliche Sozialhilfeleistungen erforderlich sind. Darüber hinaus kommen Leistungen der Pflegeversicherung erst dann infrage, wenn der pflegerische Bedarf für voraussichtlich mindestens sechs Monate besteht. Leistungen der Hilfe zur Pflege werden auch dann erbracht, wenn der Bedarf nur für einen kürzeren Zeitraum besteht

1420 Bei Personen, die gesetzlich oder privat pflegeversichert sind, wird das Ausmaß der Pflegebedürftigkeit von den Pflegekassen ermittelt; es wird also überprüft, ob die Personen einen der fünf Pflegegrade erreichen und, wenn ja, welchen. Diese Entscheidung ist für den Sozialhilfeträger bindend (§ 62a SGB XII), d. h., er muss dieses Ergebnis für seine Entscheidungen zugrunde legen. Nur wenn jemand nicht pflegeversichert ist, führt der Sozialhilfeträger selber eine Pflegebegutachtung durch bzw. gibt diese in Auftrag.

1421 Die meisten Leistungen der Hilfe zur Pflege können nur Personen erhalten, die mindestens den Pflegegrad 2 erreichen. Bei Personen ohne Pflegegrad oder mit Pflegegrad 1 geht der Gesetzgeber davon aus, dass die aus der Pflegebedürftigkeit resultierenden Einschränkungen nur relativ geringe Leistungen rechtfertigen.

1422 Folgende Leistungen werden bei Hilfe zur Pflege differenziert:

- häusliche Pflege
- teilstationäre Pflege
- Kurzzeitpflege
- stationäre Pflege

1423 Die Leistungen der häuslichen Pflege sollen vorrangig vor teil- oder vollstationären Leistungen erbracht werden (§§ 13, 64 SGB XII). Dies gilt auch, wenn die ambulanten Leistungen teurer sind als Leistungen der stationären Pflege.

7.3.1 Häusliche Pflege (§§ 63–64f SGB XII)

1424 Die häusliche Pflege kann nach § 63 Abs. 1 SGB XII gewährt werden in Form von Pflegegeld, häuslicher Pflegehilfe, Verhinderungspflege, Pflegehilfsmitteln, Maßnahmen zur Verbesserung des Wohnumfelds und anderer Leistungen.

1425 Pflegebedürftige, bei denen mindestens Pflegegrad 2 festgestellt wurde, haben nach § 64a SGB XII Anspruch auf **Pflegegeld**, wenn sie damit ihren gesamten pflegerischen Bedarf selber sicherstellen. Die Personen erhalten also einen Pauschalbetrag, den sie dazu verwenden müssen, ihren Bedarf zu decken. In der Regel wird das Pflegegeld an Bekannte oder Angehörige weitergegeben, die die Pflege durchführen. Zur Höhe des Pflegegelds verweist § 64a SGB XII auf § 37 Abs. 1 SGB XI.

1426 Aktuell beträgt das monatliche Pflegegeld bei:

- Pflegegrad 2 316,00 €
- Pflegegrad 3 545,00 €
- Pflegegrad 4 728,00 €
- Pflegegrad 5 901,00 €

Kann die häusliche Pflege nicht durch Angehörige oder nahestehende Personen sichergestellt werden, besteht nach § 64b SGB XII Anspruch auf **häusliche Pflegehilfe**. Dazu gehört z. B. die Übernahme der Pflege durch einen Pflegedienst und die Beratung von Pflegebedürftigen und Pflegepersonen. Man bezeichnet diese Leistungen auch als Pflegesachleistungen. Da im Rahmen der häuslichen Pflegehilfe entsprechend ausgebildete Fachkräfte im Einsatz sind, sind die Leistungen deutlich höher als das Pflegegeld nach § 64a SGB XII. Die maximalen Leistungen der gesetzlichen Pflegeversicherung betragen derzeit monatlich bei:

- Pflegegrad 2 689,00 €
- Pflegegrad 3 1.298,00 €
- Pflegegrad 4 1.612,00 €
- Pflegegrad 5 1.995,00 €

Sofern die Leistungen der Pflegeversicherung nicht ausreichend sind und die leistungsberechtigten Personen die darüber hinausgehenden Aufwendungen nicht selber tragen können, übernimmt der Sozialhilfeträger diese. Es gibt dabei keine Höchstgrenzen, vielmehr ist immer der individuelle Bedarf zu decken. 1427

Leistungen nach § 64a und § 64b SGB XII können auch kombiniert werden, sodass ein Teil der Pflege von einer Pflegeperson und ein Teil durch einen Pflegedienst übernommen wird. Pflegegeld und Pflegesachleistung werden dann entsprechend gequotelt. 1428

Wird die Pflege von einer Pflegeperson (Angehörige, nahestehende Person) übernommen und ist diese z. B. wegen Urlaub oder Krankheit vorübergehend gehindert, die Pflege durchzuführen, besteht nach § 64c SGB XII Anspruch auf **Verhinderungspflege**. Das bedeutet, dass die Kosten für die Ersatzpflege übernommen werden, also z. B. für den vorübergehenden Einsatz einer anderen Person, eines Pflegedienstes oder die zeitweise Pflege in einer stationären Pflegeeinrichtung. Die Pflegekassen zahlen für Pflegedienste oder stationäre Pflege bis zu 1.612,00 € pro Jahr. Führen Angehörige oder Bekannte die Pflege in dieser Zeit durch, werden – je nach Pflegegrad – zwischen 474,00 € und 1.351,50 € übernommen. 1429

Benötigt eine pflegebedürftige Person zur Durchführung der Pflege entsprechende Hilfsmittel, werden die Kosten dafür – über die Leistungen der Pflegekasse hinaus – nach § 64d SGB XII übernommen. **Pflegehilfsmittel** sind Pflegebett, Rollator, Hausnotrufsystem usw. 1430

§ 64e SGB XII eröffnet einen Anspruch auf Übernahme der Kosten für Maßnahmen, die zur **Verbesserung des Wohnumfelds** des Pflegebedürftigen erforderlich sind. Dazu gehören z. B. der Einbau einer Rampe am Hauseingang oder eines Badewannenlifts. Die Pflegekassen zahlen pro Maßnahme – unabhängig vom Pflegegrad – bis zu 4.000,00 €. 1431

Nach § 64f SGB XII können im Rahmen der häuslichen Pflege ggf. auch Beiträge zur Alterssicherung einer Pflegeperson übernommen werden oder Kosten, die anfallen, wenn Pflegepersonen im Rahmen des Arbeitgebermodells (die pflegebedürftige Person ist dann Arbeitgeber der Pflegeperson) beschäftigt werden. 1432

7.3.2 Teilstationäre Pflege (§ 64g SGB XII)

1433 Pflegebedürftige ab Pflegegrad 2 haben zusätzlich zu den Leistungen der häuslichen Pflege – soweit diese nicht ausreichend sind – Anspruch auf teilstationäre Pflege. Diese wird in Form der Tages- oder Nachtpflege erbracht. Die Pflegebedürftigen leben also überwiegend zu Hause, halten sich aber zeitweise tagsüber oder über Nacht in einer Pflegeeinrichtung auf. Die Pflegekasse übernimmt dafür maximal folgende monatliche Kosten:

- Pflegegrad 2 689,00 €
- Pflegegrad 3 1.298,00 €
- Pflegegrad 4 1.612,00 €
- Pflegegrad 5 1.995,00 €

7.3.3 Kurzzeitpflege (§ 64h SGB XII)

1434 Leistungen der Kurzzeitpflege nach § 64h SGB XII kommen in Betracht, wenn Pflegebedürftige ab Pflegegrad 2 vorübergehend einen Pflegeaufwand haben, der im Rahmen der häuslichen Pflege nicht sichergestellt werden kann, und sie deswegen in einer stationären Einrichtung gepflegt werden müssen. Häufig kommen diese Leistungen nach einem Krankenhausaufenthalt in Betracht, wenn die Person zwar nicht mehr im Krankenhaus bleiben muss, aber auch noch nicht so fit ist, dass sie wieder zu Hause alleine zurechtkommt oder versorgt werden kann. Für die vorübergehende stationäre Unterbringung übernehmen die Pflegekassen bis zu 1.612,00 € pro Jahr.

7.3.4 Stationäre Pflege (§ 65 SGB XII)

1435 Wenn die häusliche Pflege, ggf. einschließlich teilstationärer Pflege, nicht ausreichend oder möglich ist, besteht nach § 65 SGB XII Anspruch auf Leistungen für die stationäre Pflege. Das bedeutet, dass die pflegebedürftige Person auf Dauer und rund um die Uhr in einer Pflegeeinrichtung untergebracht wird, dort also auch wohnt. Die Pflegekassen übernehmen monatlich maximal folgende Beträge:

- Pflegegrad 2 770,00 €
- Pflegegrad 3 1.262,00 €
- Pflegegrad 4 1.775,00 €
- Pflegegrad 5 2.005,00 €

1436 Da diese Leistungen fast nie ausreichen, um die tatsächlich anfallenden Kosten für einen Aufenthalt im Pflegeheim zu decken, ist hier häufig die ergänzende Gewährung von Hilfe zur Pflege erforderlich.

7.3.5 Entlastungsbetrag (§§ 64i, 66 SGB XII)

1437 Alle Pflegebedürftigen, auch diejenigen mit Pflegegrad 1, haben Anspruch auf einen Entlastungsbetrag in Höhe von monatlich 125,00 € (§§ 64i, 66 SGB XII). Dieser muss zweckentsprechend eingesetzt werden, um pflegende Angehörige zu entlasten oder die Selbstständigkeit des Pflegebedürftigen zu fördern. So kann der Betrag z. B. dazu verwendet werden, dass eine entsprechend geschulte Person zusammen mit dem Pflegebedürftigen Tätigkeiten im Haushalt ausführt oder die Freizeit gemeinsam gestaltet. Pflegebedürftige mit Pflegegrad 1 können den Entlastungsbetrag u. a. auch für teilstationäre Pflege oder Pflegesachleistungen einsetzen.

7.4 HILFE ZUR ÜBERWINDUNG BESONDERER SOZIALER SCHWIERIGKEITEN (8. KAPITEL SGB XII)

Die §§ 67–69 SGB XII ermöglichen die Erbringung von Leistungen, die nicht über die anderen 1438
Kapitel des SGB XII abgedeckt sind, an Personen, deren Lebensverhältnisse mit besonderen sozialen Schwierigkeiten verbunden sind. Schon aus der Formulierung wird deutlich, dass es sich um einen kleinen Personenkreis handelt, für den entsprechende Leistungen infrage kommen. Mögliche Leistung ist die Übernahme der Miete während einer kurzen Inhaftierung. Nähere Einzelheiten sind in der Verordnung zur Durchführung der Hilfe zur Überwindung besonderer sozialer Schwierigkeiten geregelt.

7.5 HILFE IN ANDEREN LEBENSLAGEN (9. KAPITEL SGB XII)

Im 9. Kapitel SGB XII (§§ 70–74 SGB XII) sind die Hilfen in anderen Lebenslagen geregelt. 1439
Dazu gehören die Hilfe zur Weiterführung des Haushalts, Altenhilfe, Blindenhilfe, Hilfe in sonstigen Lebenslagen und Bestattungskosten.

Hilfe zur Weiterführung des Haushalts soll nach § 70 SGB XII gewährt werden, wenn 1440
Personen ihren Haushalt nicht mehr (komplett) selbstständig führen können, aber dennoch überwiegend alleine zurechtkommen. In diesem Rahmen werden häufig die Kosten für Putz- oder Haushaltshilfen für Personen übernommen, die nicht pflegebedürftig sind, aber dennoch Unterstützung im Haushalt benötigen. Sobald mindestens Pflegegrad 2 vorliegt, werden die entsprechenden Leistungen i. d. R. im Rahmen der Hilfe zur Pflege übernommen.

Leistungen der **Altenhilfe** nach § 71 SGB XII erfolgen überwiegend in Form von Beratung 1441
und Unterstützung in schwierigen Situationen, die altersbedingt auftreten. Dazu gehören z. B. die Information über Pflegeangebote sowie Unterstützung bei der Suche einer altersgerechten Wohnung oder eines Heimplatzes, aber auch Leistungen zum Besuch von Seniorennachmittagen oder sonstigen Veranstaltungen, die der Geselligkeit, Unterhaltung, Bildung oder den kulturellen Bedürfnissen alter Menschen dienen.

Nach § 72 SGB XII wird blinden Menschen zum Ausgleich der durch die Blindheit bedingten 1442
Mehraufwendungen **Blindenhilfe** gewährt, soweit sie keine gleichartigen Leistungen nach anderen Rechtsvorschriften erhalten. Die Blindenhilfe beträgt seit dem 01.07.2020 bis zur Vollendung des 18. Lebensjahres 383,37 € monatlich und ab Vollendung des 18. Lebensjahres 765,43 €. In NRW werden entsprechende Leistungen nach dem Gesetz über die Hilfen für Blinde und Gehörlose (GHBG) erbracht; sie betragen monatlich für

- Kinder und Jugendliche: 383,37 €
- Erwachsene unter 60 Jahre: 765,43 €
- Erwachsene ab 60 Jahre: 473,00 €

1443 Blindenhilfe nach § 72 SGB XII kommt also nur für Personen ab 60 Jahre in Betracht; für alle anderen werden die Leistungen ausschließlich nach GHBG gewährt. Personen ab 60 erhalten den Differenzbetrag zwischen der GHBG-Leistung (473,00 €) und der maximalen Blindenhilfe (765,43 €) nach § 72 SGB XII, wenn der Bedarf nicht aus Einkommen/ Vermögen gedeckt werden kann.

1444 Nach § 73 SGB XII können auch **Hilfen in sonstigen Lebenslagen** erbracht werden. Hier handelt es sich um eine Auffangvorschrift, wonach ggf. Bedarfe, die nach keiner anderen Vorschrift des SGB XII Berücksichtigung finden, gedeckt werden können. Da inzwischen viele Bedarfe, die früher nach § 73 SGB XII anerkannt wurden, an anderer Stelle gesetzlich geregelt sind, ist die praktische Bedeutung der Vorschrift sehr gering.

1445 Größere praktische Bedeutung kommt dagegen der Übernahme von **Bestattungskosten** nach § 74 SGB XII zu. Die erforderlichen Kosten einer Bestattung werden danach übernommen, wenn es den Verpflichteten nicht zugemutet werden kann, diese zu tragen. Wichtig ist, dass es sich hier um einen Anspruch der Bestattungspflichtigen und nicht des Verstorbenen handelt. Wer bestattungspflichtig ist, kann sich u. a. aus einem Testament, Erbrecht oder aus Bestattungsgesetzen der Länder ergeben; es können auch mehrere Personen bestattungspflichtig sein. Kann eine bestattungspflichtige Person die auf sie entfallenden Kosten nicht selber tragen, hat sie ggf. einen Anspruch auf Sozialhilfeleistungen. Erforderlich sind die Kosten für eine einfache, aber würdevolle Bestattung. Kosten für einen aufwendigen Sarg, eine Trauerfeier oder einen Grabstein können regelmäßig keine Berücksichtigung finden.

7.6 BESONDERHEITEN BEIM EINKOMMENSEINSATZ BEI LEISTUNGEN NACH DEM 5. BIS 9. KAPITEL SGB XII (§§ 85–89 SGB XII)

1446 Für die Ermittlung des einzusetzenden Einkommens gilt auch für die Leistungen nach dem 5. bis 9. Kapitel § 82 SGB XII. Jedoch ist nicht das gesamte bereinigte Einkommen zur Bedarfsdeckung einzusetzen, sondern es sind die besonderen Regelungen der §§ 85–89 SGB XII zu berücksichtigen. Diese sind für die Leistungsberechtigten in der Regel günstiger, d. h., sie müssen einen geringeren Teil ihres Einkommens zur Bedarfsdeckung einsetzen als bei der Hilfe zum Lebensunterhalt oder der Grundsicherung im Alter und bei Erwerbsminderung. So wird erreicht, dass der laufende Lebensunterhalt vorrangig gesichert ist.

1447 Um das einzusetzende Einkommen zu ermitteln, wird zunächst eine Einkommensgrenze ermittelt (§ 85 SGB XII), der dann das nach § 82 SGB XII ermittelte bereinigte Einkommen gegenübergestellt wird. In § 87 SGB XII ist geregelt, inwieweit das Einkommen, das die Einkommensgrenze übersteigt, zur Bedarfsdeckung einzusetzen ist. Vereinfacht kann man sagen, dass umso weniger Einkommen einzusetzen ist, je höher und länger andauernd der Bedarf ist. Ggf. kann auch der Einsatz des Einkommens, das unter der Einkommensgrenze liegt, nach § 88 SGB XII verlangt werden. Natürlich ist zu berücksichtigen, dass bei mehrfachem Bedarf (also z. B. Hilfe zur Pflege und Hilfe in anderen Lebenslagen) das Einkommen nicht auch mehrfach zur Bedarfsdeckung herangezogen werden darf (§ 89 SGB XII).